"互联网+"创业

（第3版）

"HULIANWANG+"CHUANGYE
(DI 3 BAN)

吴洪贵　李璐曦　孙玉娣　主　编
刘　红　杨婷婷　罗晓东　副主编

国家开放大学出版社 · 北京

图书在版编目（CIP）数据

“互联网 +”创业 / 吴洪贵，李璐爔，孙玉娣主编 . 3 版 . -- 北京：国家开放大学出版社，2024. 8.

ISBN 978-7-304-12587-5

Ⅰ. G647.38

中国国家版本馆 CIP 数据核字第 2024E9U063 号

“互联网 +”创业（第 3 版）

“HULIANWANG+”CHUANGYE (DI 3 BAN)

吴洪贵　李璐爔　孙玉娣　主　编

刘　红　杨婷婷　罗晓东　副主编

出版·发行：国家开放大学出版社

电话：营销中心 010－68180820　　总编室 010－68182524

网址：http://www.crtvup.com.cn

地址：北京市海淀区西四环中路 45 号　　**邮编：**100039

经销：新华书店北京发行所

策划编辑：郑　倩　　**版式设计：**何智杰

责任编辑：郑　倩　　**责任校对：**张　娜

责任印制：武　鹏　沙　烁

印刷：廊坊十环印刷有限公司

版本：2024 年 8 月第 3 版　　2024 年 8 月第 1 次印刷

开本：787mm × 1092mm　1/16　　**印张：**18.25　　**字数：**407 千字

书号：ISBN 978-7-304-12587-5

定价：49.80 元

意见及建议：OUCP_ZYJY@ouchn.edu.cn

第3版前言 PREFACE

党的二十届三中全会决定进一步深化改革：到2035年，全面建成高水平社会主义市场经济体制，基本实现社会主义现代化，到21世纪中叶为全面建成社会主义现代化强国奠定坚实基础。现代化强国建设离不开创新创业，创业是社会发展永不枯竭的动力。高校师生是科技创新创业的生力军，数字经济、人工智能技术的发展，为创业者开拓了新赛道、增添了新活力。

本教材第1版于2015年正式出版，2016年被江苏省教育厅列入“十三五”江苏省高等学校重点教材，第2版于2022年被评为“十四五”职业教育国家规划教材。

本教材第3版从“互联网+”“人工智能+”思维出发，立足于当前创业研究和实践的最新成果，对接电子商务师、互联网营销师、商务数据分析师职业标准和人工智能产业需求，将“互联网+”创业的智慧营销、数字营销、商务数据分析等前沿理念和企业案例融入教学课程体系，具有鲜明的时代特色和实用价值。

本次修订在每个学习单元中增加了素质目标，将课程思政、素质目标内容融入教材，做到“三全育人、润物无声”。为了增强教材互动性和提高课堂教学质量，多个学习单元增加了创业视角、数智研创、勤学善思、企业担当四个小栏目。每个任务后的自主学习部分在原主观题基础上，增加了单选题、多选题和判断题，并以扫描二维码答题形式呈现在教材中，便于教学和考核。对教材中一些过期的数据、图片和不合适的内容做了修订。由于各种创业辅助平台工具现在已十分普遍，因此本版将这部分内容删除。

为满足目前国内青年大学生经常参加各类创新创业大赛的需求，在原计划书撰写辅导内容基础上，以附件形式增加了典型的计划书模板及相应的评分标准（可扫描二维码浏览）。第3版可用作高校创新创业教学和参加各类创新创业大赛训练教材、社会创新创业者撰写各类项目计划书的参考书和参加电子商务师、互联网营销师、商务数据分析师技能等级鉴定者考前辅导参考资料。

本次修订工作由吴洪贵教授（国家"双高计划"中国特色高水平电子商务专业群带头人、国家骨干校重点建设电子商务专业带头人、国家级职业教育电子商务专业教师教学创新团队带头人、国家高等职业学校电子商务专业标准修订研制组组长、移动商务专业标准制定执笔人），南京城市职业学院刘红教授、朱明远副教授、张淑静副教授、马慧副教授、聂娟讲师、张丹凌讲师，江苏电子信息职业学院杨婷婷副研究员，江苏经贸职业技术学院罗晓东教授、冯宪伟副教授、孙玉娣副教授、顾锦江副教授和李璐爔讲师，烟台理工学校李昕助教，江苏省产业教授、东南大学李福兴高级工程师，人力资源和社会保障部 SIYB 创业培训专家、南京市浦口区育仕创业职业培训学校白莲玉校长，奈曼旗民族职业中等专业学校于莹讲师、轩玉颖讲师，励科（南京）数字技术有限公司李珂珂总经理共同完成。

感谢南京城市职业学院江景教授给予的指导！感谢这些年来一直使用、关注本教材的教师、学生，尤其是为我们提出宝贵意见的各界读者，你们的支持是本教材更新、完善的动力和基础。由于编者水平及时间有限，加之数字经济时代产业发展变化日新月异，疏漏之处在所难免，敬请广大读者批评指正，以使本教材日臻完善。

编　者

2024 年 4 月

第2版前言 PREFACE

“互联网 +”创业为实现大众创业、万众创新开辟了新思路。无论是实体创业还是网络创业，都有其规律和法则可循。现有的网络创业教材数量很多，但大多数教材内容单一，工具化、手册化，与高校创业综合素质人才的培养要求存在差距。2015 年，作为国家示范（骨干）高职院校重点建设专业的校企共同开发教材，本教材（第 1 版）被国家开放大学列入国家开放大学非统设必修课教材，其后在全国开放大学相关院校中使用。2016 年，本教材（第 1 版）被江苏省教育厅列入“十三五”江苏省高等学校重点教材。

“互联网 +”创业课程是国家级移动商务专业教学资源库建设课程，是依据国家级教学资源库建设标准建设的课程，本教材作为课程的配套教材，在内容上也做相应调整，以体现新理念、新思路。

本教材从“互联网 +”思维出发，立足于当前网创研究和应用实践的最新成果，对接新的智慧营销、数据分析等职业标准和新的人工智能产业需求，将“互联网 +”创业的大数据营销、移动营销等前沿理念和企业案例融入教学的课程体系中，具有鲜明的时代特色。

本教材在内容选择上强调与电子商务产业发展相对接，确立“项目引领、任务驱动”的模式。第 1 版教材未能充分体现教师在课堂教学中的组织、指导作用，在本次修订时，我们力求以企业项目与岗位职业能力培养为目标，从能力培养角度构建学生的知识储备体系，系统地对学生进行创业教育和创业技能的培养，让学生在具体实施创业项目过程中掌握相关岗位职业技能，培养学生分析创业机会、把握创业趋势的能力，使其具有将互联网创业意识转变为创业实践的能力。

随着移动互联网的快速发展，应用移动端运营与推广的新技术、新模式创新创业，已成为“互联网 +”创业的重要内容，全国其他同类教材大多还未对移动端相关创业理论、技术知识进行补充。本次修订强化了基于移动端电子商务的创业知识，如微店运营、二维码营销、App 营销等。

新时代基于互联网的创新创业与传统创业相比发生了较大的变化，更注重商业模式的创新。因此，这次修订增加了商业模式内容的介绍，如根据计划撰写创业计划书，包括企业启动资金预测、企业财务计划、撰写创业计划书要点及注意事项等内容。

为使教材的理论与实践相结合，更加符合新时代新商科、新工科的教学特点，本教材增加了配套的数字资源，以满足不同学习者的学习需求。

本次修订工作主要由江苏经贸职业技术学院物流与贸易学院院长吴洪贵教授、东南大学李福兴高级工程师、江苏经贸职业技术学院孙玉娣副教授完成。江苏经贸职业技术学院冯宪伟副教授、罗晓东教授、顾锦江老师也参与了修订工作。本教材还得到了人社部 SYB 创业培训专家、南京市浦口区育仕创业职业培训学校校长白莲玉在资源、技术等方面的指导。

感谢这几年来一直使用、关注本教材的老师、学生，尤其是为我们提出宝贵修改建议的各界读者，您的支持是本教材更新、完善的基础。

编　者

2019 年 6 月

第1版前言 PREFACE

“互联网＋”概念的出现给传统产业转型升级带来了新思路，它将促进协同制造、现代农业、智慧能源、普惠金融、人工智能等新模式的发展。因此，“互联网＋”创业为实现大众创业、万众创新开辟了新思路和新领域，也将改变传统的创业模式，使创业从重资金向轻资金、重智力的方向转变。

无论是实体创业还是网络创业，都有其规律和法则可循。本教材阐述了网创新文化价值定位、泛产品概念及网创产品选择方法、手段与途径，同时分析了国内部分主流电商平台的优势，为网创者选择平台提供参考。在此基础上，本教材亦讲解了开设网店、网店交易、客户管理、网店资源利用等知识点、技能点及方式方法。教材同时结合线上线下的创业经验，给出了网创计划书模板及评估网创计划书的方法。本教材有助于系统地对学生进行创业教育和创业技能的培养，帮助学生分析、把握创业机会，并促使其把创业意识转变为网创的实践。

本教材编写组希望能为各类创业者提供丰富的学习资源，包括技术标准、学习指南、课程标准、整体设计、电子教材、授课录像、电子课件、试题库、项目实训和综合案例等，供教师、学生、企业人员和社会学习者学习和参考。

本教材立意新颖、内容丰富、深入浅出，着力介绍当前网创研究和应用实践的最新成果，并在教材中引入了创业实践的内容。本教材可作为高等院校电子商务、信息系统与信息管理、计算机应用、工商管理等专业的专业课教材使用，也可以作为从事网创、网络服务及创业教育等人员的参考用书。

本教材是国家示范（骨干）高职院校重点建设专业的立项建设教材，体现了最新的高等职业教育人才培养思想，具有科学性、先进性和应用性等高等职业教育的特点，根据高等职业院校的教学改革要求，按照项目导向、任务驱动的思路进行编写，摒弃了传统的章节式大纲结构，采用项目任务式大纲结构，既体现以学生为主体的教学设计，又明确了教师课堂组织过程的思路。特别是突出企业项目与岗位职业能力培养的融合，以面向“互联网＋”创业为目标，以天猫供销平台“U型枕”项目为导向，从能力培养角度构建支撑知识的系统性。采用“教、学、做”一体化教学模式，培养学生网创的综合能力。

本教材共分七个学习单元，根据内容又分成若干主题单元。

学习单元1 围绕“互联网+”创业方案构思概述，深入阐述了目标顾客选择、价值定位、信息源构造的理论技能知识，帮助创业者明晰“互联网+”创业通行的创业计划之“道”。该学习单元的四个主题单元简明扼要地阐述了“互联网+”创业的战略定位和创业思路，对后面各学习单元有重要的指导作用。

学习单元2 从泛产品选择、产品核心价值与附加值甄别、网创市场调查及网创机会判断四方面提出了判断网创机会优劣性的方法。

学习单元3 讲述了目前国内主流电商零售网站模式分析、平台资源要素选择的途径与方法，为网创者选择平台奠定基础。

学习单元4 从申请开店、前台设计与呈现、平台辅助工具的应用及供销平台与店铺关联操作四个主题介绍了网销渠道搭建的知识与技能。

学习单元5 从商品定价与策略、网上交易与管理两方面介绍了网创运营与管理的知识与技能。

学习单元6 提出了网创“九·五”定位营销策略，介绍了网店营销手段分析与应用、网店推广数据评估与分析两方面的知识与技能。

学习单元7 给出了网创计划书模板及网创计划书评估体系，使读者可以对网创计划进行全面评估。

本教材按照合作企业的供销平台项目，将该项目按照网创的典型工作任务分解，重新整合为符合高职人才培养规律的任务体系。每个任务采用“做—学—教—做”的思路分别完成引导任务和同步训练；每个主题单元安排了自主学习的内容，目的是总结本学习单元的内容，思考和预习下一学习单元的内容。在教学实施中，建议任课教师以4节课为单位完成每个学习单元的教学任务，任课教师可根据学生的能力层次自行调整每课的内容量。

为本教材配套的网上开店实战平台免费提供开店资源。该网站有电脑端和移动端两类平台，可以以学校为单位提供网站后台管理账号。天猫商品供销平台系本教材配套提供的网创产品平台，可直接为网创选择商品，具体使用见本教材相关内容。

本教材由高职院校多年从事网创课程教学的教师吴洪贵、罗晓东，创业培训专家白莲玉，东南大学李福兴，电子商务培训师王海宝组成的核心团队编写，每个主题学习单元都是由团队成员按照网创的实际共同研讨和编写的，每个任务的内容都反复推敲、几易其稿，力求使本教材真正反映网创的全过程。同时，江苏经贸职业技术学院国家示范（骨干）高职院校重点建设专业团队的全体教师，青岛广播电视大学陈玮，江苏经贸职业技术学院彭友，中央广播电视大学出版社韦鹏、程业刚等同志也参与了本教材的编写。

在本教材的编写过程中，得到了全国电子商务职业教育教学指导委员会、江苏省人力资源和社会保障厅、南京市职业技术培训指导中心、青岛广播电视大学（青岛创业大学）等单位领导的大力支持和帮助。

我们十分愿意收到广大读者对本教材的评价，任何有助于我们未来编写和教学工作的反馈（意见），无论是赞扬还是批评，均可以通过电子邮件（24682385@qq.com）联系我们。

由于编者水平有限，疏漏之处在所难免，敬请广大读者批评指正。

编　者

2015 年 10 月

目 录 CONTENTS

学习单元 1
"互联网＋"创业的战略定位

1

单元导学

本学习单元包含 4 个任务：

任务 1　网创方案构思概述

任务 2　目标顾客选择

任务 3　为顾客提供价值定位

任务 4　信息源构造

通过学习，能够运用五点定位法制定创业构思方案，确定创业的运作方式和盈利模式；运用目标选择确定能有效服务的目标群；运用价值定位确定目标顾客的不同；使用信息源构造确定创业产品或服务在核心受众的地位。

知识目标

1. 掌握创业、创业者身份资格、创业机会、创业提供物等概念的含义。

2. 掌握顾客、顾客的身份作用、消费者、目标顾客、优秀使命等概念的含义。

3. 掌握价值定位、实物产品的特征，无形产品的特征、关系、品牌形象。

4. 掌握网络营销沟通模型、产品层次与属性、顾客感知质量、关系定位等知识。

能力目标

1. 能够客观地做出创业评价、创业导向选择，通过泛产品选择实现立项。

2. 能够制定市场营销战略并运用市场细分工具细分、选择和探究自己的目标市场。

3. 能够运用战略模型制定自己的战略，实现价值定位。

4. 能够运用泛产品项目的主题产品定位、产品的特征构造、关系构建、泛产品项目下的背景主题设计、形象创造、信息源构造九点定位法等方法为自己的项目进行信息源价值构造，描述自己的整体定位并制定网创构思方案。

素质目标

1. 理解创业活动的价值和风险，树立科学的创业观。
2. 树立正确的人生观、价值观和世界观，自觉提升创业能力。
3. 培养艰苦奋斗、艰苦创业的企业家精神。
4. 培养诚实守信、言行一致的工作作风。
5. 树立个人价值与社会价值的高度统一。

任务 1　网创方案构思概述

1.1　引导任务

有一位七旬老奶奶来到你开的水果店买杏，要求买最酸的。请大家根据以上情境，制定服务方案并回答制定依据。

分析： 界定“谁的需要、谁的需求”是重点。为创业店铺初选经营的产品，搭建分析载体。通过主流电商平台初选任一产品，并从“卖什么、卖给谁”的角度进行网创方案的初步构思。

任务步骤如下：

（1）从自选电商平台上搜索产品或服务商品名称的关键词，例如“连衣裙”。

（2）自选一个电商平台，尝试开设一个店铺，将这个店铺作为你本次学习的实践平台。

分析：网创构思方案中，“卖什么”是界定产品或服务，“卖给谁”是确定需求与购买力。

1.2 支撑知识与技能

为了完成网创构思方案，需要学会创业、创业者身份资格、创业机会、创业提供物等知识内容，并运用以上知识完成创业者评价、创业导向选择等任务。

1.2.1 知识要点

1. 创业

创业就是创业者发现并捕捉市场机会，整合并利用有效资源和技能，挖掘自身潜能，实现价值创造的过程。它包括三个核心要素：市场机会、技能和资源，其目的是实现盈利。

一个好的创业构思必须包含以下两个方面：①必须具有市场机会；②必须具有利用这个机会的技能和资源。好的企业构思图如图 1-1-1 所示。

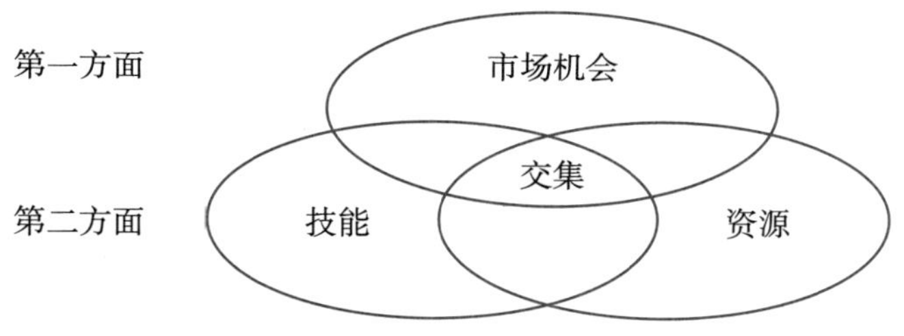

图 1-1-1 好的企业构思图

2. 创业者身份资格

创业者创业并实现盈利一般要基于合法的社会经济组织，使自己成为责任人之一。在开展创业工作或活动时，必将扮演 3 个既独立又相互联系的角色并承担相关的责任和义务。

（1）企业家。企业家的核心任务是甄别和评价市场机会与风险，分析行业吸引力并确定自己的核心竞争力，抓住有利的市场机会进入投资。企业家具有驾驭风险的有效方法和策略。企业家需具有爱国情怀、勇于创新、诚信守法、承担社会责任、拓展国际视野的企业家精神和互联网思维，带领企业不仅为社会创造财富，还要承担社会责任。

（2）领导者。领导者肩负着推动整个组织向目标前进以及激励员工的责任。领导力意味着阐明远景、指明方向、确立价值观、营造良好的发展氛围。卓越型领导者必须具备个人魅力，且正直、坦诚、热情、遵守并兑现承诺等品质，并能对下属表现出充分的尊重。

（3）管理者。管理者主要承担战略性和职能性的管理任务。战略性管理任务主要是协调企业价值创造链上各个职能性任务之间的关系。管理者需要对价值链、核心竞争力、行业的关键成功要素及环境有系统认知，同时要具备抽象思维和在概念性框架下思考的能力。职能性管理任务即企业日常管理，其核心是各项具体的价值提升性工作。企业各项任务的实施通常有一套书面的标准流程，责任人需要有一整套明确规范的专业技能，在当今互联网应用已深入各行各业的情景下，更需要了解互联网。

3. 创业机会

创业机会是指在某一具体的时间段内，市场上存在尚未被满足或尚未完全被满足的需求，其能给创业者提供有力的创业动机和潜在的足够大的市场发展空间或已呈现出相当大的需求量。在互联网时代，创业机会无处不在且多种多样，但对创业者来说，仅有很少的机会适合其创业。因此，挖掘分析创业机会，抓住和利用机会是成功创业的开始，这对创业者而言是十分重要的环节。

（1）市场的本质。市场有两种含义：其一，是指大家买卖产品或服务的地点，即商业活动的交易场所。例如，线下的各种市场、互联网的各种市场。其二，是指需要你的产品或服务并愿意为此花钱的顾客，包括个人、企业、事业单位、机构等。

市场的双重含义。其一，指交易场所市场，自古有之，因为人天生就是交易人。比如，古代的骡马市场、米市等，现在全国各地的批发市场、股票交易市场、各类网上购物平台、3C 产品商城、12306 网站、速卖通网站等都被称为市场，这些指的都是人们交易的地点。其二，参与交易的人，围绕中小学校园的“托管中心”或“休息中心”，很多中小学生在那里就餐和休息，但它们的市场并不是这些中小学生，而是给这些学生花钱的学生家长，或其他愿意花钱的人。市场还包含潜在市场和现在市场。潜在市场是指潜在的未来可能会购买该产品的顾客，现在市场是指现在购买该产品的顾客。

（2）顾客的本质。需要是顾客本质的内源，欲望是需要的指向标。需求是需要的外显形态，决定了顾客的选择。

人类的需要是一种感到缺乏的状态。它是市场营销的基础概念。它包括人对生理的需要、对安全的需要、对社交的需要、对尊重的需要及对自我价值实现的需要，如图 1–1–2 所示。

马斯洛指出，人类的需要是从低到高逐步分层发展的，从最为迫切的需要到最不迫切的需要，只有低层次的需要得到满足后才会继而追求高层次的需要。这就意味着顾客做出购买决定取决于提供物在多大程度上满足他们当下最迫切的需要。就如我国，人们目前的需要是对美好生活的向往一样，在满足了基本物质需要的情况下，人们开始追求更高的物质层面和精神层面的需要。

需要是内源，需求是形态。欲望是需要的表现形式，它受到文化和个性的影响。它是个体明确表达满足需要的指向标，在得到资源条件支持时欲望就会转化为需求，这时人们会选择能够产生最大价值、利益和满意的市场提供物。可见，需要是人自身的内在层面，需求是人的外显。例如，到吃中午饭的时候，人们都会感到肚子饿，但人们选择吃午餐时，会选择

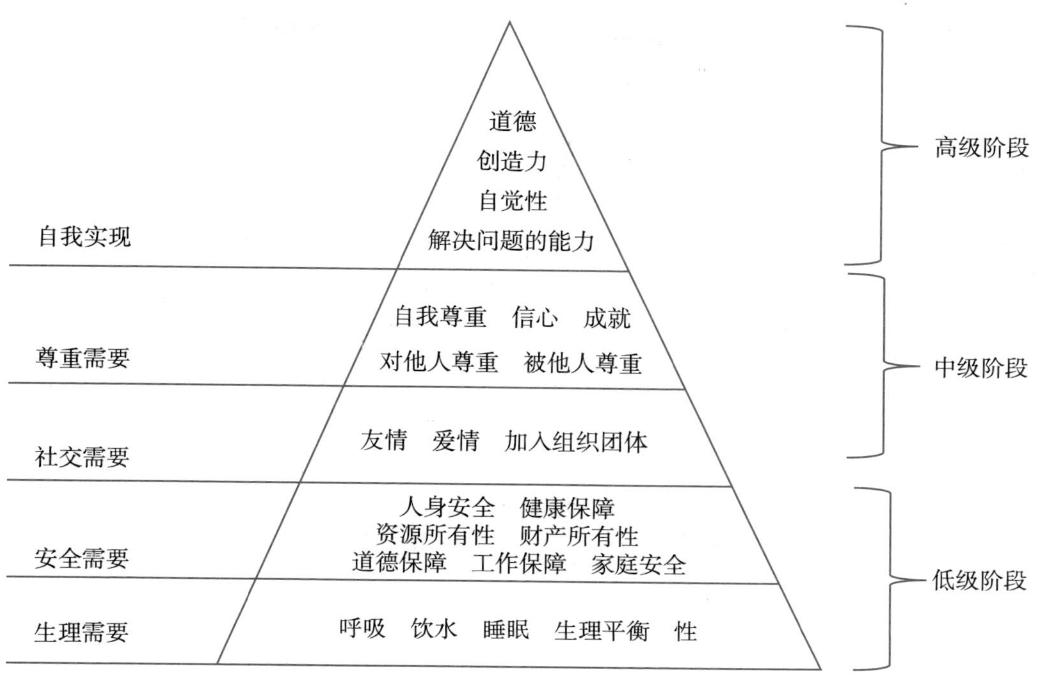

图 1-1-2 马斯洛的人类需要层次图

不同的食物来满足各自的需求。但这有个先决条件是有这样的食物和必要的支付能力。从人类需要层次理论出发，我们会发现满足人们低层次的需要比较容易，商品价格也相对较低，创业项目选择面宽；满足高层次的需要难度高，商品价格也相对较高，创业项目选择面窄。这就告诉创业者必须做出深入的市场营销研究，提供物只有做到让顾客感受到差异性感知价值时，顾客才可能购买。可见，需要是顾客本质的内源，需求是需要的外显形态，它决定了顾客的选择。

需要与需求的关系如图 1-1-3 所示。

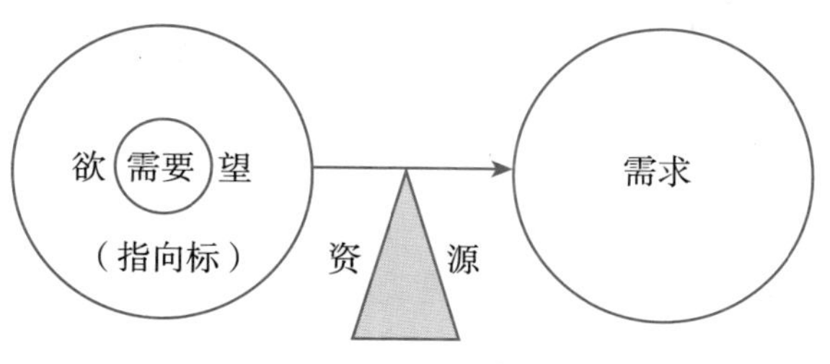

图 1-1-3 需要与需求的关系

赫茨伯格的双因素理论指出，人的动机源自两个因素：其一是保健因素，其二是激励因素。例如，当保健因素不具备时就会导致人的不满，顾客因此会离去，这表明顾客存在最低期望值。激励因素就会使人感到满意和快乐。例如，一些大型连锁超市的经营商品种类及品种基本囊括了顾客居家生活的日常需要，商品价格便宜是必需的保健因素，而不是明显的激励因素。为了让顾客感到快乐，商家会经常做一些让利，还为老年人开设班车，为他们提供方便。

赫茨伯格的双因素理论同马斯洛的需要层次理论有相似之处。他提出的保健因素相当于马斯洛提出的生理需要、安全需要、社交需要等较低层次的需要；激励因素则相当于受人尊敬的需要、自我价值实现的需要等较高层次的需要。

创业者通过提供物差异化价值来满足顾客需要固然重要，但这只是建立在"创业创造，满足顾客需求"基础上的观点。客户使用产品或分享服务能产生一定的情感，但产品或服务最终还是会被消耗，情感终会消逝。一位优秀的营销者说过：在工厂里创造产品，在头脑中创造品牌。可见，客户的偏好所产生的情感可以在头脑中生成对其的认识并实现稳定的忠诚关系。因此，对创业活动而言，可以得出"需要是顾客的基本面，需求是需要的外显形态并会与时俱进发生变化。顾客不仅有需求，还会创造需求，品牌就是客户的一个创造面"这一结论。因此，满足需求或创新引领变化，团结客户创造就成为创业机会的原点。关于如何细分市场并以此区分你的目标顾客，将在以后的学习任务中逐步深入讨论。

创业视角

创立非常可乐品牌

1998年，娃哈哈推出"非常可乐"，此时可乐饮品的市场已然被"可口""百事"等国际品牌占据，但是娃哈哈主动承担起饮料界民族企业的任务，推出"非常可乐"。

此时"可口可乐"在中国市场占有率达到57.6%，百事可乐占21.3%的市场份额。娃哈哈选择在这一时机推出"非常可乐"，宣言挑战"两乐"。

宗庆后事事亲力亲为，参与到可乐的研制和广告的宣传中，最终以"非常可乐，非常选择"这一广告语推广宣传，很快便深入人心，并且直接深入农村市场，这样的巧妙选择使"非常可乐"在"两乐"夹击之中成功突围。1998年，娃哈哈碳酸饮品非常系列销售量达到7.38万吨，虽然与可口可乐、百事可乐还有一定差距，但是娃哈哈非常系列的登场无疑是引人注目的。

2001年，非常可乐的销售达到62万吨，与百事可乐日益逼近，并且非常系列的碳酸饮品销售量逐渐与可口可乐在中国市场的销售量齐平，这无疑是一大胜利。

在宗庆后的带领下，娃哈哈成为家喻户晓的国民品牌，42岁起步，并急速超车，在创业这条道路上，他用敏锐的眼光及时捕捉政策的倾向点，并迅速采取相应的行动，在市场中占据自己的位置。

因此，创业一定要抓住机会，但抓住机会需要创业者有创业的勇气和胆略，还需要脚踏实地去落实。

4. 创业提供物

为满足顾客的需求，创业者需要想办法为其供给提供物。提供物包括消费品和工业用品，广义上包括一切可出售的内容，如组织、人员、地点、创意和体验等。根据顾客的消费形式，可将提供物分为实物提供物和无形提供物两大类。

（1）实物提供物以满足顾客使用为主。为了支持顾客的使用，提供者一般都增加一些支撑性的提供物和相应的服务，以达到沟通顾客并让其体验到该提供物具有新增价值的目的。例如，消费品和工业用品都会附加增值服务。

（2）无形提供物以满足顾客参与为主，但它的体现形式同样由活动方案及有形的物质条件组成，并且同样附有支撑性的活动和相应的物质条件。所以说，为了更好地让顾客参与并体验，绝不能将“附加的增值服务”从无形提供物的活动集中拿走。例如，组织、人员、地点、创意和体验等都包含“附加的增值服务”。

由上述可知，无论是实物提供物还是无形提供物，都包含 3 个层次，即核心价值、价值载体和附加价值，如图 1-1-4 所示。

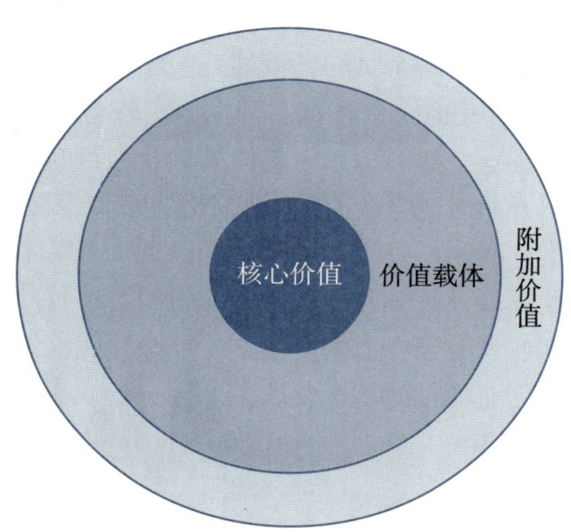

图 1-1-4　提供物的 3 个层次

创业时，创业者需要对提供物进行定位。无论选择的是具体的消费品、工业用品，还是组织、人员、地点、创意和体验等可出售的某类内容，都涉及产品与服务的问题。产品就是人们需要付钱购买的实物（有形）提供物或参与体验的无形提供物。服务是你为别人所做的事情（无形），一般以活动形式呈现，它既可以作为产品（无形提供物）独立出售，也可以作为产品的附加增值部分支撑产品出售。从提供物选择立项来看，产品、服务都属于泛产品范畴，即都是产品，实物产品有形而服务是无形产品。产品与服务是密不可分的，产品包含服务，服务还包含附加服务。应用提供物的 3 个层次，我们可以形象地表示出任何一个具体的泛产品的产品与服务的层次。

核心价值体现的是核心顾客价值，它提供的是顾客真正购买的核心利益或服务。核心顾客价值本身虽无形，但可以捕捉到。例如，顾客购买手机、储存器等，实质买的是与他人和资源的自由联系。顾客买鞋进行运动，实质买的是健康。女性顾客购买唇膏，购买的不仅是色彩，更重要的是良好的自我感觉。

价值载体是核心产品的载体，它承载着产品的核心利益，形式上从风格、特征、设计、质量水平、品牌名称和包装等几个方面构建了产品和服务，主要提供保健因素和部分激励因素。

附加价值就是向顾客提供附加服务和利益，支持顾客的选择和体验，主要提供一些激励因素。例如，超市为老年人提供免费班车。

5. 创业项目

创业项目是指一系列独特的、复杂的并相互关联的创业活动，这些创业活动具有一个明确的目标或目的，在特定的时间、预算、资源限定内，依据相应规范完成。美国项目管理协会（Project Management Institute，PMI）为项目所做的定义是：项目是为创造独特的产品、服务或成果而进行的临时性工作。可见，创业项目是创造创新产品、服务或成果性的工作。以下工作都可成立一个项目：开发一个 App，策划一次电子商务运营大赛，进行企业资源计划（enterprise resource planning，ERP）的咨询、开发、实施与培训等。

青年大学生都有自己的创业梦想和追求，具体到创业项目时，人人都会选择或开发一个合适的项目去创造价值，但开始时通常会有些无从下手。其原因在于创业项目都有具体的参数，包括范围、质量、成本、时间、资源，通常呈现以下 4 个基本特征：开发是为了实现一个或一组特定目标、受到预算以及具体时间和资源的限制、项目的复杂性，项目必须是以客户为中心的。创业之初，创业者对于以上创业基本特征必须能够说得清楚、捋得明白，这就是通过创业构思进一步确立创业项目的基本要求。

企业担当

“布鞋老总”宗庆后的社会责任感

“布鞋老总”宗庆后：42 岁开始蹬三轮创业，3 年时间创立娃哈哈帝国。自 2010 年开始，他四年三次登上福布斯中国富豪榜榜首。

创业初期

出生于 1945 年的宗庆后家庭异常贫困，父亲无法正常工作，家中一切开销都要依靠母亲一人，他 17 岁便进入舟山农场工作，之后又进入绍兴茶场，15 年之后回到杭州。但回到杭州之后的他并未立即找到创业的方向，而是处处碰头，无法找到出路，真正创业有望是在他 42 岁这年，即 1986 年 4 月 6 日，他被任命为杭州市城区校办企业经销部经理。

创立娃哈哈品牌

企业起始只有三个人。他每天蹬着三轮车，搬货，推销文具、饮料等。当时的他也被深深地怀疑，因为他只有初中文化水平，已至中年，但是这并未阻止他，他向众人许下年收入10 万元的承诺。

宗庆后敏锐地察觉到国家政策对市场的影响，当时的计划生育政策使得一家老小都围着孩子转，这让他转向开拓儿童营养液的空白市场，主攻增强儿童体质，在积累一定资本之后，他开始做起了自己的儿童营养液——娃哈哈口服液，也是中国的第一支儿童营养液。一年创利超过当时所承诺的年收入 10 万元，这让当时持怀疑态度的人对宗庆后感到由衷的佩服。之后，用一个 100 多人的民营小企业收购了一家 2 000 多人的国资杭州罐头厂进行兼并重组。在解决原企业产能问题的同时，在短短三个月的时间里便扭转盈亏，使得营养液的生产再上新高，当年的产值更是突破亿元大关。

娃哈哈成为人人称赞的国民品牌，国民知名度一路攀升。娃哈哈以社会责任感开启省外扩张之路，在涪陵建立了第一家外地分公司，为外地人提供大量就业机会和福利待遇，之后更是在少数民族、贫困地区建立了一家又一家，带动一方经济发展。2008 年汶川大地震，娃哈哈累计向灾区捐赠物资以及现金超过 1 500 万元，与此同时，娃哈哈员工也组织向灾区捐款捐物，宗庆后被称为“民族企业家”，无论从其言其行，还是从其带领的娃哈哈企业来看，他将为国为民这四个字所代表的含义发挥得淋漓尽致。

启示：企业的目的不仅是盈利，即不仅要创造经济财富，还要承担社会责任和义务，这样的企业才能实现既盈利又赢得社会赞誉。

6. 基于互联网的创业

网上创业简称网创，是基于互联网的创业。网络由硬件、软件、流动信息和数据构成。创业者以网络为平台构建有价值的信息源，通过运营和推广开展商务活动创造价值，实现盈利。

（1）当前网创有多种类型，见表 1–1–1。

表 1–1–1　网创的类型

创业类型	平台	运作模式
网店型	中国制造、环球资源网等	B2B（Business to Business）
	天猫、京东等网上商城、12306 等	B2C（Business to Customer）
	淘宝、美团、闲鱼、拼多多等	C2C（Customer to Customer）
O2O 型	美团、滴滴出行、饿了么等	Online to Offline
威客型	猪八戒、威客中国、孙悟空威客网等	劳务技术提供、软件开发等
自媒体营销	新浪微博、腾讯微博、头条等	代理企业、个人微博
移动互联	微信、QQ、社交电商等	微店、直播、短视频、种草文案
自建网站	海尔、小米、华为等企业销售网站	创建网站、宣传推广

（2）网创的优势与劣势。网创具有以下优势：创业门槛较低、商机多、市场空间大、创业方式灵活、经营灵活、运营和推广等。其劣势是：竞争激烈、成功标准较高、推广方式变化更新较快、网络信用环境有待提高、线下物流成本较高、小型企业易被互联网巨头兼并或收购等。

1.2.2 技能要点

1. 创业者自我评价与提高途径

下面有 10 张表格（表 1–1–2 至表 1–1–11），分别从 10 个方面对你创办和经营企业的能力进行评价。每张表格的 A 栏和 B 栏里各有一些表述，你要在横向对比这些表述后进行选择。

- 如果 A 栏里的表述符合你的情况，请在 A 栏对应的空格里填写 2 分。
- 如果 B 栏里的表述符合你的情况，请在 B 栏对应的空格里填写 2 分。
- 然后分别将 A 栏和 B 栏里的分数相加，填入合计栏。

表 1–1–2　创业者自我评价表：创办企业的动机

A		B	
分数	事项	事项	分数
	在决定创办自己的企业之前，我有一份好工作	在决定创办自己的企业之前，我没有一份好工作	
	我从自己从事过的每一份工作中都学到了一些东西，我发现工作很有意思	我工作只为挣钱。工作没什么乐趣，我对工作兴趣不大	
	我想让我创办的企业成为我的终生事业	我想创业是因为没有其他选择	
	我想拥有一家企业，这样我就能够为我的家庭提供更好的生活	我想创办企业是因为想取得成功，富人都有自己的企业	
	我坚信，我创业成功与否更多地取决于自己的努力	一个人不论做什么，要想成功都需要其他人的许多帮助	
	合计	合计	

表 1–1–3　创业者自我评价表：风险承受能力

A		B	
分数	事项	事项	分数
	我坚信要在生活中前进必须冒风险	我不喜欢冒风险，即使有机会得到很大的回报也是这样	
	我认为风险中也蕴含着机会	如果可以选择，我愿意以最稳妥的方式做事	
	我只有在权衡利弊之后才会去冒险	如果我喜欢一个想法，我会不计利弊地去冒险	

续表

A		B	
分数	事项	事项	分数
	即使投入自己企业的资金亏了，我也愿意接受这样的现实	投入自己企业的资金可能会亏损掉，我难以接受这样的现实	
	不论做什么事，就算我对这件事有足够的控制权，我也不会总是期待完全控制局面	我喜欢完全控制自己所做的事情	
	合计	合计	

表 1-1-4　创业者自我评价表：坚忍不拔和处理危机的能力

A		B	
分数	事项	事项	分数
	即使面对极大的困难，我也不会轻易放弃	如果做某些事会存在很多困难，那么我认为真的不值得为之奋斗	
	我不会为挫折和失败沮丧很久	挫折和失败对我的影响很大	
	我相信自己有能力扭转局势	一个人能自己做的事情是有限的，运气起到很大的作用	
	如果有人对我说“不”，我会泰然处之，并尽自己最大的努力改变他们的看法	如果有人对我说“不”，我会感到很糟糕并想放弃这件事	
	发生危机时，我能保持冷静并找出最佳应对办法	当危机升级时，我会感到慌乱和紧张	
	合计	合计	

表 1-1-5　创业者自我评价表：家庭支持

A		B	
分数	事项	事项	分数
	我会让家人参与对他们有影响的企业决策	我不会让家人参与对他们有影响的企业决策	
	因为全身心地投入企业的创办和经营，使我不能花更多的时间和家人在一起，他们会理解我	因为全身心地投入企业的创办和经营，使得我不能花更多的时间和家人在一起，他们会感到不快	
	如果我的企业最初不成功，并且给家人带来经济上的困难，他们愿意忍受	如果我的企业最初不成功，并且给家人带来经济上的困难，他们无法忍受	
	家人愿意帮助我克服创办企业过程中遇到的困难	家人可能不愿意或没有能力帮助我克服困难	
	家人认为我创办企业是个好主意	家人对我创办企业感到担心	
	合计	合计	

表 1-1-6　创业者自我评价表：主动性

A		B	
分数	事项	事项	分数
	不惧怕问题，因为问题是生活的组成部分，我会努力想办法解决每一个问题	认为解决问题很难，害怕遇到问题或者干脆不想它们	
	当我遇到困难时，会尽力克服，困难是一种挑战，我喜欢挑战	如果遇到困难，会试图忘掉它们或等待其自行消失	
	我不会等待事情的发生，而是努力促使事情发生	喜欢随波逐流等待好事降临	
	我总会尝试做一些与众不同的事情	只喜欢做擅长的事情	
	我认为所有想法都有用，因此会寻求更多的想法，并判断是否可行	人会有很多想法，但是一个人不可能做所有的事情。愿意坚持自己的想法	
	合计	合计	

表 1-1-7　创业者自我评价表：协调家庭、社会和企业关系的能力

A		B	
分数	事项	事项	分数
	在企业能承受的范围内，从企业拿钱来供我和家人使用	我会优先考虑把大量时间花在与家人或朋友聚会，他们比企业重要	
	如果我的家人或朋友有经济困难，我只会用预留给我个人的钱来帮助他们，不会从企业里拿钱	如果我的家人或朋友有经济困难，我将帮助他们，即使这样做可能会损害我的企业	
	不会把大量时间花在与家人或朋友聚会等活动上而忽略企业	我的家人需要多少钱，就从企业拿多少钱来供我的家人使用	
	家人和朋友必须与其他顾客一样，为使用我的产品、服务或企业资产付钱	家人和朋友可以从我的企业得到特殊的好处	
	我不对会家人和朋友赊账	我允许对家人和朋友赊账	
	合计	合计	

表 1-1-8　创业者自我评价表：决策能力

A		B	
分数	事项	事项	分数
	我能够轻松地做决策，也喜欢做决定	我发现做决定很难	
	我能独立做出艰难的决定	在做出决定之前，我会征求很多人的意见	

续表

A		B	
分数	事项	事项	分数
	一旦需要做出决定，我经常能够很快地决定做什么	我会尽量推迟做出决定的时间	
	在做决定之前，我会认真思考并考虑所有可能的选择	我凭感觉和直觉做出决定，我只知道眼前要做什么	
	我不怕犯错误，因为我可以从中吸取教训	我经常担心会犯错误	
	合计	合计	

表 1-1-9 创业者自我评价表：适应企业需要的能力

A		B	
分数	事项	事项	分数
	我只提供顾客需要的产品或服务	我只提供自己喜欢的产品或服务	
	如果我的顾客想购买便宜的产品或服务，我将尽量想办法满足他们	如果我的顾客想购买便宜的产品或服务，他们只能找其他的企业	
	如果我的顾客想赊购，我会以最小的风险为他提供赊销	我不会向任何人赊销我的产品或服务	
	如果将企业迁到其他地方生意会好，我会选择迁往	我不准备重新选择企业地点，我的企业在哪里，顾客和供应商就必须跟到哪里	
	我将研究市场趋势，并尽力改变工作态度和方法，以图跟上时代的发展	最好按照我已经知道的方法去工作，跟上时代的发展太难了	
	合计	合计	

表 1-1-10 创业者自我评价表：对企业的承诺

A		B	
分数	事项	事项	分数
	我善于在压力下工作，喜欢挑战	我不善于在压力下工作，喜欢平静和轻松	
	我喜欢每天工作很长时间，也不介意占用业余时间	我认为工作以外的时间很重要，人不能长时间工作	
	我愿意为创办和经营企业而减少与家人、朋友在一起的时间	我不愿意因创办和经营企业而减少与家人、朋友在一起的时间	
	如果需要，我可以把社交活动、休闲娱乐、业余爱好放在一边	我认为社交活动、休闲娱乐、业余爱好上多花时间是很重要的	

续表

A		B	
分数	事项	事项	分数
	我愿意非常努力地工作	我愿意工作并做必须做的事情	
	合计	合计	

表 1-1-11　创业者自我评价表：谈判技巧

A		B	
分数	事项	事项	分数
	我喜欢谈判，并且经常在不冒犯任何人的情况下达到目的	我不喜欢谈判，按照别人的建议去做更容易	
	我与别人沟通得很好	我与别人沟通困难	
	我能够尊重别人的观点和选择	我一般对别人的观点和选择不感兴趣	
	谈判时，我会考虑什么对自己有利、什么对别人有利	如果参加谈判，我愿意作为一名听众，旁观事态的发展	
	我认为在谈判中达到目的的最好方法是努力寻找一个双赢的方案	因为企业是我的，所以我的意见最重要。谈判时零和博弈	
	合计	合计	

做完上面的练习后，请分别将上面每张表格中 A 栏和 B 栏里的合计分数填入表 1-1-12 中。

表 1-1-12　自我评价结果汇总表

能力 / 素质	A	强（6—10 分）	不太强（0—4 分）	B	有点弱（0—4 分）	弱（6—10 分）
1. 创办企业的动机						
2. 风险承受能力						
3. 坚忍不拔和处理危机的能力						
4. 家庭支持						
5. 主动性						
6. 协调家庭、社会和企业关系的能力						
7. 决策能力						
8. 适应企业需要的能力						

续表

能力 / 素质	A	强（6—10 分）	不太强（0—4 分）	B	有点弱（0—4 分）	弱（6—10 分）
9. 对企业的承诺						
10. 谈判技巧						
总分						

说明：

- 如果你 A 栏得分为 6—10 分，说明你在这些方面的能力和素质是强项，请在“强”下面的对应框中打“√”。
- 如果你 A 栏得分为 0—4 分，说明你在这些方面的能力和素质不是强项，请在“不太强”下面的对应框中打“√”。
- 如果你 B 栏得分为 0—4 分，说明你在这些方面的能力和素质不是强项，请在“有点弱”下面的对应框中打“√”。
- 如果你 B 栏得分为 6—10 分，说明你在这些方面的能力和素质是强项，请在“弱”下面的对应框中打“√”。
- 如果你 A 栏总分为 50 分或更高，就说明你具有一个优秀创业者所应具备的各项能力和素质。
- 如果你 B 栏总分为 50 分或更高，就说明你需要对自己的弱项加以改进，将弱项转变为强项。

如果你缺乏创办企业必备的能力和素质，你可以通过以下途径加以改进。

- 与企业人士交谈，向他们学习。
- 参加一个创办企业或经营企业的培训班，接受相关培训。
- 做一名成功企业人士的助手或学徒。
- 阅读一些可以帮助你提高企业经营技巧的书籍。
- 阅读网络及报刊上关于企业的文章，思考这些企业的问题以及它们解决问题的方法。
- 找一个能与你取长补短的合伙人一起创办和经营企业，而不是完全依靠自己去创办企业。

2. 创业导向选择

创业导向决定了创业的方向。创业有两种基本导向，即产品导向和顾客导向。创业发展一般有四个阶段，即准备、巩固、提高、发展，四个阶段可以划分为两个时期，即初创时期（准备与巩固）与二次创业时期（提高与发展）。在不同的创业时期，两种基本导向的应用策略也不同。在初创时期的准备阶段，由于没有客户，所以一切均依赖于市场调查数据。创业者必须从顾客导向和产品导向兼顾开始，这里称为目标导向。在二次创业时期中的提高阶段，创业者在有客户并完成了一定销售量的前提下，要想在已有市场中掘力发展，就必须以顾客为导向深度挖掘。在创业的过程中难免存在竞争，尤其在发展阶段，竞争导向的作用越来越明显。这样就存在四种创业导向策略，即产品导向、目标导向、顾客导向、竞争导向。无论从产品出发去找目标顾客的需求集合（从产品出发称为起点出发），还是从目标顾客的需求出发去挖掘需要创造创新的产品，其核心都是为了满足目标顾客的需要，因为它是创业的定盘星。

创业者可以根据自己的创业现状进行导向选择，同时还可以进行组合决策。例如，可以根据不同的创业进程阶段组合竞争导向因素（创业激励因素），更能完善创业导向。表1-1-13至表1-1-15给出了产品导向、目标导向、顾客导向下的创业基本要素，以供创业者做导向决策。

表1-1-13　创业导向1：产品导向

产品导向：业务范围限定为经营某种定型产品，在不从事或很少从事产品更新的前提下设法寻找和扩大该产品的市场。

项目	内容
创业市场	寻找目标市场
产品	产品（有产品及其组合）和技术都是已定的
产品领先性	不确定
顾客需求	购买这种产品的顾客群体和所要迎合的顾客需求是未定的，有待寻找和发掘
出发点	产品（起点）
营销策略	营销活动只能从扩大市场需求和市场份额入手，主要营销策略是市场渗透和市场开发
竞争对手	视生产同一品种、规格的产品的创业者为竞争对手，而不把不同品种、规格的同类创业者视为竞争对手
开发目标	业务范围扩大即市场扩大
创业阶段	适合初创阶段

表1-1-14　创业导向2：目标导向

目标导向：创业者在兼顾自身的产品特征、资源条件和竞争者的情况下，选择一定的目标顾客来开展市场营销活动。这与产品导向的市场营销有一些类似的地方，即先有产品再找市场。

项目	内容
创业市场	寻找目标市场
产品	产品（有产品及其组合）和技术都是已定的
产品领先性	产品不一定有多大的原创性和差异化，跟竞争对手（现有的竞争对手和潜在的竞争对手）相比也不一定有什么优势可言
顾客需求	技术、产品特征、资源条件和竞争者、需求已定；最具有市场价值的人群有待于选择后进行营销
出发点	合适的目标人群（起点和原点）
营销策略	销售人员用现有的关系和资源来达成产品的销售。以合适的目标人群作为营销对象，目标人群的选取，是以具有市场价值的人群的共有特征为基础，同时还要兼顾创业的资源条件、产品特征和竞争要求

续表

项目	内容
竞争对手	存在潜在竞争压力，初创时期大都有着明显的业绩压力
开发目标	研发或者开发出了符合当前市场需要的某个产品
创业阶段	适合初创阶段

表 1-1-15　创业导向 3：顾客导向

顾客导向：创业以满足顾客需求、增加顾客价值为经营出发点，在经营过程中，特别要注意对顾客的消费能力、偏好及其行为进行调查分析，重视新产品的开发和营销手段的创新，以动态地适应顾客的需求。

项目	内容
创业市场	已定
产品	有产品、有顾客
产品领先性	具有原创性和差异性，具有竞争优势
顾客需求	需求未定，其余全定
出发点	顾客（原点）
营销策略	相关多元化、增值挖掘。企业在制定营销策略时把如何满足顾客的需求摆在第一位，认为“哪里有顾客的需要，哪里就有市场”，创业应该“按需运营”
竞争对手	五力竞争：客户购买能力、与供应商谈判能力、潜在企业进入能力、现有企业竞争能力、与替代品的竞争能力
开发目标	新产品开发和营销手段创新，以动态地适应顾客需求
创业阶段	适合初创或改善与扩大

3. 泛产品选择

（1）泛产品概念。泛产品是指产品项目与其发挥功能方式相似、购买顾客群或给定的价格区间相同的所有产品或服务的项目板块。泛产品已成为产品项目与服务项目的集合，其呈现的是项目板块式的生态体，其组成细胞是产品或服务项目的经营组织，不同的项目板块运营都有各自系统生态特征。在创业实践中泛产品已经呈现出了以下创业特性：背景环境一致性（影响力与吸引力大）、产品项目组织差异性、各产品功能发挥相似性及补给性、顾客群相同性或给定的价格区间接近性。例如，南京珠江路电子一条街、中国农村电子商务第一村、瓷器销售流动队等都是泛产品的典型体现。

（2）泛产品图示。物以类聚，人以群分。泛产品作为产品项目板块，其生命起源是一个或几个产品或服务项目并随着项目茁壮成长而快速延伸出产品项目线和服务项目线。创业者可以使用图 1–1–5 形象地描述一个初步的泛产品并再做创新创造补充，也利用图 1–1–5 进行泛产品选择。

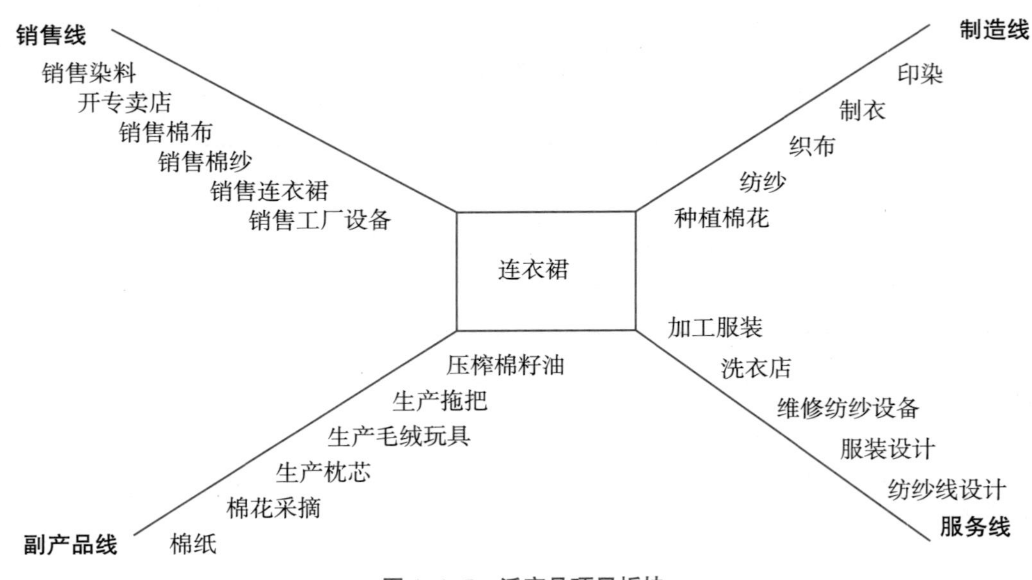

图 1–1–5　泛产品项目板块

（3）泛产品选择。可以使用“创业项目参数”选择泛产品。

（4）从自己完成的“创业项目线”图中选择出自己能够实现并能够创造价值的项目。

4. 网创方案构思

成功的创业往往始于正确的理念和好的构思。合理而又周密的创业构思是成功的基础。一个好的网创方案构思包括以下五个要素：将销售什么产品或服务？将向谁销售产品或服务？将由谁销售产品或服务？将在哪里销售产品或服务？将如何销售产品或服务？

（1）将销售什么产品或服务？即做什么？卖什么？这是指网创构思起点应该基于创业者自己了解的产品或自己擅长的服务，并且要有一定数量的顾客愿意下单付款。产品是人们需要付钱购买的物品，服务是你为别人所做的事情并且他们愿意为你所做的事情付款。创业首先要做到提供的产品或服务与众不同。正如查尔斯·莱弗森所说：“在工厂，我们制造化妆品；在商店，我们出售希望。”创业者应把注意力集中到自己擅长的泛产品项目上来。无论何时、何地和何种创业类型都能够“轻车熟路”。

（2）将向谁销售产品或服务？“卖给谁？”这是指能消费产品或服务的多到一定量的顾客（是特定一类人，还是任何人）。经验告诉创业者：选择决定了命运，对象决定了发展。这里的“谁”是指核心顾客，他们追求的价值是什么？要求有哪些？偏好什么？最有效果的激励因素有哪些？等等。

（3）“谁来卖？在哪卖？如何卖？”这是价值传递与信息反馈的渠道及技术与方法，网创本身就具有优异运营的优越性。将由谁销售产品或服务？“谁来卖”是指运营团队建设，核心是生产力水平建设及能力培养提升。

（4）将在哪里销售产品或服务？“在哪卖？”是指运营平台（包括协同运作方式及实现技术方法等）的选择。

（5）将如何销售产品或服务？“如何卖？”是指拟将采用的服务方式及相应的实现技术与方法等。

现将“卖什么？”与“卖给谁？”归为信息源对象；将“谁来卖？”“在哪卖？”“如何卖？”归为传递渠道；增加对象“谁在买？”与“接收信息与反馈信息”，将其归为信宿就形成图 1-1-6 所示的沟通过程。

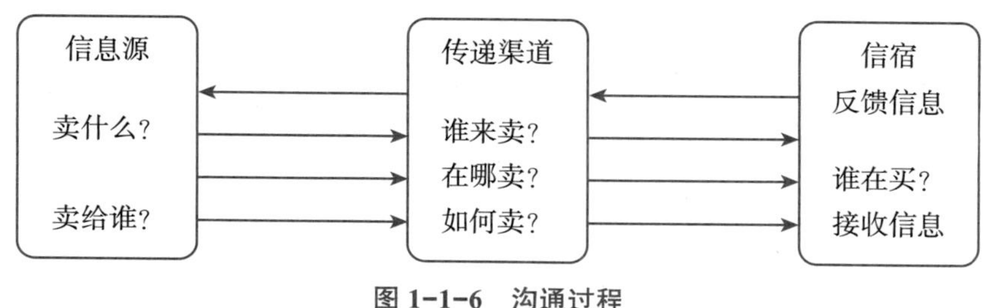

图 1-1-6　沟通过程

5. 网创构思方案五点定位法

在互联网时代，商品信息的传播方式与工业化时代发生了变化。在工业化时代，商品信息需要借助公共媒体乃至商品本身进行传播，但在互联网时代，传播商品信息主要依靠商品的图片、文字、视频等方式进行传播，人们可以在互联网上进行交易。因此，在互联网时代，创业者需了解商品信息的传播方式。

（1）从信息源看：“卖什么？”是指产品或服务的与众不同点在哪里？这些与众不同点能满足什么样的需求？“卖给谁？”是指目标顾客。这些核心顾客真实的需要又是什么？

（2）从传递渠道看：“谁来卖？”是指创业者。“卖”需要平台或渠道，更需要销售与服务技术，你具备相应的技术吗？一般某一类特定目标顾客群都有自己喜欢或偏好的沟通方式，如一些人愿意进入移动端使用微信沟通，而另一些人却偏爱 QQ 沟通。你能按照目标顾客的习惯方式进行沟通吗？

（3）从信宿看：“谁在买？”是指沟通或消费的人。这里的“谁在买？”与信息源中的“卖给谁？”是同一个对象吗？你能通过沟通实现销售并增加顾客的满意度吗？

顾客的购买动机有时受各种购买政策和购买规定的影响较大，同时还会受到网上交易时操作熟悉程度的局限。这就要求创业者在做方案构思时要对目标顾客选择、平台选择、操作技能难易等因素做出综合决策。

一个好的网创构思方案如图 1-1-7 所示。

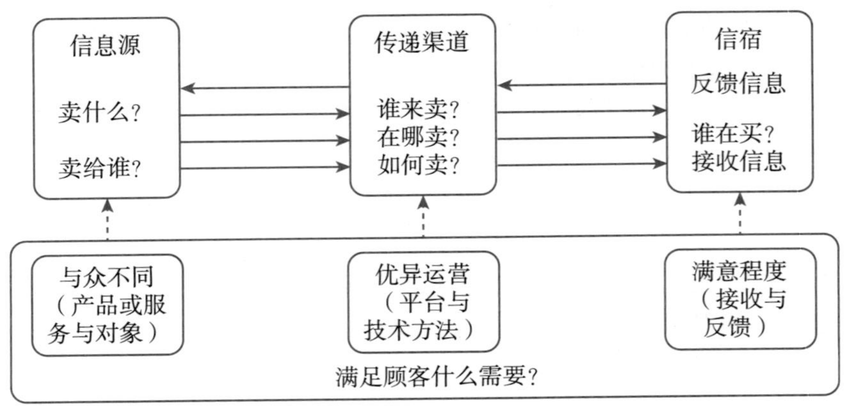

图 1-1-7　网创构思方案

从图 1-1-7 可以看出，网创构思方案定位的核心是分别从信息源、传递渠道及信宿三个部分客观、科学地回答“满足顾客什么需要？”这个统一问题。

从图 1-1-7 中还可以看出，创业组织立项运营，期望销售一定量的、与众不同的产品或服务实现盈利（产品变现获得利润），同时期望获得客户给予的高满意度（产品或服务实际价值超过顾客感知价值而获得的高评价，即顾客给予创业无形资产）。利润与无形资产“双丰收”正是创业组织所追求的盈利目的。要实现盈利的目的并可持续发展还需要有科学的商业模式作为支撑才行。

6. 网创五要素与商业模式的关系

商业模式（Business Model）就是指创业团队通过什么途径或方式来赚钱，包括运作模式与盈利模式。

（1）“互联网 +”创业五要素构成了其运作模式。综观互联网创业成功例子，几乎都要做这五件事，同类型网创运作方式几乎相似。但在从五个要素分别及综合回答“满足顾客什么需要”这一问题时千万商家就各有侧重和微妙之处了。

（2）“满足顾客什么需要”是指靠什么获利，即盈利模式的核心，既是创业价值定位及通过优异运营实现并传递价值的根本，更是创业者对运作模式内五个问题进行回答时，都必须对各个问题回答到位，并且也是未来都要做到位的事情。

“卖什么？”“卖给谁？”是信息源（需求与供给）构成的核心因素（“信号弹”），是核心顾客价值定位的根本，是构建产品与服务载体与众不同的依据，是产品与服务增值的原点。产品与服务的原创性或差异化与目标顾客的消费能力、偏好、购买行为的匹配程度是信息源构建要考虑的核心问题。

“谁来卖？”“在哪卖？”“如何卖？”是传递渠道的驾驭因素。选择与团队技术、顾客操作能力匹配的平台就相当于选择了必须应用的技术、方法及相应各项政策规定等方面。此时，如何实现优异运营来满足顾客的需要就是要回答的核心问题。这就要靠一个好的商业模式才能实现。

“互联网 +”创业商业模式如图 1-1-8 所示。

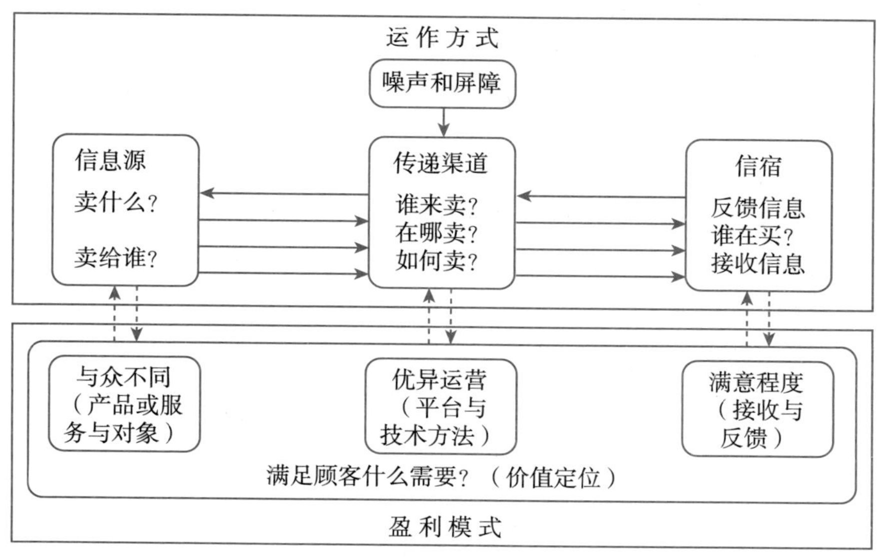

图 1-1-8 “互联网 +”创业商业模式

1.3 同步训练

1.3.1 任务描述

1. 任务名称

网创方案构思

2. 任务导图

网创方案构思任务导图如图 1-1-9 所示。

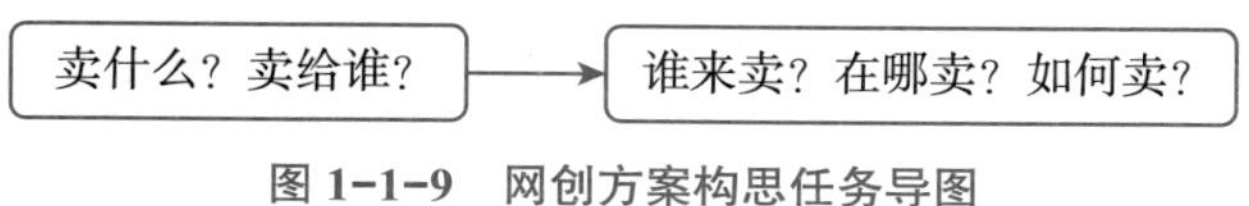

图 1-1-9 网创方案构思任务导图

3. 任务要求

按照 1.3.2 实施步骤，以自我评价结果及确定的创业导向为基础，通过绘制泛产品图形扩大立项构思，进一步确定你的创业立项，再按照 1.3.2 第八步表 1-1-16 中的具体要求进行创业方案构思，并撰写出以上述所选项目的创业可行方案。

1.3.2 实施步骤

第一步：分析从自选电商平台上选择出产品项目的市场机会；

第二步：分析利用这个机会的技能和资源；

第三步：确定你的创业导向；

第四步：分析该产品项目线，列出具体名称；

第五步：分析该服务项目线，列出具体名称；

第六步：绘出以该产品或服务项目为出发点的创业构思图，选出3个具有创造性思维的产品项目，作为网创的备选方案；

第七步：对以上3个项目逐个使用"创业项目线"再列出30个项目想法，并从其中选择出最具创造性思维的一个项目，作为创业方案构思起点；

第八步：撰写"创业构思初步方案"，见表1-1-16。

表1-1-16　创业构思初步方案

企业名称：
你及你的团队具备的知识、技能和经验：
具备的资源：
选择创业的导向及依据：
企业基本构思：
企业产品或服务：
向谁销售产品或服务：
有谁销售产品或服务：
在哪儿销售产品或服务：
如何销售产品或服务：

自主学习

任务 2 目标顾客选择

2.1 引导任务

（1）请大家给出以下四位顾客的身份性质并给出服务方案：

王博和爱人带着孩子与他爱人的闺蜜一同进了一家“童装店”，准备为王博的孩子买一件新衣服。

分析：顾客有五种身份性质，服务方案必须依据本情境中出现的四位顾客的身份性质来制定才能做到有效服务。必须要掌握需求与需要的含义及相互的关系，才能制定有效的服务方案。

（2）登录淘宝商城，对连衣裙产品做顾客调查分析，细分市场并作目标顾客选择。

分析：先掌握网上调查的工具才能精准调查。进行市场细分及目标顾客选择必须要先掌握本任务的知识与技能要点，才能更好地实践本次任务。

2.2 支撑知识与技能

为了达成目标顾客选择，需要掌握顾客、顾客的身份作用、消费者、目标顾客、优秀使命等知识内容，运用以上知识完成市场营销战略的制定并使用市场细分工具细分、选择和探究自己的目标市场等任务。

2.2.1 知识要点

1. 顾客

顾客（customer）在国际标准化组织中被定义为：接受产品的组织或个人。同时将顾客划分为两类：外部顾客（external customer）和内部顾客（internal customer）。

外部顾客是指组织外部接受产品或服务的部门和人员，可以是最终消费者、使用者、受益者或采购方。内部顾客指组织内部的、依次接受产品或服务的部门和人员，可以是产品生产流水线上的下道工序的操作者，也可以是产品或服务形成过程中下游过程的内部部门，或者是帮助顾客使用产品或服务的代理人，包括股东、经营者、员工。

另根据“接受产品的组织或个人”这一定义，在一道生产线中，接受上道工序的产品的下一道工序可理解为上一道工序的顾客。

按照接受产品的顺序情况，我们可以将顾客划分为三类。

（1）过去顾客：已接受过组织的产品的顾客。

（2）目标顾客：正在接受组织的产品的顾客。

（3）潜在顾客：可能接受组织的产品的顾客。

对于创业者而言，目标顾客是创业的前端与核心对象，只有确立了消费群体中的某类目标顾客，才能展开具有针对性的营销事务。

2. 顾客的身份及其作用

罗莎贝斯·莫斯·坎特认为，在新经济中，创业者必须与顾客建立"战略伙伴关系"，听取他们的意见，满足他们的要求，产品或服务就可以有的放矢。他认为，现在的顾客是使用者、影响者、决策者、批评者、购买者和守门人。顾客在市场中一直实践着以上身份性质。有时他们以单纯身份性质出现，有时他们以复合身份性质出现。

顾客在购买过程中主要有五种身份。顾客的五种身份及其作用如下：

（1）使用者。顾客实践对产品或服务的使用身份时，顾客身份将转换为单纯使用者。使用者能帮助创业者确定产品的具体要求并能发起采购建议。

（2）影响者。顾客经常实践帮助确定产品的具体要求，在提供评价备选方案所需要的信息时，顾客身份就转换成了单纯影响者。技术人员常常是特别重要的影响者。

（3）购买者。当顾客仅实施对产品或服务购买，有正式的购买权力（选择供应商和安排购买条件）的身份时，顾客就成了单纯购买者。购买者帮助形成产品要求，其主要身份作用是选择供应商和谈判。在复杂购买谈判中，购买者还包括高层管理者。

（4）决策者。决策者是在购买过程中拥有正式或非正式的权利选择或批准最终的供应商的组成成员。在常规的购买中，购买者往往就是决策者，或至少是审批者。

（5）守门人。守门人是在购买过程中位于"控制信息流向采购组织中任何他人"环节的人。例如，采购代理常常有权组织销售人员见到使用者和决策者。广义的守门人包括技术人员甚至是个人秘书。

在引入任务中，孩子是使用者，妻子常常是决策者，王博是购买者，而妻子的闺蜜是影响者。界定清楚了顾客的身份性质，掌握四位顾客的身份作用，才能及时实施出有效的服务。

同样，在企业运营沟通中，服务人员只有善于识别信宿的以上身份及目的，才能做到有效服务。

3. 消费者

消费是指为了满足生产和生活的需求而消耗物质财富，是人类通过消费品满足自身欲望的一种经济行为。在经济学中，消费是指家庭物品与劳务方面的支出。

消费者是为个人的目的购买或使用商品和接受服务的社会成员。消费者与生产者及销售者不同，消费者是产品和服务的最终使用者而不是生产者、经营者。消费者购买商品的目的主要是用于个人或家庭需要而不是用于经营或销售需要，这是消费者最本质的特点。作为消费者，其消费活动的内容包括为个人和家庭生活需要购买和使用产品，以及接受他人提供的服务。从生物学上讲，消费者也是自然界中的一个生物群落，包括草食动物和肉食动物，即被称为消费者。

网创市场占有率及排名变化是靠顾客满意度支撑的。掌握运用好消费者采用新产品时所需经历五个阶段的知识，以帮助消费者经历这些阶段达成消费十分重要。五个阶段如下：

（1）认知：消费者知晓新产品，但缺乏相关信息。

（2）兴趣：消费者寻找新产品的相关信息。

（3）评价：消费者考虑是否试用新产品。

（4）试用：消费者少量使用新产品，以改善对新产品价值的评价。

（5）采用：消费者决定全面地或经常性地使用该产品。

联系购买过程，消费者至少有三种身份，即使用者、购买者及购买者兼使用者。在购买过程中及购买后，消费者会接受服务。

结合顾客在购买商品过程中的五种参与身份，会发现消费者与购买者不是同一概念。创业者通常接触到的顾客各式各样，有的可能是使用者、有的可能是购买者、有的可能是影响者，有的甚至还有可能是竞争者。

4. 目标顾客

目标顾客是指产品服务的针对对象，是产品的直接购买者或使用者。目标顾客急需解决的根本问题，恰是创业创新意图传递的价值，其价值传递的信息源（价值载体）核心就是有效地向目标顾客提供的产品或服务。

顾客的需求是创业创新的起点与核心。认真分析目标顾客需求的特点和变化趋势就成了创业最重要的基础工作。

根据购买者及其购买目的对目标顾客进行分类，见表 1–2–1。

表 1–2–1　目标顾客分类

目标顾客分类	含义	构成
消费者市场	为个人目的购买或使用商品和接受服务的社会成员	个人和家庭
生产者市场	为了加工生产来获取利润而购买或使用商品和接受服务的经济组织	个人和企业
中间商市场	为了转卖来获取利润而购买或使用商品和接受服务的经济组织	批发商和零售商
政府市场	为了履行政府职责而进行购买或使用商品和接受服务的经济组织	各级政府机构
国际市场	商品交换在空间范围上扩展的产物，它表明商品交换关系突破了一国的界限	国外的消费者、生产者、中间商和政府机构

每种市场类型在消费需求和消费方式上都具有鲜明的特征。目标顾客可以选择以上五种市场中的一种或几种。也就是说，一个组织的营销对象不仅可以包括广大的消费者，也可以包括各类组织机构。随着电商的快速发展，互联网内的拆墙工程、剑桥工程、隧道工程等活

动发展十分迅猛，创业地理的局限性已荡然无存，网创无边界性已成为一大特征。

创业组织必须充分了解不同类型目标市场的需求特点和购买行为，这对网创产品及优异运营的价值定位都有重要作用。

勤学善思

打车 App

若干年前，有一群年轻人响应党中央国务院号召筹集了一些资金，开办了一家科技公司，他们经过市场调研发现当时出租车行业存在平峰时，城市的出租车空驶率很高，高峰时乘客打出租车很难，有时在风里雨中一站就是几十分钟甚至一小时以上，城市居民对此意见很大，认为政府应提高城市出租车的保有量，但政府又提出，增加出租车保有量会冲击现有出租车从业者的收入，尤其是在客源处于平峰或波谷时，城市出租车已满足城市消费者的需求，一个城市的出租车保有量不能以特殊气象情况的需求量为投入量，这导致出租车市场供需矛盾长期得不到解决，各地政府为此也采取了诸如电话预约等方式试图缓解供需矛盾，但效果都不理想。这群年轻人发现了这个需求，于是开发了一款打车 App。App 开发出来后，这群年轻小伙子们信心满满地跑到一些出租汽车公司去推销这款 App，结果一套软件都没有推销出去，后来经风投顾问指点，他们改变了经营思路，终将该 App 在全国推广成功，并且推动了出租车行业经营管理模式的改变，同时也改变了人们打车出行方式。请根据顾客、目标顾客等基本知识，利用互联网检索资料，分别分析并回答以下问题：

（1）这些出租车公司为什么不要这款打车 App？

（2）传统出租车和现代网约车的经营管理模式有什么不同？

（3）该软件在企业经营管理模式上做了什么改变，使得这款软件在全国顺利推广？

分析：

（1）因为传统出租汽车公司内部考核出租车司机的方式是承包制，即司机每月向公司交纳一定金额的钱即可，至于司机每月从市场上挣多少钱公司是不过问的。

（2）一个是实行承包制，一个是实行分层制。

（3）由向出租汽车公司销售软件使用权变为平台模式，即客户和公司变为司机和乘客。

5. 企业愿景和使命

企业愿景体现了企业家的立场和信仰，是企业最高管理者头脑中的一种概念，是企业最高管理者对企业未来的设想。是对“我们代表什么”“我们希望成为怎样的企业？”的持久性回答和承诺。企业愿景可以激励企业不断奋勇向前，拼搏向上。企业愿景是指企业的长期愿望及未来状况，组织发展的蓝图，体现组织永恒的追求。企业愿景是企业的发展方向及战略定位的体现。例如：华为，丰富人们的沟通和生活；微软，致力于推动人类和组织的进步；福特，汽车要进入家庭；索尼，为包括我们的股东、客户、员工，乃至商业伙伴在内的所有人提供创造和实现他们美好梦想的机会。

企业使命是企业实现所有设定目标的最终目的。优秀的企业使命凝聚着创业团队、供应商、中间商、消费者及社会各界力量共同奋进，犹如“看不见的作用力”在推动着每一个人。

一个企业的优秀使命应该以市场为导向，根据顾客的基本需求来定义。其原因在于产品和技术会发展、需求会变化，而基本需求总是客观存在的。

企业使命陈述必须要回答以下问题：

（1）我们创业是干什么的？

（2）我们的顾客是谁？

（3）顾客看中我们什么？

（4）我们的事业将是什么？

这些问题看似简单，但每家公司回答起来都非常困难。成功的创业者在不断地提出这些问题，并慎重且完整地描述这个问题。例如耐克，其产品导向的业务定义是“我们出售运动鞋和服装”，而其市场导向的定义是“我们带给世界上每一个运动员灵感和创新（如果你有身体，你就是运动员）”。其市场导向的定义中明显含有激励顾客去体验表达和提升自我的个人需要。优秀的企业使命应该以市场为导向，根据顾客的基本需求来定义。回答上述问题，明确你的企业使命后，还需要你设定创业目标、规划业务组合。

2.2.2 技能要点

1. 市场营销战略制定

消费者有许多类型，需求千差万别。对于市场营销的影响力，不同的对象有不同的反应，每一个创业者必须努力寻找自己更有优势的细分市场，设计战略以盈利。制定市场营销战略一般执行以下四个步骤：

（1）细分市场。

（2）选择目标市场。

（3）差异化。

（4）定位。

这一过程围绕顾客导向的企业使命形成，如图 1-2-1 所示。

2. 市场细分

市场细分就是将市场分割为具有不同需要、性格或行为的目标顾客群体，针对自己的产品或服务确定具有收益潜力的一个目标市场。细分时应使同一个细分体内个体之间的固有差异降低到最小，同时使不同细分体之间的差异增加到最大。市场细分的目的是针对不同购买者群体采取独特的产品或市场营销组合战略以求获得最佳收益。例如，矿泉水购买群体是个大市场。广州有一家公司，细分了市场并选择了孕妇这一群体作为目标顾客，生意异常红火。

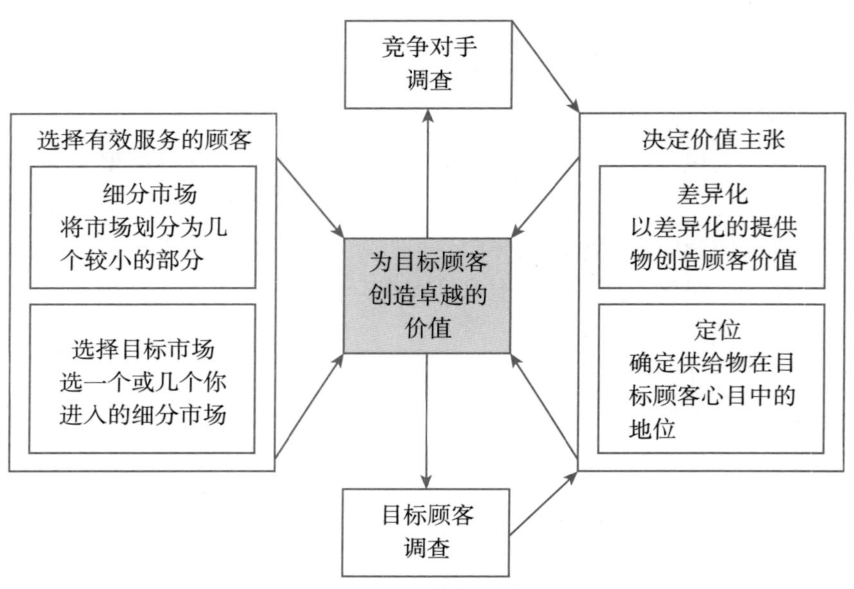

图 1-2-1　顾客导向的营销战略

创业者可能遇到以下情况：往往有明确的概念或产品，可是不清楚谁最有可能购买；产品定位明晰，但不知道能最大限度地吸引目标顾客的促销组合是什么；希望知道自己能满足顾客哪些偏好；希望获得顾客群的构成变化的详情；希望了解竞争带来的新的变化；有好的产品，但营销计划遭受重大挫折；作为新市场的决策者，需要重新制订公司的营销计划。

3. 市场细分研究步骤

市场细分就是通过统计方法，在基础变量（如消费者的性别、年龄等）与行为变量（如对产品的购买率）之间建立起某种联系。所以，对基础变量的选择及建立变量间联系的方法就成为细分研究成败的关键。

（1）了解基本情况。对项目进行市场研究，创业者需要与顾客或客户讨论如下问题，才能更好地进行项目设计。市场细分表如表 1-2-2 所示。

表 1-2-2　市场细分表

市场细分研究对象	创业者与顾客或客户讨论的问题	结论
创业者	对现有市场结构的看法	
研究目的	增加现有顾客对产品的忠诚度	
	引来新的顾客	
	将客户从竞争对手那边吸引过来	
创业规划	短期规划服务	
	长期战略服务	

续表

市场细分研究对象	创业者与顾客或客户讨论的问题	结论
产品	新产品	
	现有产品	
消费者	对产品的介入程度	
	对该行业的了解程度	
	他们愿意并且能够讨论到的程度	

（2）确定基础变量。市场细分有四大因素，每个因素都有自己的核心要因。地理因素更多地关注需求和欲望的地理差异，其核心要因是“类聚”。人口统计因素是市场细分的基础，因为消费者的需求、欲望和使用频率与人口统计变量密切相关，并容易测量。细分的人口统计特征、规模及趋势是有效实施营销计划的基础。人口统计因素的核心要因是“群分”。心理因素的核心要因是“诉求”。具有相同人口特征的人，在心理模式上可能大相径庭。人们的购买行为反映了他们的生活方式。因此，消费者的生活方式是细分市场的第三因素，创业者要将市场营销战略建立在生活方式诉求上。行为因素的核心要素是“同质”。根据人们对产品的了解、态度、使用状况或反映，将购买者划分为不同的同质群。在对不同产品进行市场细分时，必须根据其特点，以市场细分指标为基础并结合以往市场研究经验，重新构造细分变量指标，一般选择 20 个左右的基础变量和行为变量。细分变量指标如表 1-2-3 所示。

表 1-2-3 细分变量指标

因素	目标	二级变量	取集标准
地理	聚类	地区	东北、华北、华东、华中、华南、西北、西南
		省市	北京、上海、广州、武汉、成都、西安等
		城市规模	特大型、大型、中型、小型城市、农村
		属性	南方、北方
		气候	气温高低、湿度大小、风力大小
		经济发展程度	东部地区、中部地区、西部地区
人口	群分	年龄	6 岁以下，6 ～ 11 岁，12 ～ 19 岁，20 ～ 34 岁，35 ～ 49 岁，50 ～ 64 岁，65 岁及以上
		性别	男、女
		家庭	单身、已婚、离异、三口之家、几代同堂等

续表

因素	目标	二级变量	取集标准
人口	群分	生命周期	1 ～ 10 年；11 ～ 20 年；21 ～ 30 年；31 ～ 40 年；41 ～ 50 年；51 ～ 60 年；61 年及以上
		家庭收入	800 元以下；800 ～ 1 500 元；1 501 ～ 2 500 元；2 501 ～ 4 000 元；4 001 ～ 6 000 元；6 000 元以上
		职业	专业技术人员、管理人员、普通职员、学生等
		教育程度	小学及以下、初中、高中、中专、大专、大学及以上
		媒体接触	电视、广播、互联网、报纸、杂志
心理	诉求	社会阶层	下下、下上、中下、中上、上下、上上
		生活方式	简朴型、时尚型、奢华型等
		个性	被动、爱交际、命令型等
行为	同质	使用率	从未使用、偶尔使用、经常使用
		追求的利益	质量、经济
		使用者状况	从未用过、以前用过、有可能用过、初次使用、经常使用
		品牌忠诚度	无、一般、较强、非常强
		对产品态度	热情、积极、关心、漠然、否定、敌视
		准备程度	未知晓、知晓、有兴趣、准备购买

（3）数据收集。细分市场研究要求从调查结论能推断消费者总体。但在目标市场为特定产品的购买者时，虽可采用定点拦截访问，但由于细分市场调查问卷一般较长，访问时间多为 30—50 分钟，并且涉及较多受访者个人信息，难度较大，应多采用随机性较好的入户面访为宜。数据收集方法较多，现在利用大数据可以比较方便地进行数据收集，为细分目标市场奠定了基础。

（4）数据分析。首先使用因子分析检验数据，剔除相关性很大的变量。然后采用聚类分析、卡方自动交互检测法（chi-squared automatic interaction detector，CHAID）等方法。

CHAID 分析是一种敏感而直观的细分方法，而聚类分析是在 10 个或者 100 个变量的基础上作分类。聚类分析法是理想的多变量统计技术，主要有分层聚类法和迭代聚类法。其过程正是市场细分的过程：将受访者按某种方法分组，使组内个体之间差别最小而不同组的个体之间差别最大。需要注意的是，采用不同的聚类方法产生的细分方案可能很不相同。如果几种聚类分析产生几乎相同的结果，那么应该说这种细分是很接近现实情况的。无论是 CHAID 分析，还是聚类分析的任何一种，市场细分研究的挑战性和吸引力所在都会因分析因子的不同而产生多种结果，它不会产生是与否的答案，它只会给研究者提供不同视角的选择。

辅助数据分析与细分市场构建。确定了能够代表真实的市场细分方案后，就要获得关于细分的辅助信息，以便进一步洞察。再通过比较和对照细分变量，勾勒出多个基于不同需求划分的细分市场。同时，还可以获得这些细分市场的人口特征、调查问卷上所列出的其他属性等信息。值得注意的是，如果在这一步得不到确定的细分市场，就需要重新确定细分方案。

（5）细分市场命名。细分市场的名字应该有意义、准确，令人难忘，与细分市场中的人群很好地相匹配。通过命名研究，会发现真实的需求。比如，美孚石油市场部对客户为什么愿意多付 6 ～ 10 美分购买美孚石油而产生众多分歧问题，并对此进行了市场调研，发现客户群可以分成五类群体：行路族 16%（高收入水平，年行程 25 000 ～ 500 000 英里[①]）、忠实族 16%（中等到高等收入）、3F 族 27%（3F 代表食物、汽油和速度，年龄 25 岁以下）、家庭主妇 21%（随意选加油站）、价格敏感者 20%（没有忠诚可言、基本不买高档汽油、一般财务较紧张）。美孚石油最后选择行路族、忠实族和 3F 族为自己的目标客户，并针对他们提供超值购物体验来促进高价油的销售。

（6）细分市场结构简述。对每个细分市场进行简要的归纳，一般包括以下内容：对细分市场的名称、细分市场产生差异化的重要因素、细分群体进行简述，以细分市场为目标，利用营销 4P（产品、价格、渠道和促销）获取相关信息。

（7）细分市场评估。评估市场需要考虑三种因素：细分市场的规模和增长潜力、细分市场结构（供应商、竞争者、市场规模及增长潜力、购买者能力）的吸引力、你的目标和资源。

评估细分市场的吸引力需要考虑以下原则：

①足够大：细分市场必须足够大以保证其有利可图。

②可识别：细分市场必须是可以运用人口统计因素进行识别的。

③可达到：细分市场必须是媒体可以接触到的。

④差异性：不同的细分市场应该对营销组合有不同的反应。

⑤稳定性：就其大小而言，各细分市场应该是相对稳定的。

⑥增长性：好的细分市场应该具有增长的潜力。

⑦空白点：细分市场如果被竞争者牢固占领，则其吸引力会大大降低。

（8）目标市场选择。选择决定了命运，对象决定了发展。目标市场是指公司决定为之服务的、具有共同需求或特点的购买者群体。目标市场选择就是评价各细分市场的吸引力，并选择其中一个或几个细分市场，也可以说就是决定准备为之服务的同质群。在选择几个细分市场提供服务时，购买者最好都具有相同的基本需要。例如，选择大学生、青少年和儿童为

---

① 英里非国际单位，1 英里约等于 1.6 千米。

目标，三者有很多共同需要的交集。

目标市场选择主要考虑自己的技能和资源优势以便形成竞争优势。

图 1–2–2 给出了一般目标市场的结构层次。

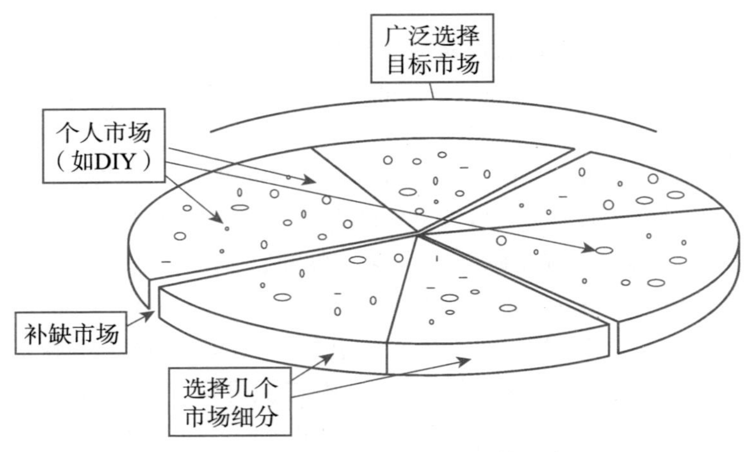

图 1–2–2　一般目标市场的结构层次

2.3　同步训练

2.3.1　任务描述

1. 任务名称

企业目标顾客选择

2. 任务导图

目标顾客选择任务导图见图 1–2–3。

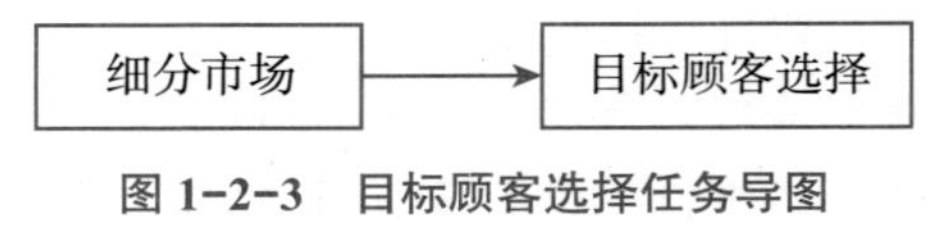

图 1–2–3　目标顾客选择任务导图

3. 任务要求

按照 2.3.2 实施步骤，使用细分市场主要变量工具有效地细分市场。评估并选择自己能有效服务，并能从对象处获得目标利润的细分市场。达到识别最佳创业契机的目的，进而再回答创业使命的问题并提炼出创业的优秀使命。将结果填入 2.3.2 第四步的表格中。

2.3.2　实施步骤

第一步：根据本单元“市场细分的研究步骤”之（1）—（7）完成市场细分。

第二步：根据本单元“市场细分的研究步骤”之（8）、（9）完成目标顾客市场选择。

第三步：描述创业使命（详见 2.2.1 知识要点第 5 点企业使命部分）。

第四步：填写表 1-2-4 至表 1-2-6。

表 1-2-4 市场细分

地理		人口		心理		行为	
国内地区		年龄		社会阶层		购买时机	
城市规模		性别		生活方式		追求利益	
人口密度		家族规模		个性		使用者状态	
气候		婚姻家族				使用频率	
		收入				忠诚度	
		职业				准备阶段	
		教育				对产品的态度	
		宗教					
		种族					
		祖籍					
		国籍					

表 1-2-5 目标顾客选择

第一步：评估 细分市场的规模和增长潜力：
细分市场结构（供应商、竞争者、市场规模及增长潜力，购买者能力）的吸引力：
你的目标和资源：
第二步：选择 主要考虑自己的技能和资源优势以便形成竞争优势：

表 1-2-6　创业使命描述

使命陈述必须要回答以下四个问题： 1. 我们创业是干什么？ 2. 我们的顾客是谁？ 3. 顾客看中我们什么？ 4. 我们的事业将是什么？ 基于你对以上四个问题的回答，用一句话提炼出你的创业使命。

自主学习

任务 3　为顾客提供价值定位

3.1　引导任务

（1）请同学拿出一款智能手机产品，大家讨论一下它给了你哪些价值点。

（2）登录淘宝商城，对你选择的产品进行价值定位调查分析。

分析：

（1）价值分析必须掌握价值定位、产品特征、关系及形象等知识内容。

（2）必须清楚创业主体将给客户的产品、价格、服务、关系和形象的独特组合策略及原因。

3.2　支撑知识与技能

党的十八大以来，以习近平同志为核心的党中央坚持以人民为中心的发展思想，作出“人民对美好生活的向往，就是我们的奋斗目标”的庄严承诺，积极发展全过程人民民主，健全全面、广泛、有机衔接的人民当家做主制度体系，构建多样、畅通、有序的民主渠道，丰富民主形式，从各层次各领域扩大人民有序政治参与，团结带领中国人民进入中国特色社会主义新时代。习近平总书记在党的二十大报告中强调，必须“坚持人民主体地位，充分体现人民意志、保障人民权益、激发人民创造活力”。

为了完成价值定位，我们需要掌握价值定位、实物产品的特征、无形产品的特征、关系、品牌形象等知识内容，运用以上知识完成战略一般模型并制定自己的战略及实现价值定位等任务，具体阐述如下。

3.2.1 知识要点

1. 价值定位

战略是一种选择，就是要有所为有所不为。任何商业战略的核心都是为客户提供价值定位。价值定位描述了客户满意度的驱动因素，即创业主体需要对客户的产品 / 服务、关系和形象的独特组合进行定位。正是这种独特组合描述出了泛产品项目所要重点开发的目标市场及其与竞争对手的区别。

这种独特组合的形式如图 1-3-1 所示。

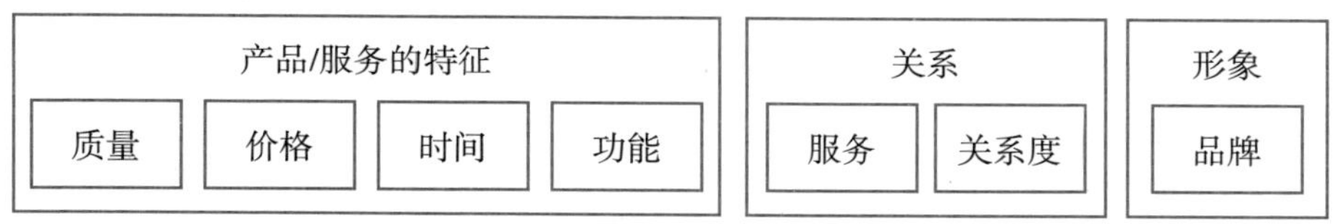

图 1-3-1 产品 / 服务、关系、形象组合

图 1-3-1 中的方框为因素。成功经验告诉我们，产品 / 服务的特征因素一般设置四个因素就会与同类产品或服务产生很强的差异性；关系因素一般要实现两个设置，即服务因素与关系度因素；形象因素一般以品牌为核心设置即可。

2. 实物产品的特征

产品特征就是对某一具体产品特性的抽象结果。人们通常用体貌特征来描述某一具体的产品或服务的概念。产品特征是顾客认知产品的感性入口，你可以回顾一下史蒂夫 · 乔布斯对产品的设计，感受就会更加深刻。产品 / 服务的特征因素包括质量、价格、时间、功能等。

产品的起点是没有任何额外附加的基础原型，你可以添加多种特征，尤其是率先提供有价值的新特征是有效的竞争方法之一。可见，产品特征是将你的产品与竞争对手的产品区别开的一种竞争工具。添加性价比较高的特征需要你向使用者进行调查、咨询来获得。例如，你觉得产品怎么样？喜欢哪些特征？增加哪些特征可以改善产品？顾客会给你更多有价值的特征创意。

（1）质量因素。美国质量协会认为质量是由产品或服务的特征所提供的使之能够满足顾客现在或潜在需求的性能。这里产品或服务质量意味着性能质量即执行功能的能力，为达到顾客的普遍认知你要注意质量水平和一致性这两个维度。你要选择一个符合目标市场需要以及与竞争对手至少相当的质量水平。除外要考虑质量一致性，高质量意味着高度的质量一致性。质量是 20 世纪 80 年代的竞争手段，到 90 年代中期已从战略竞争优势转为竞争的必要条件。对今天的网创而言，质量已成为一个保健因素，因为客户认为网上供应商理应履行产品和服务的规定。今天，又有了一个与质量保健因素相伴的质量激励因素。这一激励因素被称为质感，其已成为产品或服务特征的一个重要因素。在顾客的心目中，质感占据很高的地位。

（2）时间因素。在当今竞争的大环境中，时间已成为一项主要的竞争利器。依据客户提出的要求做出快速和可靠的反应，是争取和保留价值客户的关键。如果通过时间来计算生命，那么顾客购买产品所付出的时间是多少？时间成为顾客购买产品或服务时所要付出的主要成本之一。网创更加强调无等待的交流，时间还包括及时交货的时间指标等。

（3）价格因素。消费者在购买商品时，通常所依据的不是单纯的价格，而真正看重的是顾客让渡价值。菲利普·科特勒提出“顾客让渡价值”的观点，即顾客总价值与顾客总成本之间的差额。顾客总价值即顾客购买产品或服务所期望获得的利益，它包括产品价值、服务价值、人员价值和形象价值等。顾客总成本即顾客为购买产品或服务所耗费的时间、精神、体力以及所支付的货币资金等，即顾客总成本包括货币成本、时间成本、精神成本和体力成本等。因此，在做营销时，及时向顾客阐明采购和使用产品或服务的成本，用让渡价值驱动顾客选择下单至关重要。

（4）人员因素。创业团队直接决定着能够有效为顾客提供的产品与服务的质量，决定着顾客购买总价值的大小。一个综合素质较高又具有顾客导向经营思想的工作人员，会比知识水平低、业务能力差、经营思想不端正的工作人员为顾客创造更高的价值，从而创造更多的满意的顾客，进而创造市场。人员价值不仅对企业影响巨大，对顾客的影响作用也是巨大的，并且这种作用往往是潜移默化、不易度量的。因此，应高度重视对团队人员综合素质与能力的培养，加强对员工日常工作的激励、监督与管理，使其始终保持较高的工作质量与水平就显得至关重要。

3. 无形产品的特征

在无形产品中，服务是核心要素。服务是指主体为提供一定利益出让给客体，实施客体参与并消费、体验与分享的活动集。无形产品的服务特点如图 1-3-2 所示。

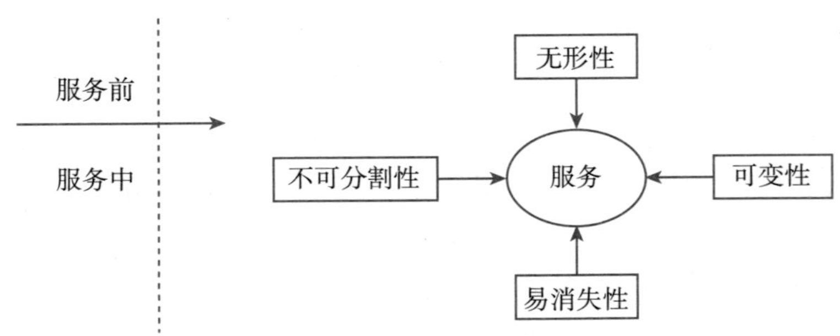

图 1-3-2　无形产品的服务特点

无形性是指服务在被消费前顾客通过五觉（味觉、听觉、视觉、嗅觉、触觉）收集不到的信息，只有概念认知和心理感觉。不可分割性是指服务提供者是服务的一部分并与客体同时存在。可变性是指服务的质量取决于提供人员、时间、地点和方式，还指提供者采用单一或多种途径将服务的无形显现成有形。易消失性是指服务无法储存待日后销售使用。服务的本质是顾客的感知价值，“服务提供者—顾客互动”构成了服务营销的特征。

在服务企业，顾客需要通过与一线服务人员互动来共同创造服务。成功的创业在关注顾客的同时还要关爱员工，因为服务组织的利润是与员工水平和顾客的满意度紧密联系在一起的。例如，理发店负责洗发的服务人员一般要问顾客水温如何、有没有约理发师。服务组织必须知道怎样“高接触”且“高技术”地传递互动。这种“高接触”且“高技术”要求创业团队更加重视向一线员工授权，给他们识别、关心和满足顾客需要的权利、责任和动机。值得注意的是，服务型创业更要做到在服务中增加有效的支持服务，千万不能将附加的“服务”从服务中略掉。

4. 关系

在价值组合中，关系是价值传递的纽带，更是买卖双方密切程度的印证。它包含服务和关系程度两个方面。提供物层次中明确的“附加价值”，只有靠服务这一载体才能得以实现，尤其在网络推进交互服务、顾客选择主动性上升的今天，服务质量的高低包含着顾客让渡价值的大小，关系密切程度（一般、密切、长期密切等）明确了合作发展的前景。

5. 品牌形象

品牌是人们对企业及其产品、售后服务、文化价值的一种评价和认知，实质是其价值、文化和个性。在今天，品牌已成为一种商品综合品质的体现和代表。品牌具有联想功能，当人们想到某一品牌时总会联想到时尚、文化、价值，这种联想使品牌形象与众多事物联系起来，驱动形象的建立和发展。品牌联想从总体上体现了品牌形象，也决定了品牌在消费者心目中的地位。所以，企业在创建品牌时一定会不断地创造时尚、培育文化，并随发展不断从低附加值向高附加值升级，向产品开发、质量、文化创新优势的高层次转变。当品牌文化被市场高度认可后，品牌就成为企业快速发展的无形载体。

品牌具有六个层次的含义，即属性（代表着特定商品的属性）、利益（体现着某种特定的利益）、价值（体现创造者的某些价值感）、文化（品牌还附着特定的文化）、个性（品牌也反映一定的个性）、用户（暗示了购买或使用产品的消费者类型）。

形象是人们反映客体而产生的一种心理图式。肯尼思·博尔丁提出，一个象征性形象是“各种规则和结构组成的错综复杂的粗略概括或标志”。形象是品牌的根基，所以企业都十分重视品牌形象塑造。

罗诺兹和刚特曼从品牌策略的角度给出的定义是：品牌形象是在竞争中的一种产品或服务差异化的含义的联想的集合。他们还给出了品牌形象操作的策略性途径：产品认知、情感或印象、信任度、态度、形象个性等。

品牌形象具体内容包括品牌属性、名称、包装、价格、声誉等。考察品牌形象可以用量化的方法实现。其指标有品牌知名度、反应度、注意度、认知度、美誉度、传播度、忠诚度及品牌追随度。

6. 互联网品牌特点

（1）互联网品牌能够提供更加个性化的产品和服务。互联网的品牌营销呈现出长尾效应，在互联网领域中，品牌所面对的消费群体是非常庞大的，用户呈现多层次、行为多样化性，用户在网上选择品牌时拥有更多主动权，个性化需求增多，因此互联网品牌必须实现更多个性化定制服务，满足消费者不同的个性需求。另外，由于用户的个性需求变大，互联网品牌营销中可以针对用户的个性需求进行详细划分，以此实现更加精准的营销。

（2）互联网品牌能够提供更多品类的产品服务，产品结构更加完整，这就需要实现更多的产业协同。作为互联网品牌对产业的协同要求较高，对产品生产、线上推广、物流支持、支付系统以及客户分析等都必须保持协同工作，实现信息共享，快速反应协调。

（3）作为互联网品牌必须符合互联网特性中的快，对消费者的需求具备快速敏感反应；在产品生产设计过程中，也必须快速反应，互联网时代就是一个快速消费时代，也可以说是冲动消费时代，互联网品牌必须抓住消费者的热情，趁热打铁影响消费者购买决策，不给消费者后悔的时间。

3.2.2 技能要点

罗伯特·卡普兰和戴维·诺顿给出了"价值定位"独特组合中已经验证过的三种模型。

1. 优异运营战略模型

优异运营战略模型如图1-3-3所示。

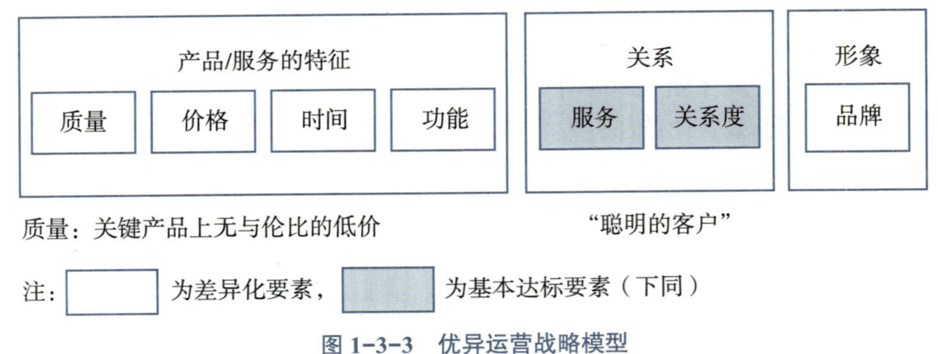

图1-3-3 优异运营战略模型

采用优异运营战略模型创业，需要将质量、价格、时间、选择、品牌等因素设计为有竞争力的要素，将关系要素设计为良好即可。

2. 客户至上战略模型

客户至上战略模型如图1-3-4所示。

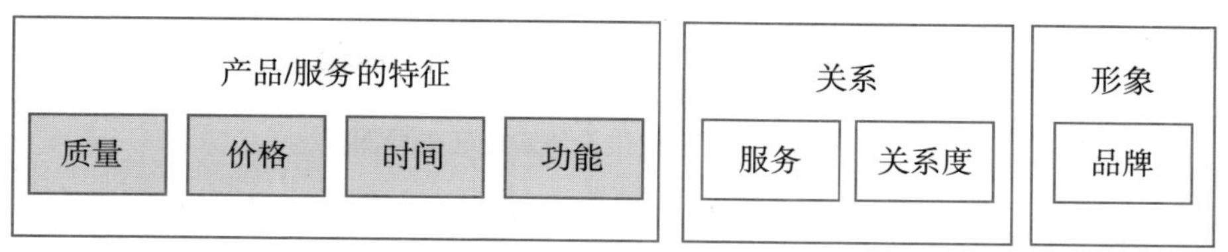

图 1-3-4 客户至上战略模型

采用客户至上战略模型创业，注重和客户建立深入的客户关系，为客户提供全面的解决方案。需要将服务、关系度、品牌等设计为有竞争力的要素，同样将产品 / 服务的特征中的风格、时尚等设计为有竞争力的配套要素，将其他因素设计为良好即可。

3. 产品领先战略模型

产品领先战略模型如图 1-3-5 所示。

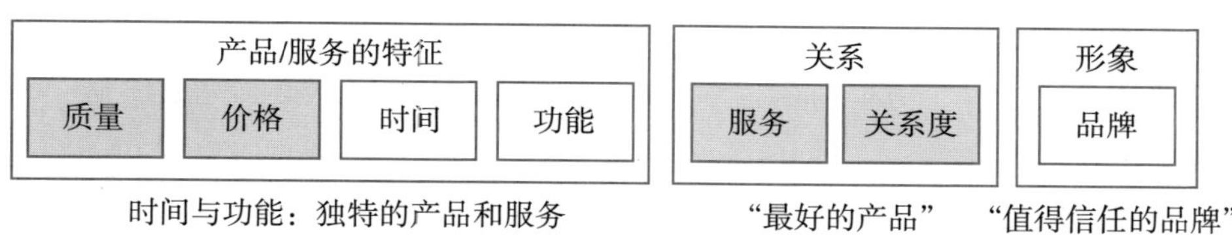

图 1-3-5 产品领先战略模型

采用产品领先战略模型创业，必须要把产品的功能、性能、特色、时间等要素设计为有竞争力的要素，将其他因素设计为良好即可。而产品品牌此时的作用相对较弱一些，消费者关注的角度集中在产品功能特点上。

值得注意的是，以上基本模型价值构造的延伸应用。例如，某中秋月饼礼盒在“产品领先战略模型”的基础上，增加了“创新服务文化”（孝感文化），曾经一度热议的“中国大姨夫”，也增加使用了“情感与归属”文化，都获得了良好的市场效果。另外，创业者可以根据需求与自己的实际状况增加或减少战略组合内的因素，进而研发出自己的战略模型。

3.3 同步训练

3.3.1 任务描述

1. 任务名称

为你的项目目标顾客进行价值定位

2. 任务导图

为顾客提供价值定位任务导图见图 1-3-6。

图 1-3-6　为顾客提供价值定位任务导图

3. 任务要求

按照 3.3.2 实施步骤，根据任务 2 中你的目标市场的描述及你确定的优秀创业使命，结合 3.2.2 技能要点中提供的基础模型，为你的项目目标市场构建战略模型，并将结果填入 3.3.2 第四步的表格中。

3.3.2　实施步骤

第一步：回顾你确定的目标市场及优秀创业使命；

第二步：从 3.2.2 技能要点中为你的项目目标市场选择基础战略模型；

第三步：优化“价值定位”独特组合的因素；

第四步：具体实现。

（1）在图 1-3-7 中 7 个方框内填写你为顾客要提供的价值点（必须完成项）。

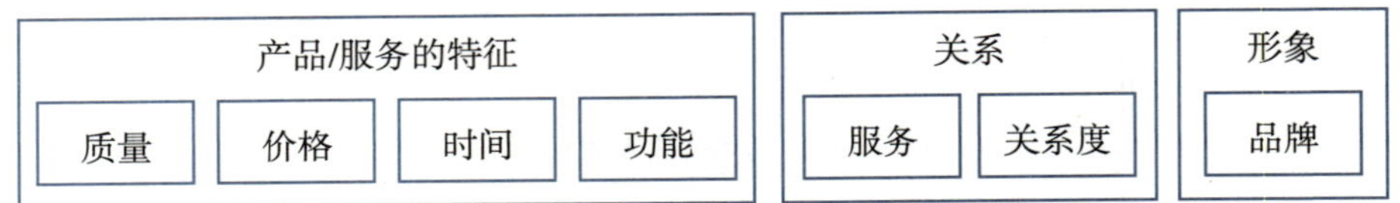

图 1-3-7　价值定位方案图

（2）继续完成表 1-3-1 内的细分要素（拓展完成项）。

表 1-3-1　价值定位方案细分要素

价值块	价值点	细分要素 1	细分要素 2	细分要素 3
产品或服务特征	1.			
	2.			
	3.			
关系	服务			
	关系度			
形象	品牌			

自主学习

任务 4 信息源构造

4.1 引导任务

（1）请大家讨论蜡烛的核心价值是什么。

（2）请同学拿出自己的手机，告诉大家在众多手机型号中选中它的原因。

分析：

（1）蜡烛自身的核心价值是光明。在不同情境中它的价值和意义不同，如照明、祝福、庆祝等。

（2）顾客首先是“感性的”，对事物的认知与兴趣是“入口”。该款手机产品具有顾客喜爱的质感、色彩、风格等属性，给予了顾客诉求的核心利益。

4.2 支撑知识与技能

为了完成信息源构造，我们需要掌握网络营销沟通模型、产品层次与属性、顾客感知质量、关系定位等知识内容，运用以上知识完成泛产品项目的主题产品定位、产品的特征构造、关系构建、泛产品项目下的背景主题设计、形象创造、信息源构造九点定位等任务，具体阐述如下。

4.2.1 知识要点

1. 网络营销沟通模型

网络营销沟通模型如图 1-4-1 所示。

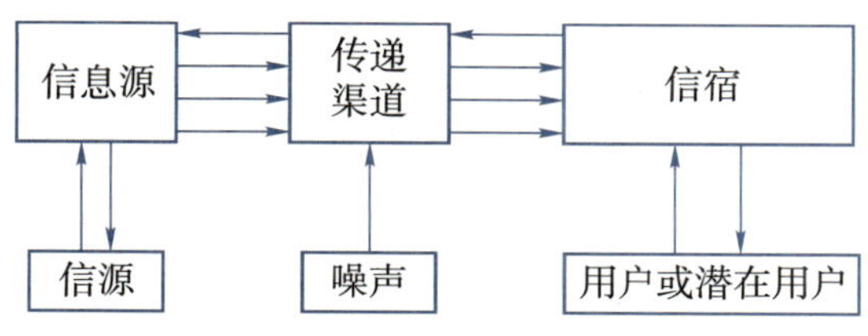

图 1-4-1 网络营销沟通模型

从图 1-4-1 中可以看出，网络营销沟通模型具有双向的特点及信息传递的交互性。信源与用户或潜在用户同为信息发送者，呈现出用户在网络营销中的主动地位。因此，构造价值型信息源包括优异的营销服务与管理，预测评价反馈结果，设计优异运营流程服务客户，这些都是创业者前瞻性的工作。可见，构造价值型信息源，实现优异运营与服务就成了网创的首要任务，具有"运筹帷幄，决胜千里"的重大意义。

2. 产品层次与属性

产品是指你计划向顾客销售的东西，即你计划向目标顾客提供的产品和服务的组合，包括决定你想出售的产品的类型、质量、颜色和规格等。

服务型创业提供的服务就是产品。它虽无形，但体现它的活动是各种各样的。比如，文秘类创业可提供打字、记账和影印等服务项目，又如网创中的翻译、人力资源等劳务服务项目。

对于零售商和批发商来说，产品是指性能、价格和消费需求相近的物品。比如，一家商店会把所有水果罐头归为一类。网创一般是泛产品下的创业范围与形式。

产品的概念还包含与产品或服务自身有关的其他属性，如产品的质量、包装、说明书、售后服务、零配件供应等。这些属性提供了产品的感知信息。

产品整体概念包含核心产品、有形产品和附加产品三个层次。这三个层次构成了网创的"信号弹"，如图 1-4-2 所示。

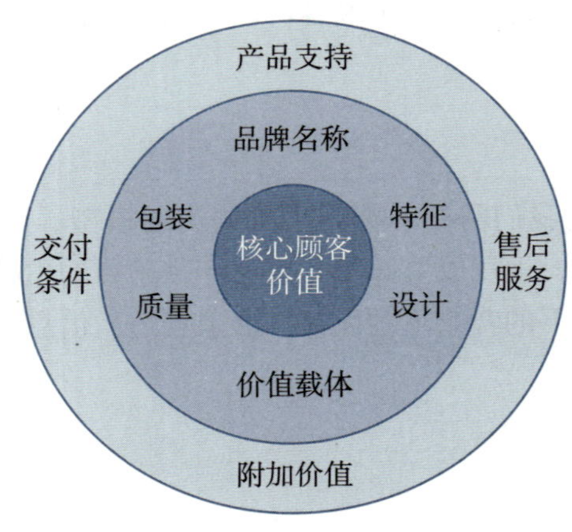

图 1-4-2 "信号弹"层次图

数智研创

故宫的文创产品

故宫给人的印象是珍宝无数的博物馆，以及历史悠久、大气磅礴的历史建筑。故宫推出一系列颇具特色的文创产品，凭借精良的设计、大开的"脑洞"，成为文创界的"网红"。以往的故宫文创产品因缺少趣味性、实用性、互动性而缺乏吸引力，与大量社会民众消费群体，特别是年轻人的购买诉求存在较大距离。现在则变得越来越年轻，越来越时尚，越来越具有“科技感”。故宫仿佛正在“逆生长”，越来越受到年轻人的欢迎。朝珠当耳机、顶戴花翎成了防晒伞、“朕就是这样的汉子”折扇、“朕知道了”胶带等一系列“萌系”文创产品让无数人路转粉，这些文创兼具故宫文化底蕴和流行时尚元素，除了实体的文创产品，故宫在网络上也“打”开了宫门，各类App新媒体传播的故宫文化内容和形式，一文一图就想让人点赞，吸了不少的忠实粉。2017年，文创产品收入超10亿元，文创产品种类接近1万种，通过文创让故宫文物“活”起来，让更多人“把故宫文化带回家”。故宫文创产品的研发和营销方式为其他文创产品提供了新的思路，在新媒体营销中打破了传统的时间和地域限制，更有利于博物馆文化的传播，实现文化推广和销售盈利的双赢局面。

3. 顾客感知质量

顾客感知质量是指顾客按自己的实际需求和目的，主动获取相关对象的信息并做出综合分析、判断和主观的评价。

顾客感知质量是购买产品的前提，这时顾客心里所感知的质量占主导地位并决定了购买行为。所以，网创首先要解决“感知质量在顾客心目中的主导地位”问题，继而才是解决支持购买行为问题。这里就产生了顾客感知质量信息推送度问题。创业营销活动举办者希望通过各种途径、方式方法提高顾客对产品感知的质量，但也存在过犹不及的问题。因为顾客期望购买自己满意的产品，即实际质量接近或超过自己对产品感知的质量。购买后，真实的产品质量状况瞬时就在其心里占据了主导地位，顾客会立即体验产品，并将实际与感知进行质量比对并评价品牌、商家的商誉和自己的决策。

创业者常说“认知与兴趣是与顾客合作的窗口”，因此，创业者从顾客角度出发，一定要问自己“与顾客合作的窗口条件是什么”。我们应关注结合客户价值定位的产品特征、服务、关系和形象的独特组合，可以明确产品与服务特征构造、关系构建、品牌创造正是网创信息源价值构造的“三大关键”。这也正是顾客光顾店铺时一定会浏览商品各个要素的原因。

4. 关系定位

关系是指人或事物相互影响、相互作用的状态，如压迫、反抗、朋友、热爱、同盟、矛盾等。在以价值定位描述创业给客户的产品、价格、服务、关系和形象的独特组合模型中，关系是指创业团队与顾客相互影响、相互作用的价值性状态和时间与关系度，当然这种关系要存在于“五力竞争”作用的范围内。本教材仅探讨三种关系的主体（包括创业团队、竞争对手以及不同身份性质顾客的购买组合体），其目的是实现关系定位与突破，应用部分详见4.2.2技能要点。

4.2.2 技能要点

1. 泛产品项目的主题产品定位

下面将从核心产品、形式产品和附加产品的构思途径、决策原则两方面分别阐述其构造。

（1）核心产品构造。核心产品是指产品的使用价值，是顾客真正需要的东西。从顾客购买产品的角度来说，核心产品是顾客购买某种产品时所渴求的效用或利益，也就是顾客期望得到满足的需要。例如，人们买蜡烛是为了获得光明。因而产品核心层次在产品整体概念中也是最基本、最主要的部分。这就要求创业者在做产品与产品组合构思决策时，首先掌握好顾客需要层次中的内容要点这一前提。例如，去西北地区旅游的人都喜欢买些带有骆驼、菩萨、飞天天女等图案的纪念品。他们买的核心产品（效用和利益）就是对旅行的纪念及其为家庭、亲朋好友、同事等友人带回的新眼界（认知）和增加的欢乐。

①构思途径。先从顾客的需要出发（就是从顾客追求产品的效用或利益出发），再从核心产品的概念出发（就是从产品的使用价值出发），认真回答“你的产品及产品组合的核心价值是什么”这一问题。

②决策原则。选用有驱策力的使用价值去满足目标顾客所追求的效用或利益（性能、功能、健康、舒适、眼界、欢乐等）。

核心产品构造如图 1-4-3 所示。

产品/服务的价值

核心价值

图 1-4-3　核心产品构造

（2）形式产品构造。形式产品是核心产品借以实现的形式，指产品的设计、质量、包装、品牌名称等属性要素，即向目标顾客提供的产品或服务的品性和品相。产品的基本效用必须通过这些具体的形式才能实现。实物产品或服务产品在市场上都表现为产品质量水平、外观特色、式样、品牌名称和包装等。例如，人们购买生日蛋糕祝福别人时，都会根据过生日的人的年龄和具体情况选择既合适又精美的造型和包装，这里的产品的造型设计和包装是形式产品。体验这一产品，包括关灯点亮蜡烛，许愿、吹灭蜡烛和分吃蛋糕等，其效用就会被渲染得淋漓尽致（核心产品），体现过生日的情境，并饱含所有人的美好祝福、祝愿这一核心主题（老年人健康长寿，小朋友健康、聪明、快乐等）。婚庆活动也是一样的，只不过它的形式产品设计为一系列活动而已。

市场营销者应首先着眼于顾客购买产品时所追求的利益，以便更完美地满足顾客需要，从这一点出发去寻求利益得以实现的形式，再进行产品设计与选择。这也是产品创新最容易突破的一个层次，例如，所有居家灯具的使用价值都是一个“光”字，而形式产品呢？形式产品就琳琅满目、丰富多彩了。服务型产品也是如此，例如唐朝风格的婚礼活动形式，常设计成新郎和新娘穿上唐服，新郎骑马、新娘坐轿，宛如一场复古大戏。

①构思途径。从顾客的需求（需要加要求）出发（从顾客追求的效用或利益得以实现的形式出发）并侧重顾客的喜好和偏爱，考虑形式产品分类及款式、质地、色泽、规格等特征要素与顾客期望的品性和品相的匹配程度后，再进行形式产品设计，试制样品。

②决策原则。决策那些能使你的产品与众不同的属性，使顾客对产品的多种特征要素给予好评并产生强烈的购买欲望（如询问价格）。

产品与服务的特征包括质量、规格、式样、色泽、时间等。

（3）附加产品构造。附加产品是顾客购买产品时所获得的全部附加服务和利益，对顾客而言属于获得增值的产品层次。这一产品层次也是产品与顾客发生联系的桥梁和纽带，包括提供信贷、物流配送、质量保证、安装、售后服务等，附加产品构造是价值定位中独特组合的重要组成部分。

附加产品的概念来源于对需要的关系认识，购买者的目的是满足某种需要，他们希望得到与满足该项需要有关的一切。美国学者西奥多·莱维特曾经指出：新的竞争不是发生在各个公司的工厂生产什么产品，而是发生在其产品能提供何种附加利益（如包装、服务、广告、顾客咨询、融资、物流配送、仓储及具有其他价值的形式）。今天，制造业正朝着制造服务方向转型也充分证明了附加产品增值的重要性。

①构思途径。构思途径是为了帮助顾客实现产品的效用并产生超值感，包括区分不同产品的附加服务和价值以及关系密切程度与时效性。例如，一家电脑经销商为购买电脑的顾客提供免费培训服务。

②决策原则。考虑附加产品构造怎样设计能对顾客购买产品增加驱策力，但也要核算所占产品成本比例及简化附加产品的复杂程度。

2. 产品的特征构造

按照产品领先战略要求，产品特征构造是关键，同时要由关系构建和值得信任的品牌形象组合匹配。产品特征构造就是从产品 / 服务的特征因素（质量、时间、选择、功能等以及价格）出发，选择顾客最迫切需要的核心因素进行构造，达到与客户合作并引领需求变化的目的。

例如，要求质量、价格、服务、关系度、品牌等要素达到良好程度，而把时间与功能作为核心竞争力特征要素进行构造，产品领先战略模型见图 1–4–4。

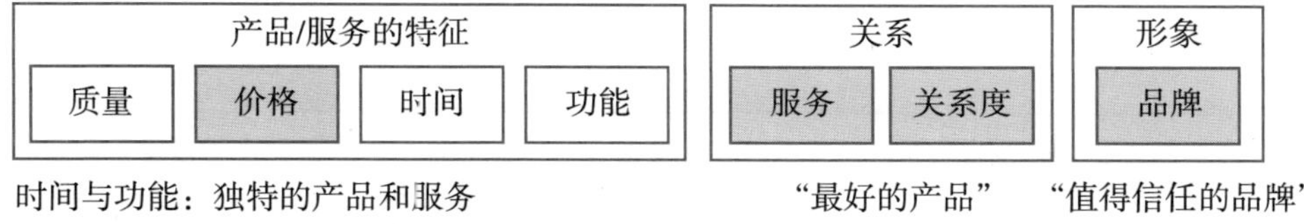

图 1–4–4　产品领先战略模型 1

图 1–4–4 中的时间是指交付周期、工作效率及服务迅速，及时交货要基于客户的期望而定。

如将价格、功能、服务、关系度、品牌等要素指标设为良好，而把质量与时间作为核心竞争力特征要素进行构造，产品领先战略模型见图 1–4–5。

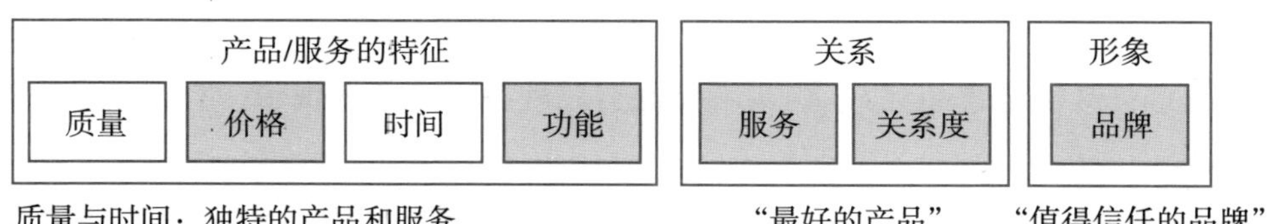

图 1–4–5　产品领先战略模型 2

图 1–4–5 中的质量包含两个层面的规则。其一是达到高质量标准，包括退货率（万分之几内）、保证索赔（百分之九十几）、现场服务要求等。其二是确保产品实际质量高于顾客的感知质量，达到能使顾客产生购买重复性行为的目的。图中的价格不是竞争力因素，不是要做到价格最低，而是要做到顾客采购和使用产品或服务的成本达到最低，即使顾客让渡价值变大。

在使用产品领先战略模型构造时，创业者可以根据顾客的客观需要调整产品或服务的特征要素，如规格、色泽、风格等，构造差异化的特征，实现产品领先的目的。

3. 关系构建

关系构建包含两项任务综合设置，即先把产品或服务的特征与形象因素设置为良好等级，着重把服务与关系度作为价值构建的核心因素设置为优秀等级，构建出多个客户至上战略模型，见图 1–4–6。

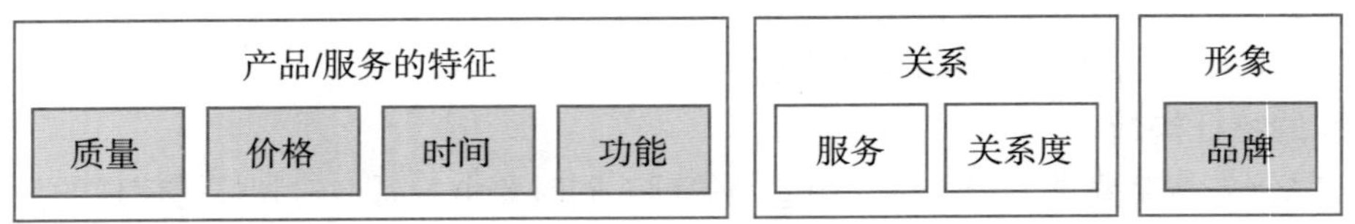

图 1–4–6　客户至上战略模型 1

图 1–4–6 中的服务是指为客户做个性化服务并实现顾客追求的理想形象，关系度为建立长期关系。这里的功能可增加设置如时尚、潮流、风格等。如将服务做成产品的附加产品，模型见图 1–4–7。

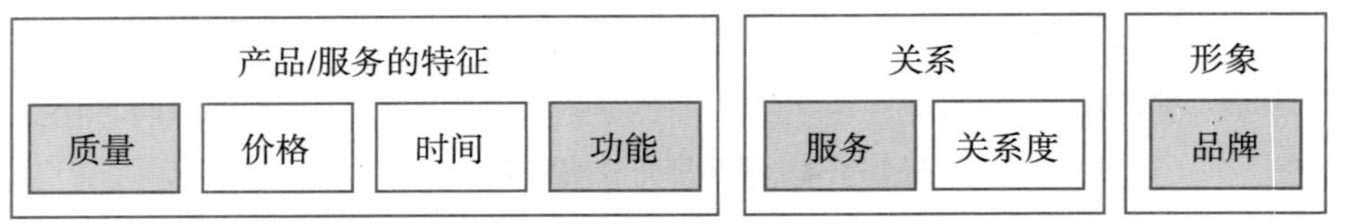

图 1–4–7　客户至上战略模型 2

4. 泛产品项目下的背景主题设计

当有人问你为什么从西北带有飞天天女、菩萨、骆驼等图案的纪念品给大家时，你可能会从以上三个方面分析告诉大家你购买的依据。现在我们必须还要回答一个深层次问题：“你为什么愿意买这类纪念品呢？”购买者可能有三种答案，即好携带、有特色、购买的是一种地方文化。

产品的背景主题具有历史性（固有的）、时代性（流行的）、拓展性（引导潮流发展），这些都决定了产品的类别。有飞天天女、菩萨、骆驼等图案的旅游纪念品是以“贴近丝绸之路文化”为背景主题进行设计的，其产品式样设计有差异化特征，规格设计方便携带，特色属地独有。

信息源设计背景主题如图 1–4–8 所示。

在确定了你的顾客（细分市场）后，产品或服务的抉择就有了明确的流程：从确定背景主题（几种特色）到确定核心产品（顾客渴求的效用或利益），再到设计形式产品（产品或服务的特征）及附加产品（增值服务）。

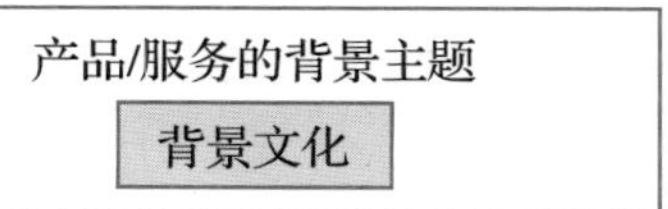

图 1–4–8 信息源设计背景主题

为了满足创业的需要，我们将初步完善信息源构造的一般模型，如图 1–4–9 所示。

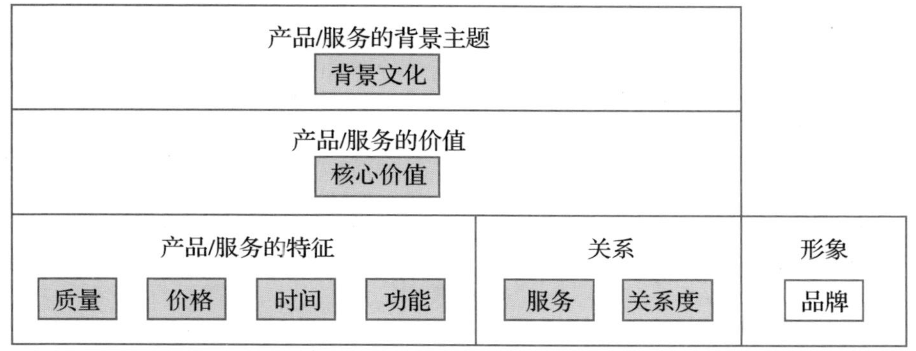

图 1–4–9 信息源构造的一般模型

5. 形象创造

（1）品牌的含义与品牌权益。产品通过创造创新价值满足需求，而品牌却不同，除了能创造新的顾客喜爱和忠诚并保存于顾客心中外，还能成为持久的创业资源。假设创业拥有的厂房、生产设备等资产在一次意外的灾害中被摧毁了，创业者完全可以再利用品牌并通过融资恢复这一切。可见，品牌的存在和品牌的价值远比其他资源贵重，创业者更应该妥善地经营和管理好它。这也是网创特别强调品牌建设的根本原因。

品牌是企业与顾客关系中一个关键的要素，表达了产品或服务在消费者心中的意义。品牌代表了消费者的偏好和忠诚度，其名称能够影响消费者对产品及营销的反应，是一种差异化效应并可测量。品牌权益是测量品牌能够获得消费者偏好和忠诚的一种测量方法。当品牌权益为负时，该产品将会获得较少的好评。相反，当品牌权益为正时，代表了消费者更偏爱某一品牌的产品，该产品将会获得较多的好评。它不仅传递了特殊的利益或可靠的服务价值，更与顾客建立了密切而又深厚的联系。例如，被咬了一口的“苹果”，有的人常联想到牛顿由苹果落地发现万有引力定律，有的人则联想到咬一口苹果时的感受和体验等，它开阔了人的视野，驱动着人脑固有的遐想能力。可见，品牌是由企业与顾客共同创造的，与产品相比，品牌更能保存于顾客心中。

（2）品牌的定位。品牌定位原则：创业者需要在目标顾客心中为品牌进行清晰的定位。

目标顾客心中自有偏爱与追求，眼中必有寻觅与辨识。一个优秀品牌的定位，务必使顾客找到灵感，同时使创业也找到灵感。

品牌定位选择的三个层面如图 1–4–10 所示。

为了便于归纳，现将图 1–4–10 转变成图 1–4–11 所示的三个层面。

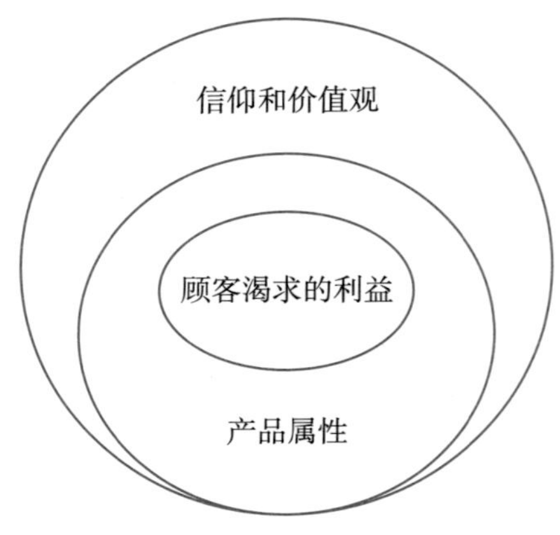

图 1–4–10　品牌定位选择的三个层面 1

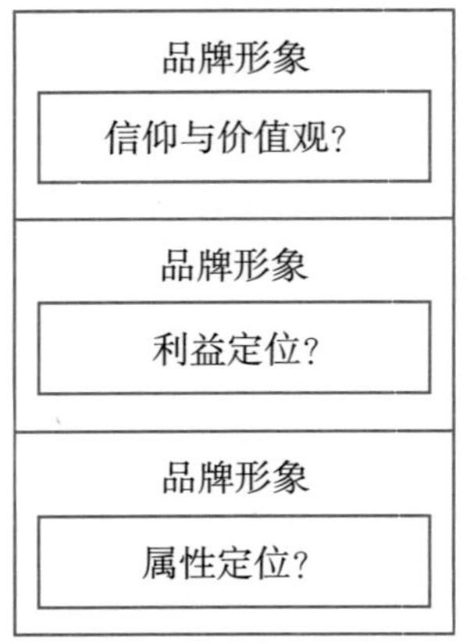

图 1–4–11　品牌定位选择的三个层面 2

你可以根据自己的实际情况，在图 1–4–10、图 1–4–11 中任选一个层面定位你的品牌。

将品牌取名与产品属性相结合定位品牌是最低层面的定位。这种最低层面内有不可取的地方。例如，竞争者可以很容易模仿你的产品属性，顾客更关注自己通过这些产品属性能获得什么利益。

将品牌取名与某种顾客渴求的利益相联系以更好地定位。通过强调利益而成功定位的品牌很多，例如，申通快递（保证及时传递）、耐克（速度 + 动感）。

将品牌取名与强有力的信仰和价值观相融合进行品牌定位。这种品牌定位强调的是强有力的情感冲击，触动消费者的情感深处。它的方法是围绕产品创造惊喜、激情和兴奋，如图 1–4–12 所示。

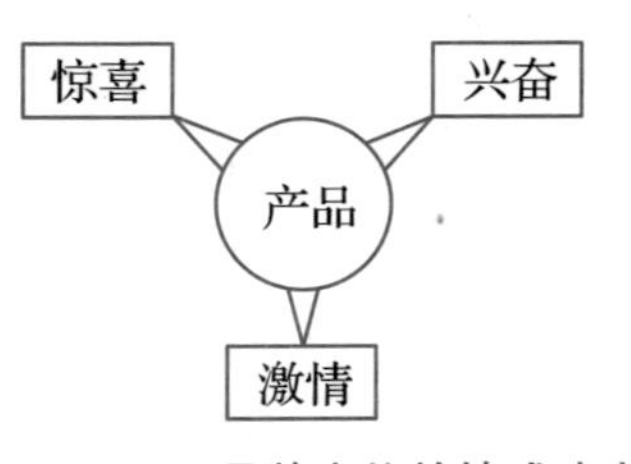

图 1–4–12　品牌定位的情感冲击

（3）品牌建设。品牌建设有助于确立自己产品的独特属性以同竞争者产品区分开，赚取溢价。对于顾客，产品独特是一个重要因素，他们愿意为此付出更多的钱并建立和保持顾客忠诚度。

树立品牌需按图 1–4–13 所示作业。

品牌建设中独到的视觉标识、独到的个性化设计及专业化较强的品牌推广战略，你可以通过专业化学习或服务外包实现，但对于设计独到的名称和产品特性，你自己必须掌握一些原则。

名称开发要符合以下要求：表明质量及其所带来的利益，如曲线（女子健身中心）；易于发音、识别和记忆并符合目标偏好，如汰渍；独特与联想；易于翻译、能注册并得到法律保护。产品特性开发包括产品的独到规格（包括独到的包装）和独到的服务。

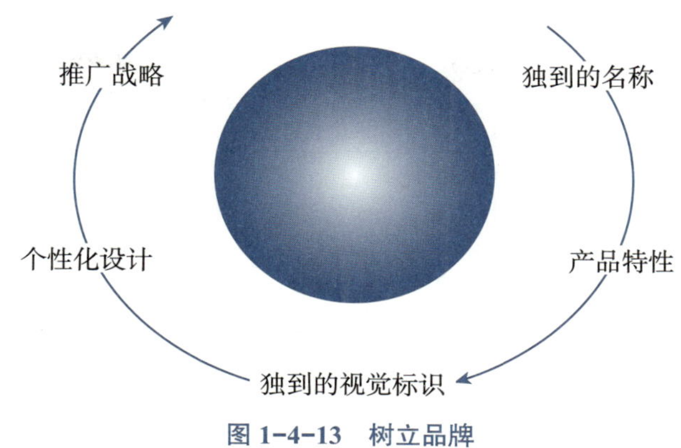

图 1-4-13 树立品牌

6. 信息源构造九点定位法

根据本任务的技能要点 1 至技能要点 5 的论述，创业者应抓住创业机会实现价值创造，首先要完成产品整体价值定位以实现产品决策并为品牌价值定位夯实基础。其中，产品整体价值定位部分是一个不可分割的整体，包括至少八个方面的价值定位。品牌价值定位是在完成产品整体价值定位的基础上，再根据核心顾客层次需要、竞争力大小及创业者自身的现状做三选一来定位品牌。因此，创业者实现信息源构造的首要工作是至少完成九个方面的信息源价值一致定位。我们称之为网上原点创业信息源价值构造的九点定位法。这也是创业者实践线上线下优异运营，进行描述愿景、使命、战略、主题、目标、指标、产品以及沟通顾客、优异运营与管理的关键素材。例如，网店开设时需要进行“标题”描述，基本组合公式：产品 / 服务（特征）+ 品牌 + 关系（如利益性），就是在实现九点定位法中的部分价值关键点呈现。

今天的营销就是要努力创新创造能够与顾客密切联系的品牌。它是创业者在创造顾客价值和可盈利的顾客关系时最重要的工具。产品整体价值定位的八个方面要源自创业者细分市场后对目标顾客的调查和取证，是进行顾客价值创造的客观依据。而品牌价值定位则是创业者完成创造顾客价值后与顾客共同深化价值创造的共识，既是密切多赢关系的引力，又是合力创新创造发展的源泉。伟大的营销之父菲利普 · 科特勒描述过宝洁公司的斯登格尔的话：“你们知道，直到我们把帮宝适从保持干爽转变为帮助妈妈关注孩子的发展后，我们的婴儿护理业务才开始快速发展。”这一案例告诉我们，经过价值定位实现的形塑（产品或服务）要与品牌价值文化共同作用才能更好地推动发展。

为了满足创业的需要，结合品牌定位层面选择图与信息源定位一般模型初步图，现完善信息源整体构造定位的一般模型，如图 1-4-14 所示。

7. 网创“九 · 五定位法”

制定网创构思方案的五点定位法与信息源整体构造的九点定位法合称为网创“九五定位法”。在之后的学习单元中，我们将分别阐述如何使用技术手段实现你的定位。具体包括网创机会判断、网创平台选择、网销渠道搭建、运营与管理、网创营销组合策略与实施、运营策略评估等知识内容。

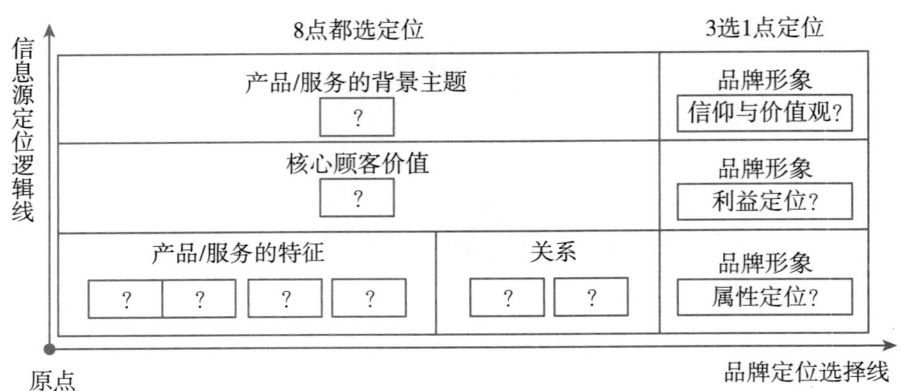

图 1-4-14　信息源构造九点定位法

注：原点是指核心顾客或客户的需要。

4.3　同步训练

4.3.1　任务描述

1. 任务名称

“连衣裙” 项目的信息源构造

2. 任务导图

详见：信息源构造九点定位法模型图。

3. 任务要求

根据任务 2 中你所确定的目标顾客及任务 3 中你所构建的战略，对 “U 型枕” 项目进行信息源构造九点定位。定位分为特征、关系、形象三个方面，共计七小项。另外再增加两点定位，即核心顾客价值与产品背景定位，总计九点定位。每一点定位都要从核心顾客或客户确实需求角度出发，还必须考虑竞争者的情况以及自己的客观实现能力，严格按照 4.3.2 实施步骤执行，并将结果填入实施步骤最后的表 1-4-1 中。

品牌定位要求三选一，详见 4.3.2 实施步骤具体实现部分，但必须回答出选择的依据。

4.3.2　实施步骤

第一步：泛产品项目的主题产品定位；

第二步：核心产品定位；

第三步：产品特征定位（包括背景定位、核心顾客价值、质量、价格、功能等定位）；

第四步：关系定位（包括服务及关系度定位）；

第五步：形象定位（形象定位的核心是品牌定位）；

第六步：具体实现见表 1-4-1。

表 1-4-1 信息源价值构造九点定位

<table>
<tr><td rowspan="9">产品及品牌构造</td><td colspan="2">产品 / 服务整体定位</td><td>品牌定位</td></tr>
<tr><td>质 量</td><td></td><td rowspan="8"></td></tr>
<tr><td>价 格</td><td></td></tr>
<tr><td>时 间</td><td></td></tr>
<tr><td>功 能</td><td></td></tr>
<tr><td>服 务</td><td></td></tr>
<tr><td>关系度</td><td></td></tr>
<tr><td>核心顾客价值</td><td></td></tr>
<tr><td>文化背景</td><td></td></tr>
</table>

自主学习

思维导图

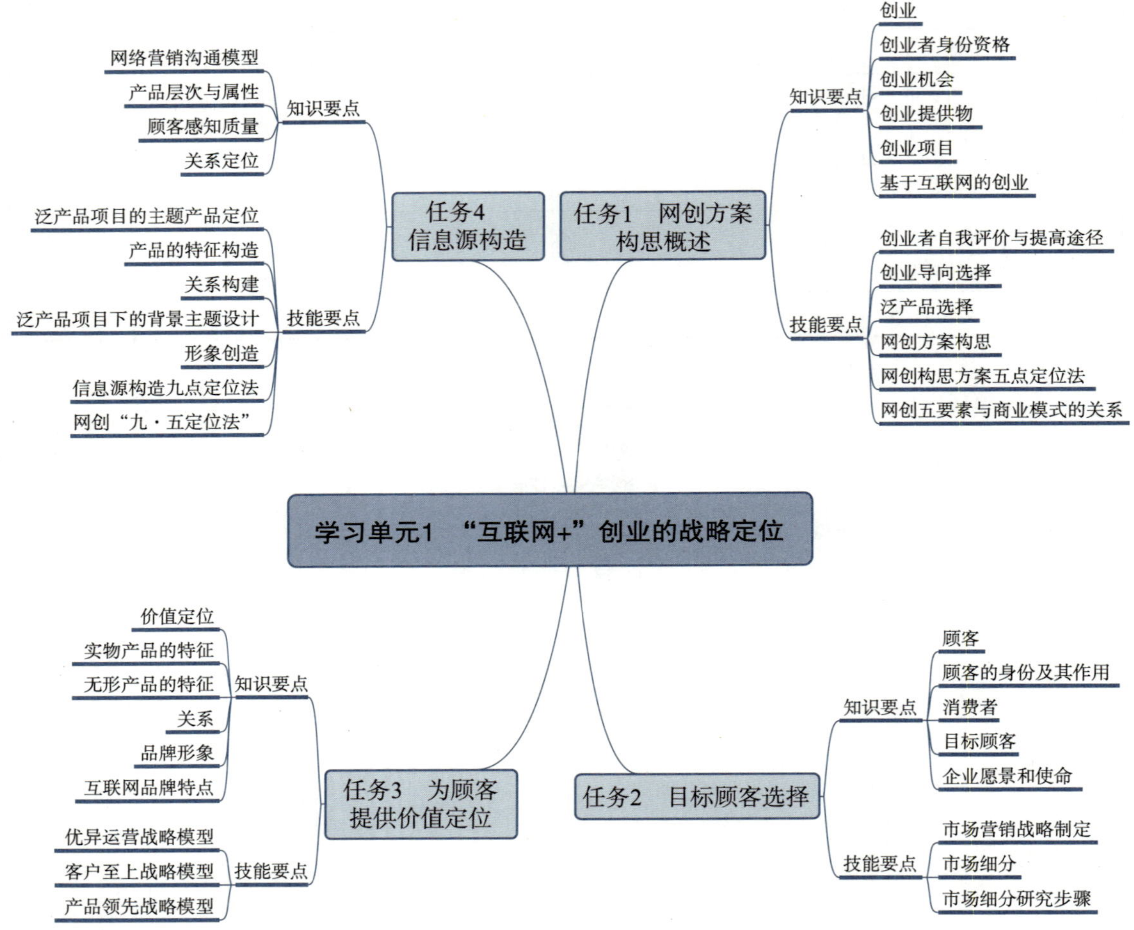
学习单元1 “互联网+”创业的战略定位
任务1 网创方案构思概述
知识要点
创业
创业者身份资格
创业机会
创业提供物
创业项目
基于互联网的创业
技能要点
创业者自我评价与提高途径
创业导向选择
泛产品选择
网创方案构思
网创构思方案五点定位法
网创五要素与商业模式的关系
任务2 目标顾客选择
知识要点
顾客
顾客的身份及其作用
消费者
目标顾客
企业愿景和使命
技能要点
市场营销战略制定
市场细分
市场细分研究步骤
任务3 为顾客提供价值定位
知识要点
价值定位
实物产品的特征
无形产品的特征
关系
品牌形象
互联网品牌特点
技能要点
优异运营战略模型
客户至上战略模型
产品领先战略模型
任务4 信息源构造
知识要点
网络营销沟通模型
产品层次与属性
顾客感知质量
关系定位
技能要点
泛产品项目的主题产品定位
产品的特征构造
关系构建
泛产品项目下的背景主题设计
形象创造
信息源构造九点定位法
网创“九·五定位法”

学习单元 2 “互联网 +”创业机会判断

2

单元导学

本学习单元包含 4 个任务：

任务 1　泛产品选择

任务 2　产品核心价值与附加值的甄别

任务 3　网创市场调查

任务 4　网创机会判断

通过学习，在完成引导任务、相关知识学习和掌握相关技能的基础上，能够对“互联网 +”创业机会进行判断。

知识目标

1. 了解三种顾客信息搜集方法。
2. 了解竞争对手调查的方法。
3. 了解产品核心价值和附加值的含义及其关系。
4. 了解判断网创机会的方法。

能力目标

1. 能够利用产品的三个核心属性，正确选择网络营销的产品。

2. 能够利用网络数据及其他方法针对顾客与竞争对手方面进行市场调查，并能判断网创构思可行性。

3. 能够利用产品的成本并考虑市场竞争的因素。

4. 能够利用 SWOT 分析法判断网创市场机会。

素质目标

1. 形成产品迭代思维，养成实事求是、认真调查的工作作风。

2. 树立以人为本的创业观，养成热诚对待顾客、真诚关爱员工的观念。

3. 培养爱党、爱国、爱人民的情操。

4. 激发问题意识，培养善于思考、敏于发现的习惯。

任务1　泛产品选择

1.1　引导任务

（1）小组讨论华为智能手机的营销策略、增值设计等方面要素，采用波特五力模型分析并列出可选择的泛产品。

（2）登录百度指数，观察指数变化并做好记录，分析华为手机当天排名形成的原因。

分析：

（1）从行业竞争角度分析技术层面问题。

（2）从替代产品角度分析有无替代产品的威胁。

1.2　支撑知识与技能

完成本任务学习需在理解网创泛产品、波特五力模型、波士顿矩阵及 PEST 分析理论的基础上，学会利用这些知识并结合行业网站、电商平台的数据分析和波特五力模型解决网创泛产品选择问题。

1.2.1 知识要点

1. 网创泛产品

泛产品是指与某一产品制造、副产品、销售及服务相关联的产品或服务。例如，手机制造方面的电子元器件、机壳、液晶面板等；副产品方面的充电器、存储卡等；销售方面的销售网点；服务方面的各种 App 应用、充值网点、物流运输等。

明确某一产品的泛产品概念，可以从该产品核心及外在部件的组成洞悉其作为主营产品所涉及的行业定位、受众客户范畴及后续采取的营销策略，为网创成功奠定基础。

2. 网创机会

网创机会是能够在互联网上进行商品交易并实现盈利的可控事件。在信息化社会，获得网创成功的重要一点是细分市场并精准定位。人的心智既是信息传播的接收物，也是防御物，屏蔽、排斥了大部分的信息。想要使顾客收到需要传达的信息，首先要以顾客为中心，研究顾客而不是研究产品。通过研究顾客所追求的价值，得到网创成功的机会。

3. 波特五力模型理论

“男怕入错行，女怕嫁错郎”是我国的一句俗语。创办企业更要分析行业。用何方法分析你想加入的行业呢？波特五力模型理论是解决所选择产品行业吸引力的问题的一种模型。

波特五力模型理论（Porter’s Five Forces Model），由迈克尔·波特于 20 世纪 80 年代初提出，他认为行业中存在着决定竞争规模和程度的五种力量，这五种力量综合起来影响着产业的吸引力。这五种力量分别为潜在进入者壁垒、替代品威胁、买方议价能力、卖方议价能力以及现有竞争者之间的竞争，如图 2-1-1 所示。

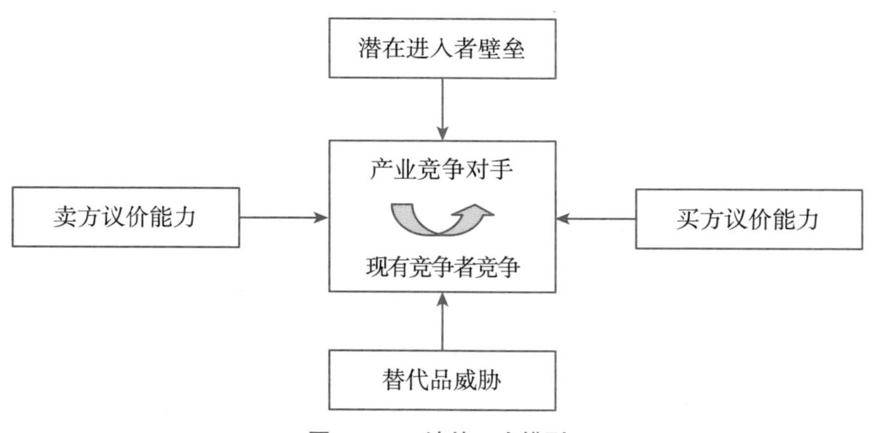

图 2-1-1 波特五力模型

它将大量不同的因素汇集在一个简洁的模型中，以此分析一个行业的基本竞争态势。竞争战略从一定意义上讲是源自企业对决定行业吸引力的竞争规律的深刻理解。任何行业，无论是国内还是国际，无论是生产有形产品还是提供服务，竞争规律都将体现在这五种竞争的作用力上。因此，波特五力模型是企业制定竞争战略时经常使用的战略分析工具。

从某种意义上讲，五力模型隶属于外部环境分析方法中的微观分析，对企业战略制定产生全局性的影响。将其用于竞争战略的分析，可以有效分析客户的竞争环境。波特五力模型分析是对一个行业盈利能力和吸引力的静态断面扫描，其可说明该行业中的企业平均具有的盈利空间，所以它是一个行业形势的衡量指标，而非企业能力的衡量指标。通常，这种分析法也可用于创业能力分析，以揭示本企业在本产业或行业中具有何种盈利空间。波特五力模型理论对管理理论的主要贡献是在产业经济学与管理学之间架起了一座桥梁。

任何企业在选择一个行业后，不可能只提供一种产品，都要生产系列产品，这样企业在市场上才有竞争力。提供系列产品，可以用波士顿矩阵法来规划企业的系列产品。下面将介绍该方法。

4. 波士顿矩阵

波士顿矩阵（BCG Matrix），又称市场增长率—相对市场份额矩阵、波士顿咨询集团法、四象限分析法、产品系列结构管理法等，是由美国著名的管理学家、波士顿咨询公司创始人布鲁斯·亨德森于 1970 年首创的一种用来分析和规划企业产品组合的方法。其核心在于要解决如何使企业的产品品种及其结构适合市场需求的变化这一问题，指导企业开展有意义的生产，同时将企业有限的资源有效地分配到合理的产品结构中，以保证企业收益，如图 2–1–2 所示。

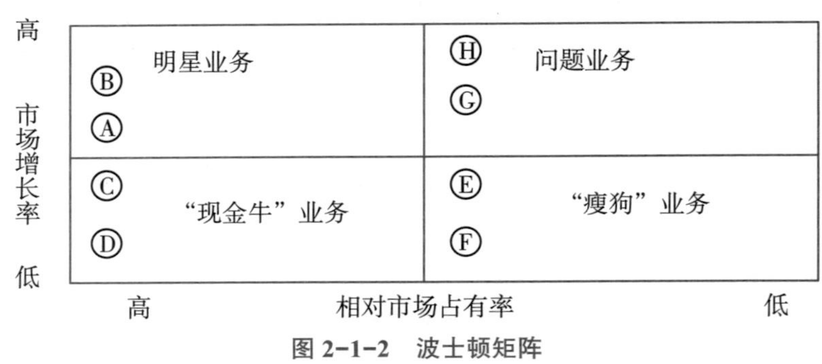

图 2–1–2　波士顿矩阵

波士顿矩阵认为一般决定产品结构的基本因素是市场引力与企业实力。市场引力包括企业销售量（额）增长率、目标市场容量、竞争对手强弱及利润高低等。其中最主要的是反映市场引力的综合指标——销售增长率，这是决定企业产品结构是否合理的外在因素。企业实力包括市场占有率、技术、设备、资金利用能力等，其中市场占有率是决定企业产品结构的内在要素，它直接显示出企业竞争实力。销售增长率与市场占有率既相互影响，又互为条件：如果市场引力大，市场占有率就高，可以显示产品发展的良好前景，企业也具备相应的适应能力，实力较强；如果仅是市场引力大，却没有相应的高市场占有率，则说明企业尚无足够实力，该种产品也无法顺利发展。相反，如果企业实力强，但市场引力小也预示了该产品的市场前景不佳。

销售增长率与市场占有率相互作用，会出现四种不同性质的产品类型，形成不同的产品发展前景：销售增长率和市场占有率“双高”的产品群（明星类产品）；销售增长率和市场占有率“双低”的产品群（“瘦狗”类产品）；销售增长率高、市场占有率低的产品群（问题类产品）；销售增长率低、市场占有率高的产品群（“现金牛”类产品）。

企业提供的产品必须符合宏观环境，分析产品的宏观环境，应从政治、经济、社会、技术四个方面进行，也称为PEST分析法。

5. PEST分析

PEST分析是指宏观环境的分析，P是政治（politics），E是经济（economic），S是社会（social），T是技术（technological）。在分析一个企业所处的背景的时候，通常是通过这四个因素来分析企业所面临的状况。

典型PEST分析如图2-1-3所示。

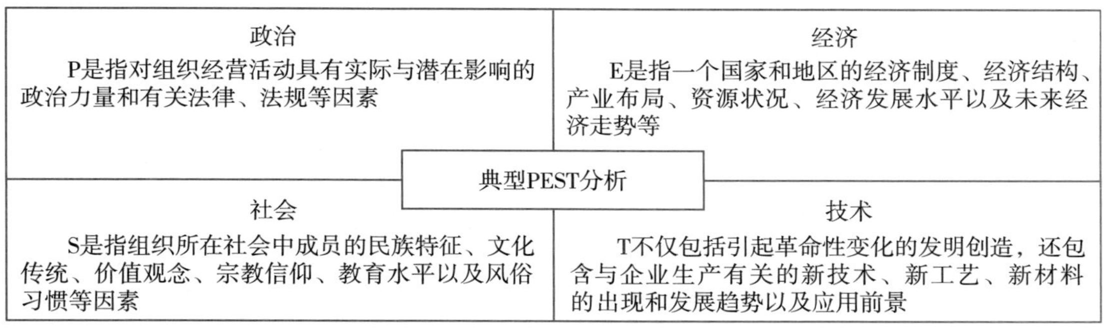

图2-1-3 典型PEST分析

（1）政治要素。政治要素是指对组织经营活动具有实际与潜在影响的政治力量和有关的法律、法规等因素。当政治制度与体制、政府对组织所经营业务的态度发生变化时，或当政府发布了对企业经营具有约束力的法律、法规时，企业的经营战略必须随之作出调整。法律方面主要包括政府制定的对企业经营具有约束力的法律、法规，如反不正当竞争法、税法、环境保护法以及外贸法规等。政治、法律环境实际上是和经济环境密不可分的一组因素。

处于竞争中的企业必须仔细研究政府和商业有关的政策和思路，如研究国家的税法、反垄断法以及取消某些管制的趋势，同时了解与企业相关的国际贸易规则、知识产权法、劳动保护和社会保障法等。这些相关的法律和政策能够影响到各个行业的运作和利润。具体的影响因素主要有：企业和政府之间的关系、环境保护法、外交状况、产业政策、专利法、政府财政支出、政府换届、政府预算、政府其他法规。

对企业战略有重要意义的政治和法律变量包括：政府管制、特种关税、专利数量、政府采购规模和政策、进出口限制、税法的修改、专利法的修改、劳动保护法的修改、公司法和合同法的修改、财政与货币政策。

（2）经济要素。经济要素是指一个国家和地区的经济制度、经济结构、产业布局、资源状况、经济发展水平以及未来的经济走势等。包括国民生产总值的变化发展趋势、利率水平、通货膨胀程度及趋势、失业率、居民可支配收入水平、汇率水平、能源供给成本、市场机制的完善程度、市场需求状况等。由于企业是处于宏观大环境中的微观个体，经济环境决定和影响其自身战略的制定，经济全球化还带来了国家之间经济上的相互依赖，企业在各种战略的决策过程中还需要关注、搜索、监测、预测和评估本国以外其他国家的经济状况。

企业应重视的经济变量包括：经济形态、可支配收入水平、利率规模经济、消费模式、政府预算赤字、劳动生产率水平、居民的消费倾向、通货膨胀率、货币市场模式、国民生产总值变化趋势、就业状况、股票市场趋势、汇率、价格变动、税率、地区之间的收入和消费习惯差别、劳动力及资本输出、货币政策、财政政策、贷款的难易程度及其他。

（3）社会要素。社会要素是指组织所在社会中成员的民族特征、文化传统、价值观念、宗教信仰、教育水平以及风俗习惯等因素。构成社会环境的要素包括人口规模、年龄结构、种族结构、收入分布、消费结构和水平、人口流动性等。其中，人口规模直接影响着一个国家或地区市场的容量，年龄结构则决定消费品的种类及推广方式。

每一个社会都有其核心价值观，其常常具有高度的持续性，这些价值观和文化传统是历史的沉淀，通过家庭繁衍和社会教育传播、延续，具有一定的稳定性。而一些次价值观则是比较容易改变的。每一种文化都是由许多亚文化组成的，它们由共同语言、共同价值观念体系及共同生活经验或生活环境的群体所构成，不同的群体有不同的社会态度、爱好和行为，从而表现出不同的市场需求和不同的消费行为。

不同的国家之间有人文的差异，不同的民族之间同样有差异。我国有众多民族，虽同属于中华民族，却存在着较大的人文差异。文化受到多方因素的影响，例如地理、经济、社会、政治等因素，不同文化背景下成长的人，必然形成价值观的差异。例如中国的集体主义文化和西方的个人主义文化，中国人更注重关系的维系，强调以群体为中心；西方则是个人本位原则，提倡“自我依赖”的观念。同样，不同颜色在不同国家所代表的意义也完全不同，在中国的文化背景里，红色代表着吉祥、喜庆。例如活动页面要突出热闹，通常都会使用大面积的红色来营造活动氛围；又如画红包元素时，大家都会使用红色，而不是蓝色、绿色。

自然环境是指企业业务涉及地区市场的地理、气候、资源、生态等环境。不同地区的企业其所处自然环境的不同，对于企业战略会有一定程度的影响。我国是一个幅员辽阔的国家，这种影响尤其明显，如同一种产品在我国东南部的广东地区其市场的营销战略和在西藏等西北高寒地区会有较大差距，但很多时候此点会被忽略。

值得企业注意的社会文化因素如下：企业或行业的特殊利益集团，社会大众对政府的信任程度、对退休的态度、对经商的态度、对售后服务的态度、生活方式、社会责任感、公众道德观念，社会大众对环境污染的态度、收入差距、购买习惯、对休闲的态度及其他因素。

（4）技术要素。技术要素不仅包括一些引起革命性变化的发明创造，还包括与企业生产有关的新技术、新工艺、新材料的出现和发展趋势以及应用前景。最迅速的变化就发生在技术领域，像微软、惠普、通用电气等高技术公司的崛起改变了世界和人类的生活方式。同样，技术领先的医院、大学等非营利组织，也比没有采用先进技术的同类组织具有更强的竞争力。

技术环境不仅包括发明，还包括与企业市场有关的新技术、新工艺、新材料的出现和发展趋势以及应用背景。在考察技术环境时，需注意以下几点：

①科技是否降低了产品和服务的成本，并提高了质量。

②科技是否为消费者和企业提供了更多的创新产品与服务，如网上银行、手机银行、手机支付等。

③科技是如何改变分销渠道的，如网络书店、机票、拍卖等。

④科技是否为企业提供了一种全新的与消费者进行沟通的渠道，如 banner（横幅）广告条、客户关系管理（customer relationship management，CRM）软件等。

创业视角

如何识别网创机会

识别网创机会是创业者首先要解决的问题。好的创业机会，必然具有特定的市场定位，专注于满足顾客需求，同时能为顾客带来增值的效果。创业需要机会，机会要靠发现。创业者应识别关注以下创业机会：

（1）现有和潜在市场机会。现有市场机会是市场机会中那些明显未被满足的市场需求，往往发现者多，进入者也多，竞争势必激烈。潜在市场机会是那些隐藏在现有需求背后的、未被满足的市场需求，不易被发现，识别难度大，往往蕴藏着巨大的商机。

（2）行业与边缘市场机会。行业市场机会是指在某一行业内的市场机会，挖掘和判断相对比较容易，但同样竞争十分激烈，成功的概率低。边缘市场机会（又称跨行业机会）是在不同行业之间的交叉结合部分出现的市场机会，因处于行业与行业之间出现“夹缝”的真空地带，所以难以被发现，需要网创者有丰富的想象力和大胆的开拓精神，一旦开发，网创成功的概率较高。

（3）现在与将来市场机会。现在市场机会是那些在目前环境变化中出现的机会。将来市场机会是通过市场研究和预测分析将在未来某一时期内实现的市场机会。若创业者提前预测到某种机会的出现，就可以在这种市场机会到来前早做准备，从而获得领先优势。

（4）全部与局部市场机会。全部市场机会是指在大范围市场出现前未被满足的需求，在大市场中寻找和发掘局部或细分市场机会，见缝插针，查漏补缺，创业者就可以集中优势资源投入目标市场，有利于增强主动性，减少盲目性，加大成功的可能性。局部市场机会则是在一个局部范围或细分市场出现的未被满足的需求。

同时，创业者要不断研究分析市场。即使已经选定了泛产品，还要时刻关注行情变化。所以还应做以下的工作，为更好地创业做铺垫。

（1）研究大家都在做什么，做什么最挣钱。

（2）研究自己家庭生活经常需要什么商品和服务。

（3）研究当前及今后一段时间的社会热点、公众话题，对精明的商人来说，热点就是商机，就是挣钱的项目和题材。

（4）研究社会难点，关注社会焦点。

（5）研究市场的地区性差异。

（6）研究生活节奏变化而产生的市场需求。

无论是网创还是实体创业，都必须发生市场交易行为，发生市场交易就必须有商品。对于网创，选择泛产品是决定企业重要发展方向的全局目标。

一个公司的收益依靠的是什么呢？首先，一个公司需要创造比竞争对手高的价值。其次，它还应该能够捕捉以超过成本价格的形式创造的价值。一方面，如果一个公司能对它的产品或服务收取高价，那么就可以获得产品或服务创造的大部分价值。另一方面，如果价格被竞争对手拉下来了，那么消费者将获取大部分的价值。所以，企业的利润率不仅依靠企业的内部活动，还要依靠企业所处的环境，也就是它所在的行业。

以数码产品中的手机为例。在过去的十几年中，手机确实为消费者创造了巨大的价值，每年都有各式各样的手机出现。消费者的利益增加了，但手机价格却没有上升，相反，随着时间反而下降了。而像苹果公司这样的软件开发公司却获得了它所创造的大部分价值，使它变成了世界最著名的公司之一，芬兰的诺基亚公司却被微软以很低的价格收购。那是什么决定着企业获取价值的能力呢？

除了解上述知识点之外，创业者还应学会利用现代信息技术、大数据、各类电子商务平台提供的数据分析网创产品是否符合市场需求。下面将介绍如何利用行业网、电商平台及百度平台挖掘数据，并用波特五力模型分析网创机会。

1.2.2 技能要点

在互联网时代，创业要有效应用互联网及其各项工具，创业选择进入某个行业乃至选择某类产品前，都可以通过各类网站，尤其是一些专业性的网站来了解行业发展状况、竞争态势等。因此，作为创业者应能熟练使用这些网络资源。以下介绍给出一些网站并举例说明。

1. 行业网站及电商平台的应用

利用行业网站，如中商情报网、慧聪网、中关村在线、中国家纺网、国际数据公司等了解所选产品排名、竞争对手、销量、趋势等大概情况。

有些网站提供的行业报告需要付费购买，有些不需要付费。在网创初期，建议多浏览各种专业网站，尽量选择免费数据，仔细了解和比较这些数据，有利于创业。

例如，要查找 2023 年前几个月我国手机市场行情，可以通过各种渠道或网站查询数据信息。

2. 百度指数的应用

百度指数是目前常见的利用网络了解行情的工具软件，创业者掌握使用百度指数了解市场机会的技能十分必要。

（1）市场需求分析。使用百度指数可针对中国国内市场做市场调查，通过百度指数可以了解市场趋势、市场需求、浏览热度、热点省份、热点城市、用户年龄及性别分布。操作步骤如下：

第一步：注册账号。如果用户没有百度账号，须先注册一个账号，如图 2-1-4 所示。

图 2-1-4　注册百度账号

第二步：在浏览器地址栏内输入网址：http：//index.baidu.com，如图 2-1-5 所示。

图 2-1-5　在浏览器地址栏内输入百度指数链接

第三步：在百度指数搜索栏内输入“连衣裙”关键词进行搜索，如图 2-1-6 所示。

图 2-1-6　搜索“连衣裙”

其搜索结果如图 2-1-7 所示。

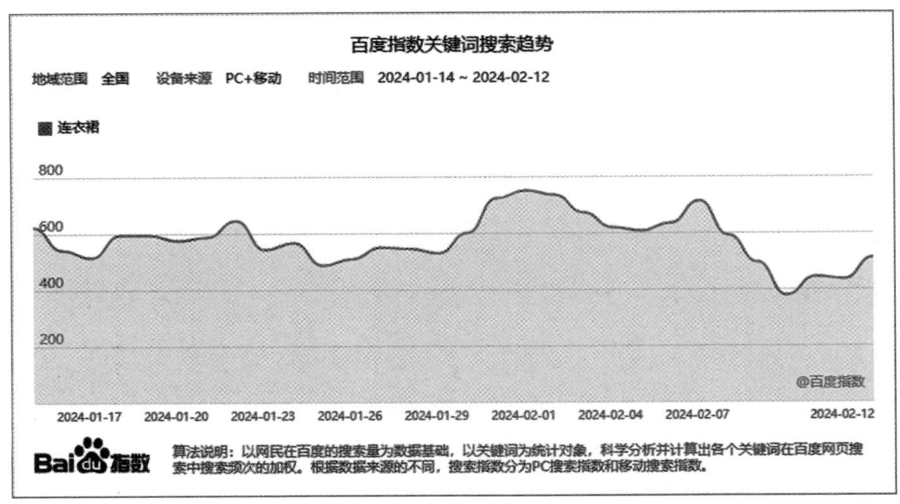

图 2-1-7　搜索“连衣裙”的结果

“指数探索”栏下有趋势研究、需求图谱、人群画像三个功能栏目。其中，趋势研究可以根据所选地区的最近 7 天和最近 30 天客户用手机和电脑搜索指数及趋势。通过需求图谱可以了解有关省份和城市搜索排名情况，通过人群画像可以了解搜索人群年龄段分布占比及性别比例。

第四步：市场趋势分析。在添加关键词处添加“连衣裙”，并选择时间和地区，选择好后单击确认。如选择时间为 30 天，地区为江苏南京，则搜索结果如图 2–1–8 所示。

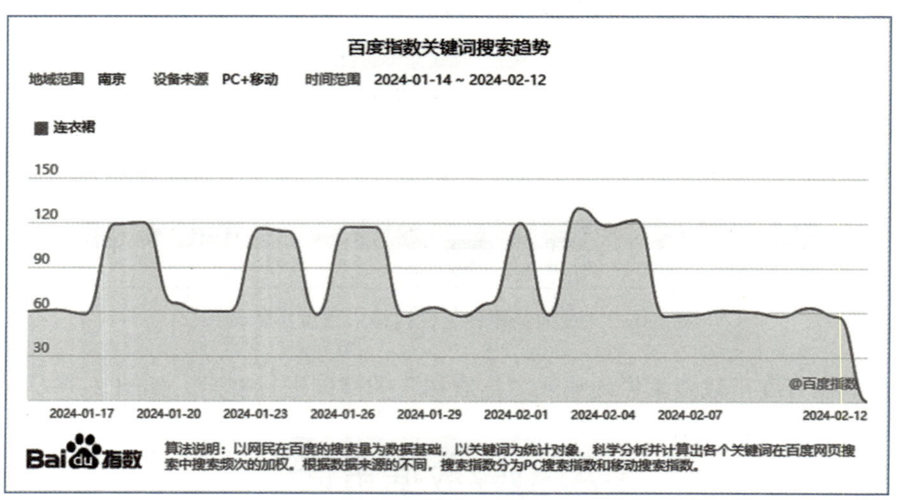

图 2–1–8 “连衣裙”30 天搜索指数变化曲线

第五步：需求分析。单击需求图谱可分析市场需求及热门搜索的关键词情况。图 2–1–9 至图 2–1–11 是“连衣裙”热门搜索的相关排行。

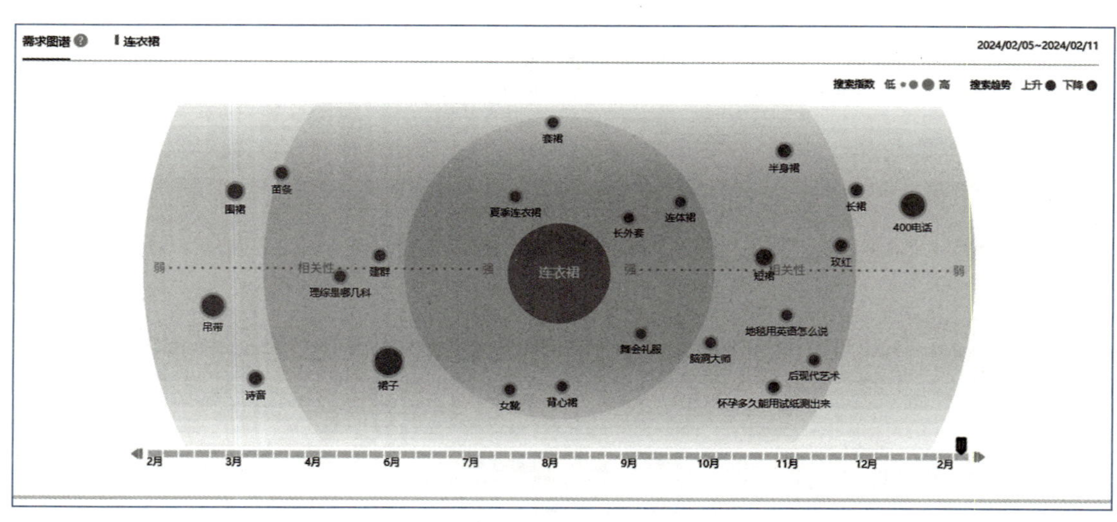

图 2–1–9 “连衣裙”热门搜索排行

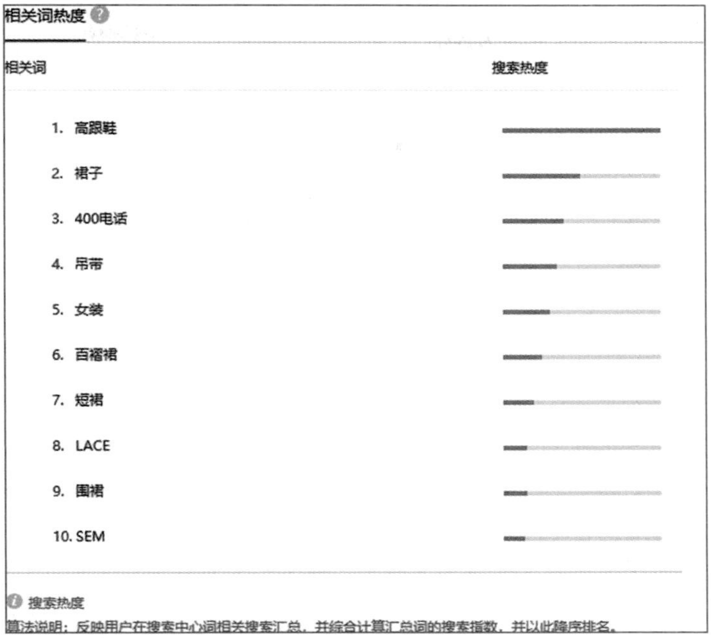

相关词热度

相关词	搜索热度
1. 高跟鞋	
2. 裙子	
3. 400电话	
4. 吊带	
5. 女装	
6. 百褶裙	
7. 短裙	
8. LACE	
9. 围裙	
10. SEM	

搜索热度
算法说明：反映用户在搜索中心词相关搜索汇总，并综合计算汇总词的搜索指数，并以此降序排名。

图 2-1-10　关键词搜索相关词排行榜

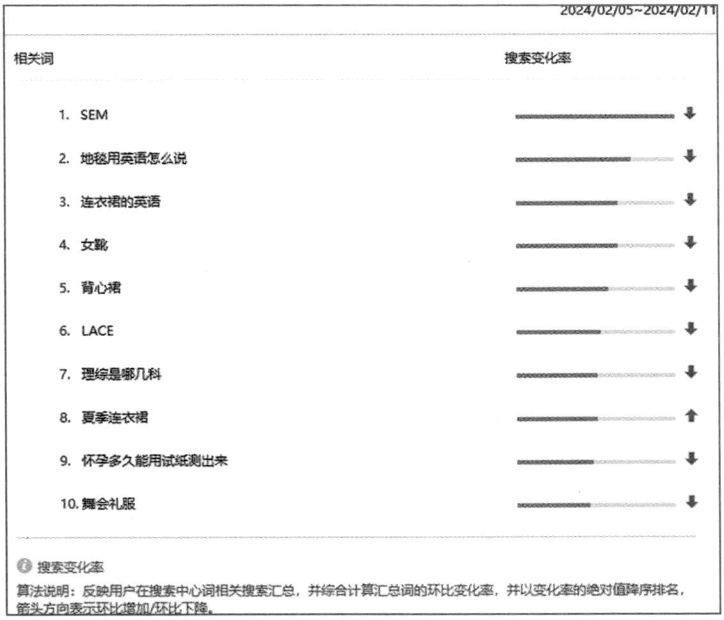

2024/02/05~2024/02/11

相关词	搜索变化率
1. SEM	↓
2. 地毯用英语怎么说	↓
3. 连衣裙的英语	↓
4. 女靴	↓
5. 背心裙	↓
6. LACE	↓
7. 理综是哪几科	↓
8. 夏季连衣裙	↑
9. 怀孕多久能用试纸测出来	↓
10. 舞会礼服	↓

搜索变化率
算法说明：反映用户在搜索中心词相关搜索汇总，并综合计算汇总词的环比变化率，并以变化率的绝对值降序排名，箭头方向表示环比增加/环比下降。

图 2-1-11　关键词搜索上升最快排行榜

第六步：查看用户地域分布，还可以进一步查看关于该产品用户地域分布前 10 名的省份、城市和区域，如图 2-1-12、图 2-1-13、图 2-1-14 所示。

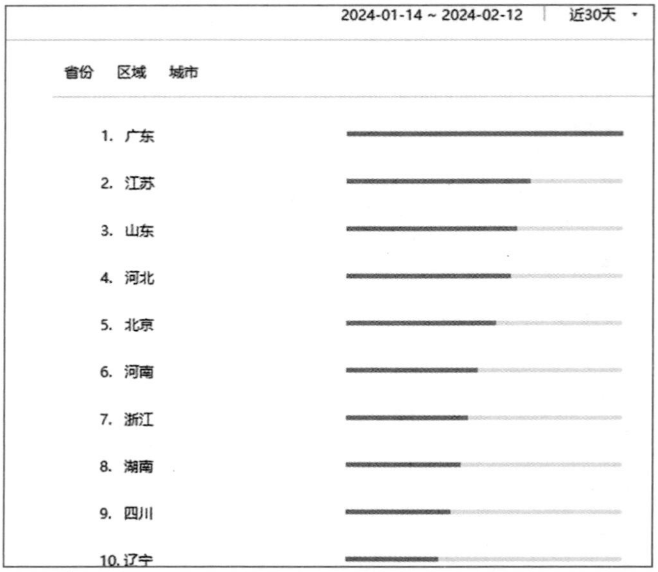

图 2-1-12 "连衣裙"搜索省份（城市）排名

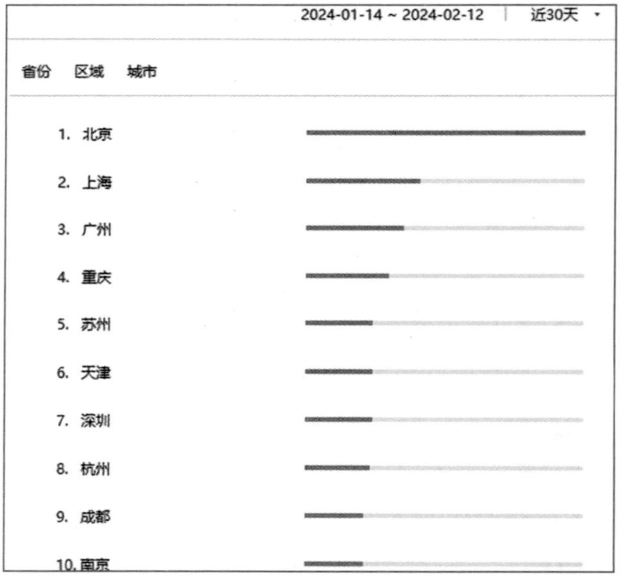

图 2-1-13 "连衣裙"搜索城市排名

第七步：查看用户年龄段及性别分布，如图 2-1-15 所示。

（2）市场机会判断。如何判断机会大小呢？可以查看搜索网页的搜索结果，通过投放广告的网站数量和自然搜索结果中的独立网站数量进行分析。当搜索量大，投放广告和自然搜索结果中的独立网站都很少，说明这个细分领域在互联网上还存在巨大的市场机会。

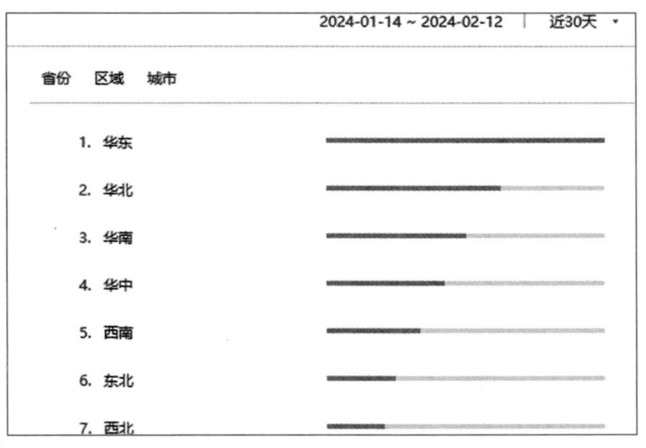

图 2-1-14 “连衣裙”搜索区域排名

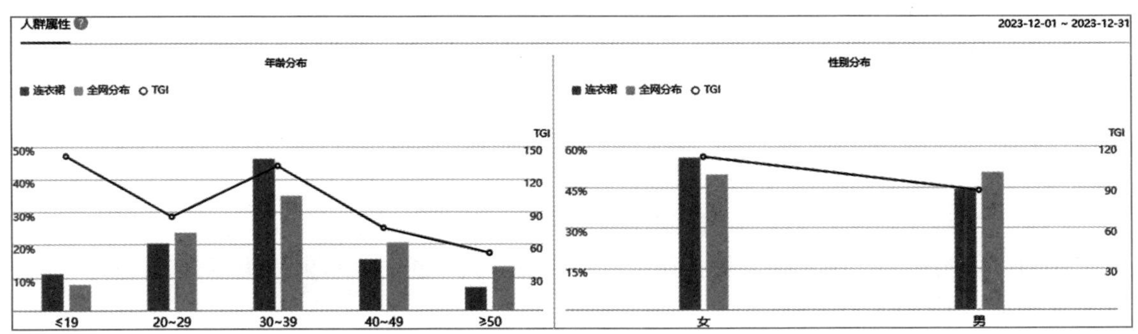

图 2-1-15 用户年龄段及性别分布图

（3）关注客户的困惑和关心的问题。同时，通过“百度知道”，可以迅速了解目标客户的困惑和问题。输入关键词搜索，就知道用户的大脑在思考什么，归类整理后，就能发现机会。如通过“百度知道”可了解用户关心连衣裙的什么特征，如图 2-1-16 所示。

3. 波特五力模型实践

（1）上游供应商讨价还价能力。供应商是指向行业提供产品或服务的企业、群体或个人，也包括提供劳动力和资本的供应商。如果你想从事智能手机销售，就要分析国内手机行情，手机厂商分国外品牌和国内品牌两大类。国外品牌主要有苹果、三星等，国内品牌有华为、中兴、小米等。这些手机厂商对市场的控制力都十分强，有较完整的销售渠道体系。作为网创者，很难拿到一手货。所以，作为买方讨价还价的能力弱于供应商。在手机行业，也有小众品牌或特定目标市场产品，如面向老年人、儿童、学生、女性的手机。建议从这些小众商品开始做起。当销量达到一定程度后，再与其供应商谈其他型号的手机。

（2）行业现有企业间的竞争。电商的发展导致线下客流急剧下降，“五一”“十一”节日爆发效应不复存在；门店经营成本居高不下，再加上手机厂商和运营商展位、活动补贴减少，入不敷出的门店不得不关闭；随着手机品牌互联网化，信息不对称的红利时代彻底终结。

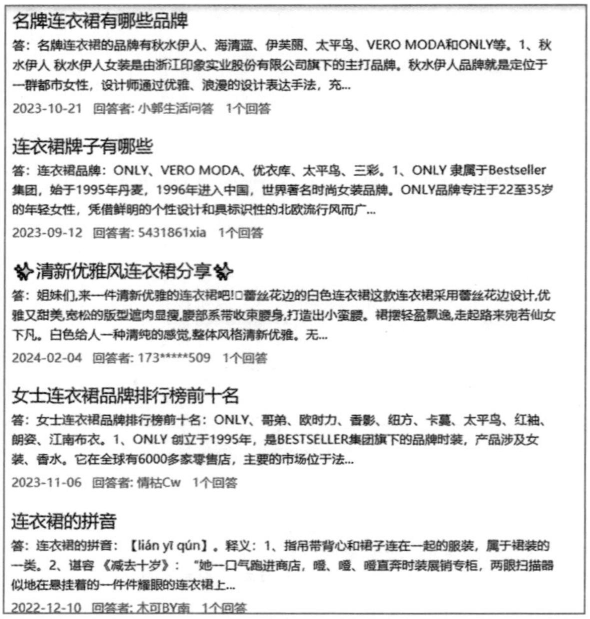

名牌连衣裙有哪些品牌

答：名牌连衣裙的品牌有秋水伊人、海清蓝、伊芙丽、太平鸟、VERO MODA和ONLY等。1、秋水伊人 秋水伊人女装是由浙江印象实业股份有限公司旗下的主打品牌。秋水伊人品牌就是定位于一群都市女性，设计师通过优雅、浪漫的设计表达手法，充...

2023-10-21 回答者: 小郭生活问答 1个回答

连衣裙牌子有哪些

答：连衣裙品牌：ONLY、VERO MODA、优衣库、太平鸟、三彩。1、ONLY 隶属于Bestseller集团，始于1995年丹麦，1996年进入中国，世界著名时尚女装品牌。ONLY品牌专注于22至35岁的年轻女性，凭借鲜明的个性设计和具标识性的北欧流行风而广...

2023-09-12 回答者: 5431861xia 1个回答

✨清新优雅风连衣裙分享✨

答：姐妹们,来一件清新优雅的连衣裙吧!□蕾丝花边的白色连衣裙这款连衣裙采用蕾丝花边设计,优雅又甜美,宽松的版型遮肉显瘦,腰部系带收束腰身,打造出小蛮腰。裙摆轻盈飘逸,走起路来宛若仙女下凡。白色给人一种清纯的感觉,整体风格清新优雅。无...

2024-02-04 回答者: 173*****509 1个回答

女士连衣裙品牌排行榜前十名

答：女士连衣裙品牌排行榜前十名：ONLY、哥弟、欧时力、香影、细方、卡蔓、太平鸟、红袖、朗姿、江南布衣。1、ONLY 创立于1995年，是BESTSELLER集团旗下的品牌时装，产品涉及女装、香水。它在全球有6000多家零售店，主要的市场位于法...

2023-11-06 回答者: 情枯Cw 1个回答

连衣裙的拼音

答：连衣裙的拼音：【lián yī qún】。释义：1、指吊带背心和裙子连在一起的服装，属于裙装的一类。2、谌容《减去十岁》：“她一口气跑进商店，噔、噔、噔直奔时装展销专柜，两眼扫描器似地在悬挂着的一件件耀眼的连衣裙上...

2022-12-10 回答者: 木可BY南 1个回答

图 2-1-16 “百度知道”搜索“连衣裙”显示结果

（3）下游用户讨价还价能力。决定买方议价能力的基本因素有两个：价格敏感度和相对议价能力。价格敏感度决定买方讨价还价的欲望有多大；相对议价能力决定买方能在多大程度上成功地压低价格。

网上开店，在价格制定时一般都是一口价。分析网上购物行为发现，客户进入网店确定所购商品后，直接寻找性价比较高的商家成交而不会去和商家讨价还价。在下游用户讨价还价能力较弱时，用户选择性代替了讨价还价行为。

（4）新进入者的威胁。网创固定投入较少，对新进入者几乎没有门槛，但对新进入网上开店的卖家所面对的问题是一样的。随着创业持续发展，将会在进价、经验、资金、服务等方面对后进入者筑起门槛。

（5）替代品的威胁。任何产品都存在替代品，替代品除了同类产品外还有不同类商品。如果你从事华为智能手机的销售，那么，小米手机就是替代品，具有通信功能的其他电子产品也是它的替代品。

4. 阿里巴巴中的下游商机功能介绍

（1）从淘宝商机分析所选商品商机。进入阿里巴巴平台后，在搜索框内输入所选商品关键词后，在下游商机栏目下有趋势热品的热搜榜、飙升榜和热销榜三个排行（见图 2-1-17、图 2-1-18 和图 2-1-19）和商机热词爆款热销榜、行业蓝海榜和热搜飙升榜（见图 2-1-20、图 2-1-21 和图 2-1-22），供选择泛产品时参考。

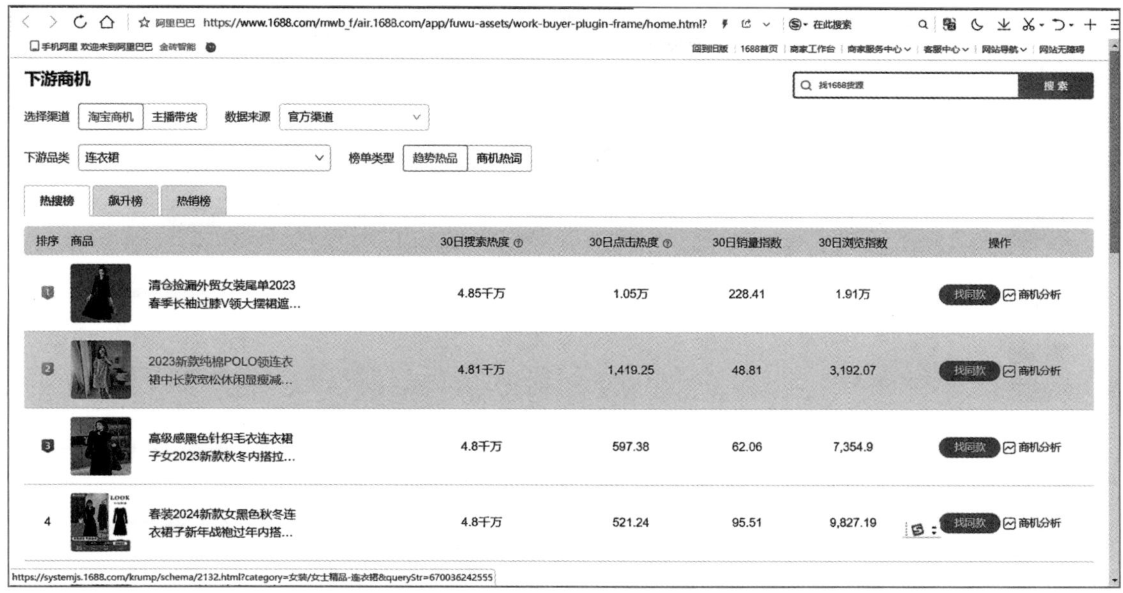

下游商机

选择渠道 淘宝商机 主播带货 数据来源 官方渠道

下游品类 连衣裙 榜单类型 趋势热品 商机热词

热搜榜 飙升榜 热销榜

排序	商品	30日搜索热度	30日点击热度	30日销量指数	30日浏览指数	操作
1	清仓捡漏外贸女装尾单2023春季长袖过膝V领大摆裙遮…	4.85千万	1.05万	228.41	1.91万	找同款 商机分析
2	2023新款纯棉POLO领连衣裙中长款宽松休闲显瘦减…	4.81千万	1,419.25	48.81	3,192.07	找同款 商机分析
3	高级感黑色针织毛衣连衣裙子女2023新款秋冬内搭拉…	4.8千万	597.38	62.06	7,354.9	找同款 商机分析
4	春装2024新款女黑色秋冬连衣裙子新年战袍过年内搭…	4.8千万	521.24	95.51	9,827.19	找同款 商机分析

图 2-1-17 “连衣裙”阿里巴巴平台热搜榜

热搜榜 飙升榜 热销榜

排序	商品	30日销量指数	30日浏览指数	操作
1	品牌折扣剪标专柜撤柜清仓古装女改良汉服吊带连衣…	394.96	6.16万	找同款 商机分析
2	红色毛衣裙子小香风秋冬新年战袍2024龙年限定今年…	1,296.16	13.39万	找同款 商机分析
3	今年流行漂亮赫本风长裙修身高级感小个子黑色长袖…	118.74	6.78万	找同款 商机分析
4	冬装搭配一整套小香风盐系穿搭高级感新中式中国风…	591.37	10.51万	找同款 商机分析
5	秋冬季女2024搭配一整套新年衣服本命年过年战袍春…	587.36	12.95万	找同款 商机分析
6	超仙蕾丝镂空吊带连衣裙女春秋2024新款宽松显瘦叠…	882.78	6.17万	商机分析

图 2-1-18 “连衣裙”阿里巴巴平台飙升榜

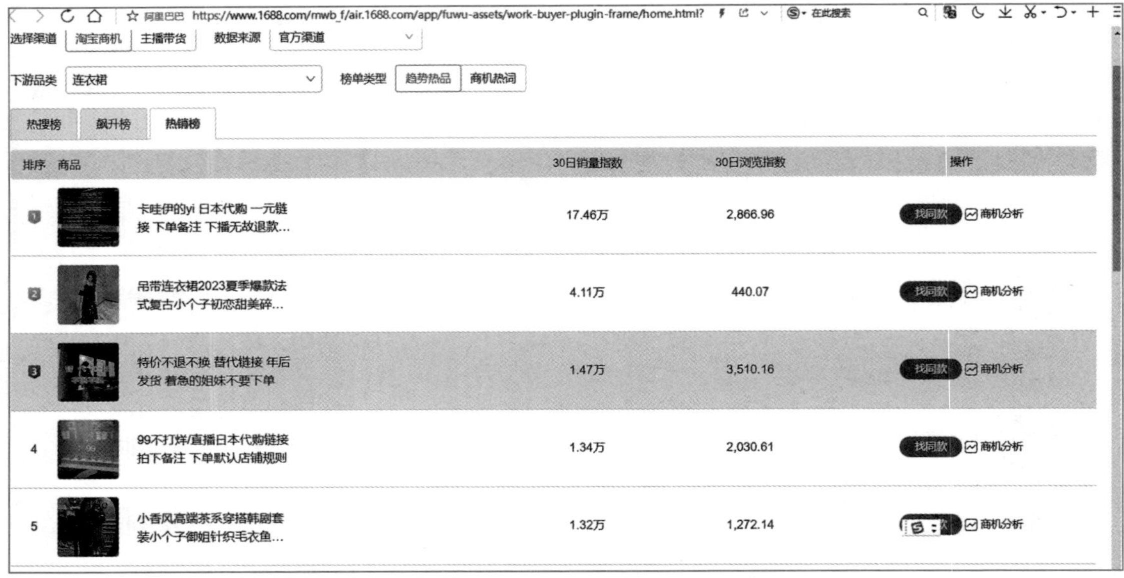

排序	商品	30日销量指数	30日浏览指数
1	卡哇伊的yi 日本代购 一元链接 下单备注 下播无故退款…	17.46万	2,866.96
2	吊带连衣裙2023夏季爆款法式复古小个子初恋甜美碎…	4.11万	440.07
3	特价不退不换 替代链接 年后发货 着急的姐妹不要下单	1.47万	3,510.16
4	99不打烊/直播日本代购链接 拍下备注 下单默认店铺规则	1.34万	2,030.61
5	小香风高端茶系穿搭韩剧套装小个子御姐针织毛衣鱼…	1.32万	1,272.14

图 2-1-19 “连衣裙”阿里巴巴平台热销榜

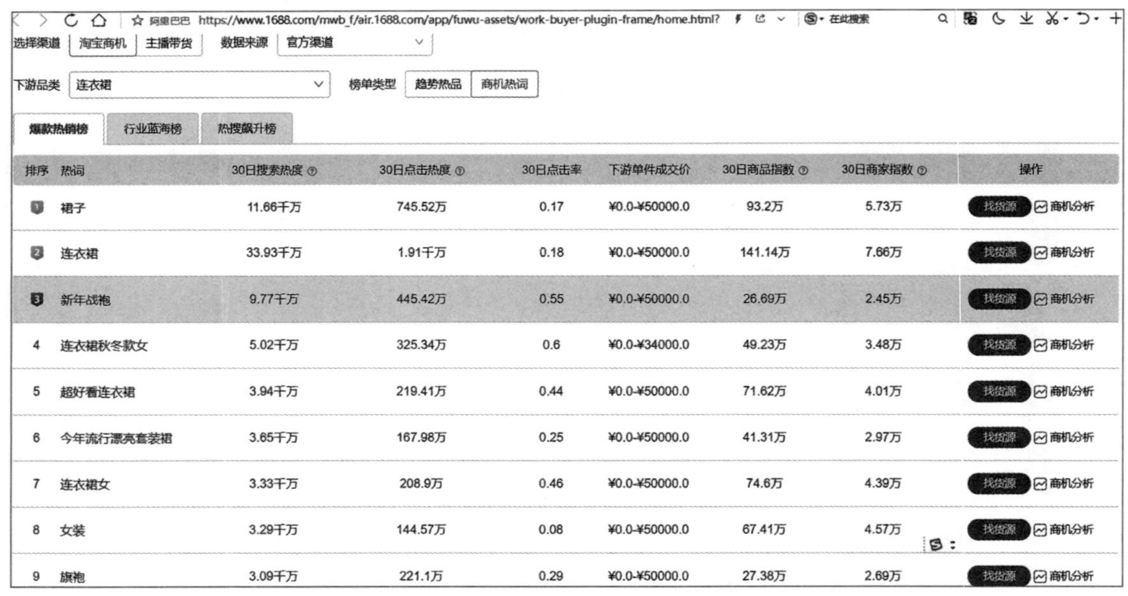

排序	热词	30日搜索热度	30日点击热度	30日点击率	下游单件成交价	30日商品指数	30日商家指数
1	裙子	11.66千万	745.52万	0.17	¥0.0-¥50000.0	93.2万	5.73万
2	连衣裙	33.93千万	1.91千万	0.18	¥0.0-¥50000.0	141.14万	7.66万
3	新年战袍	9.77千万	445.42万	0.55	¥0.0-¥50000.0	26.69万	2.45万
4	连衣裙秋冬款女	5.02千万	325.34万	0.6	¥0.0-¥34000.0	49.23万	3.48万
5	超好看连衣裙	3.94千万	219.41万	0.44	¥0.0-¥50000.0	71.62万	4.01万
6	今年流行漂亮套装裙	3.65千万	167.98万	0.25	¥0.0-¥50000.0	41.31万	2.97万
7	连衣裙女	3.33千万	208.9万	0.46	¥0.0-¥50000.0	74.6万	4.39万
8	女装	3.29千万	144.57万	0.08	¥0.0-¥50000.0	67.41万	4.57万
9	旗袍	3.09千万	221.1万	0.29	¥0.0-¥50000.0	27.38万	2.69万

图 2-1-20 “连衣裙”阿里巴巴平台爆款热销榜

选择渠道 淘宝商机 主播带货 数据来源 官方渠道

下游品类 连衣裙 榜单类型 趋势热品 商机热词

爆款热销榜 行业蓝海榜 热搜飙升榜

排序	热词	30日蓝海指数(%)	30日搜索热度	30日商品指数	30日点击热度	30日点击率	下游单件成交价	30日商家指数	操作
1	kittylure	1,468.03	1,592.37	1	0	0	0	1	找货源 商机分析
2	远方数码优品	1,411.71	1.08万	2	2.69	0	0	1	找货源 商机分析
3	繁花唐嫣同款	1,296.18	547.38万	1.91万	4.53万	0.02	¥0.03-¥50000.0	5,259	找货源 商机分析
4	郭小妞	1,154.85	1.99万	7	0	0	¥43.97-¥181.85	7	找货源 商机分析
5	stmorris	645.35	1,280.15	6	8.95	0.02	¥287.49-¥3420.0	3	找货源 商机分析
6	whyberry旗舰店	621.33	4,790.47	24	76.28	0.04	¥36.49-¥1477.04	13	找货源 商机分析
7	ptwp	421.79	8,347.03	38	14.48	0	¥64.97-¥378.0	12	找货源 商机分析
8	doggy hero	398.51	5,437.6	33	2.69	0	¥78.11-¥204.0	10	找货源 商机分析
9	脆弱天使空间站	398.49	4,258.35	23	14.48	0.01	¥29.17-¥325.0	12	找货源 商机分析

图 2-1-21 “连衣裙”阿里巴巴平台行业蓝海榜

选择渠道 淘宝商机 主播带货 数据来源 官方渠道

下游品类 连衣裙 榜单类型 趋势热品 商机热词

爆款热销榜 行业蓝海榜 热搜飙升榜

排序	热词	30日飙升热度(%)	30日搜索热度	30日点击热度	30日点击率	下游单件成交价	30日商品指数	30日商家指数	操作
1	气一chie	1,300.61	2.44万	6,089.71	0.52	¥0.56-¥50000.0	7,044	2,838	找货源 商机分析
2	忘兔约定	575.29	8,273.02	2,542.84	0.72	¥0.15-¥6823.0	1,561	718	找货源 商机分析
3	PYNKI SWEAR	512.83	8,673.07	2,416.79	0.73	¥2.38-¥34000.0	984	590	找货源 商机分析
4	冬天粉色裙子女	417.79	1.34万	68.16	1	¥0.62-¥6960.0	6,283	2,316	找货源 商机分析
5	春季连衣裙女针织长裙	342.44	4,915.5	119.74	0.87	¥12.93-¥3980.0	2,257	900	找货源 商机分析
6	166元商品	314.72	1.54万	1,592.37	0.89	¥3.0-¥50000.0	3,259	1,586	找货源 商机分析
7	超显白连衣裙	217.55	3,442.14	326.77	0.8	¥0.46-¥16150.0	3,123	1,348	找货源 商机分析
8	女式春秋打底连衣裙	197.73	4,118.32	216.35	0.82	¥2.03-¥5083.0	3,294	1,363	找货源 商机分析
9	雪纺碎花吊带连衣裙	190.73	7,101.87	282.62	0.78	¥0.28-¥14250.0	3,785	1,768	找货源 商机分析

图 2-1-22 “连衣裙”阿里巴巴平台热搜飙升榜

趋势分析参数说明：

①搜索人气：统计时间内，根据该行业搜索用户数进行指数化后的指数类指标，搜索指数越高，代表搜索人数越多；

②搜索热度：下游消费者搜索量参考，数值越大说明搜索的人越多；

③点击人气：统计周期内，通过搜索引导至该行业下商品详情页的访客数进行指数化后的指标；

④点击热度：下游消费者点击量参考，数值越大说明有意愿成交的人越多；

⑤点击率：统计时间内，点击人数 / 搜索用户数的比例；

⑥交易指数：统计时间内，根据产品交易过程中的核心指标如订单数、买家数、支付件数、支付金额等，进行综合计算得出的数值，不等同于交易金额；

⑦支付转化率：统计时间内，所有终端的支付买家数 / 访客数的比例；

⑧商品指数：下游在售商品数量参考，数值越大说明市场越饱和；

⑨商家指数：下游在售商家数量参考，数值越大说明市场越饱和；

⑩飙升热度（%）：当前该词条搜索量环比增长情况，数值越大说明增长越快；

⑪蓝海指数：搜索热度与商品指数的比值，数值越大说明市场空间越大。

“繁花唐嫣同款”搜索人气见图 2-1-23。

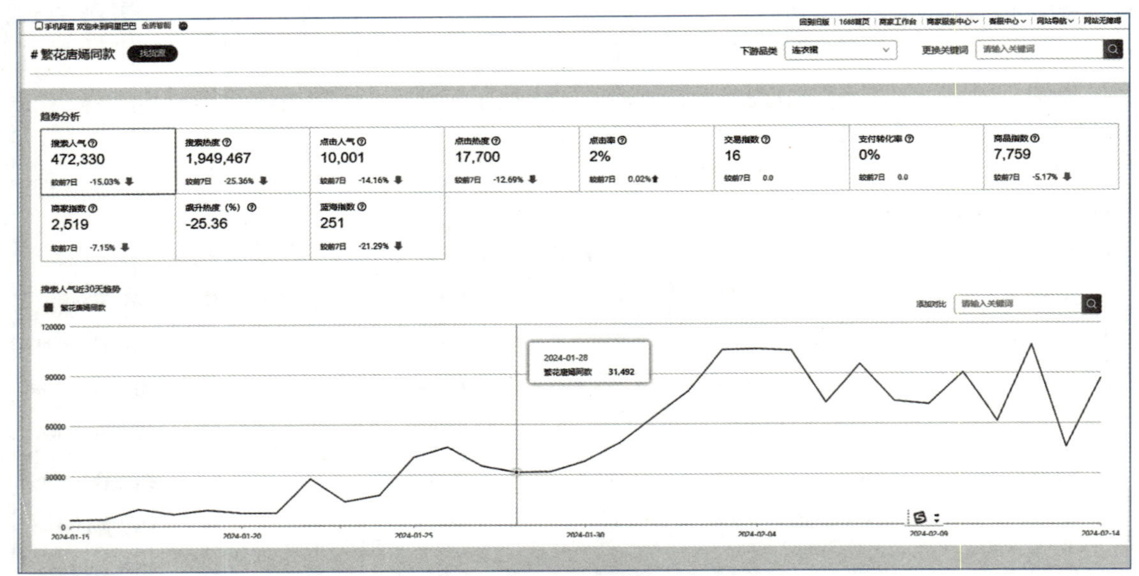

图 2-1-23 “繁花唐嫣同款”搜索人气

（2）从主播带货，观察商机。主播带货项下有商品热卖榜、商品热推榜和昨日新兴榜三个方面的分析功能，分别见图 2-1-24、图 2-1-25 和图 2-1-26。

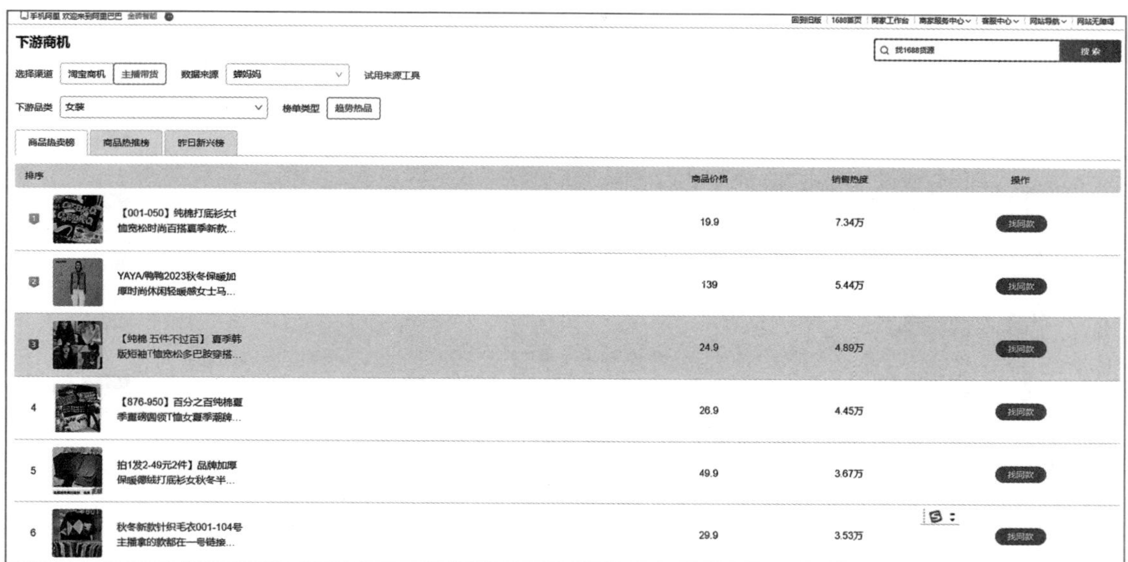

图 2-1-24　主播带货——商品热卖榜

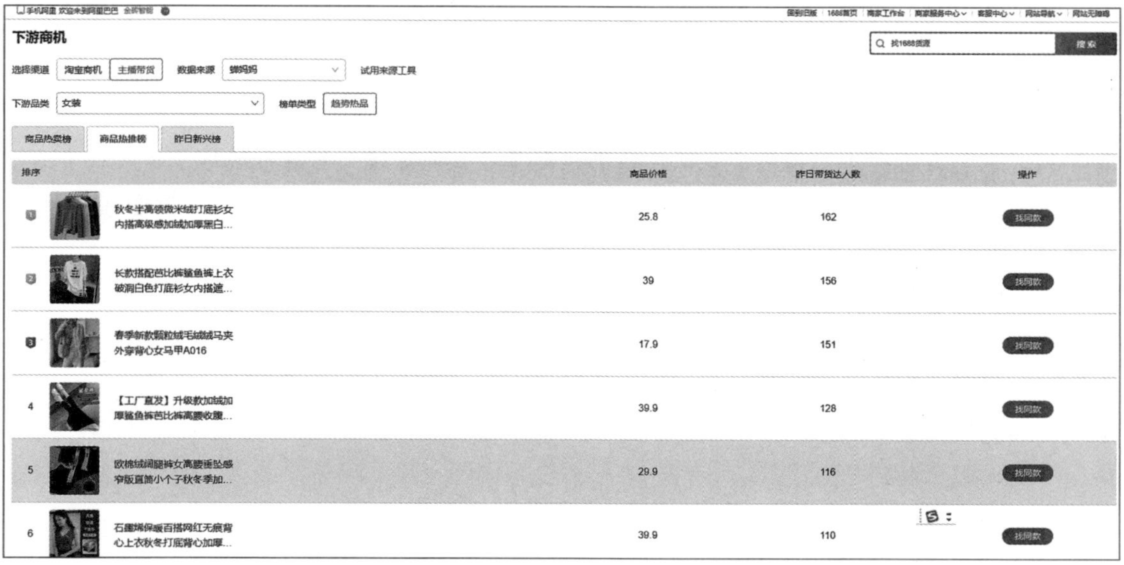

下游商机

选择渠道 淘宝商机 主播带货 数据来源 蝉妈妈 试用来源工具

下游品类 女装 榜单类型 趋势热品

找1688货源 搜索

商品热卖榜 商品热推榜 昨日新兴榜

排序		商品价格	昨日带货达人数	操作
1	秋冬半高领微米绒打底衫女内搭高级感加绒加厚黑白…	25.8	162	找同款
2	长款搭配芭比裤鲨鱼裤上衣破洞白色打底衫女内搭遮…	39	156	找同款
3	春季新款颗粒绒毛绒绒马夹外穿背心女马甲A016	17.9	151	找同款
4	【工厂直发】升级款加绒加厚鲨鱼裤芭比裤高腰收腹…	39.9	128	找同款
5	欧棉绒阔腿裤女高腰垂坠感窄版直筒小个子秋冬季加…	29.9	116	找同款
6	石墨烯保暖百搭网红无痕背心上衣秋冬打底背心加厚…	39.9	110	找同款

图 2-1-25　主播带货——商品热推榜

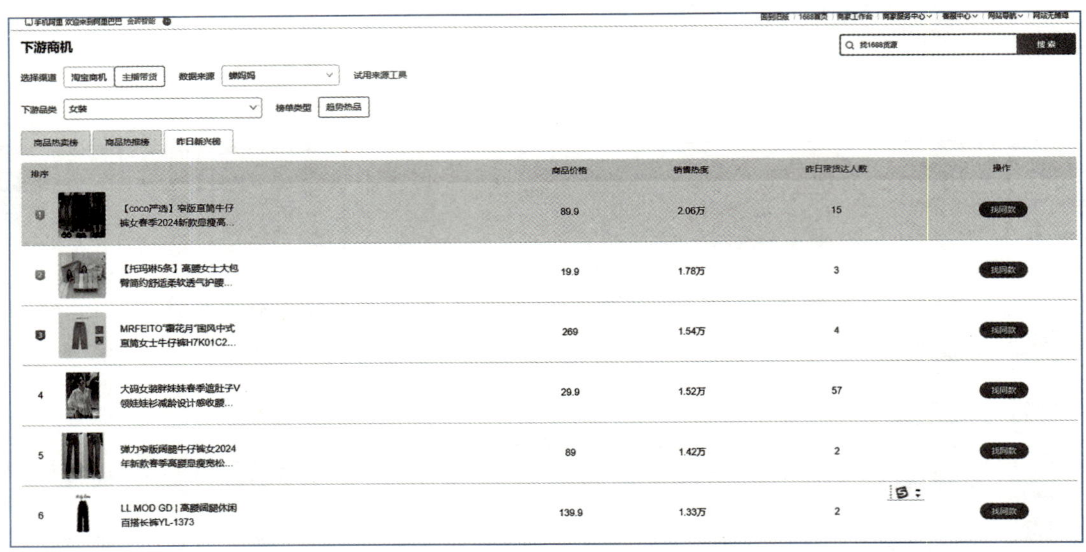

图 2-1-26　主播带货——昨日新兴榜

勤学善思

商品价值

习近平总书记曾说：一个忘记历史的民族必定是一个没有出路的民族；崇尚英雄才能产生英雄，争做英雄才能英雄辈出。近年来，越来越多的文化作品正在渲染这种正确的价值观，这种爱国情怀的影视紧贴时代脉搏，更是唤醒了国人们的民族自豪感和一颗爱国心，激发了青年的时代使命感和勇于担当的意识，越来越受年轻人的青睐，同时也获得了越来越多的市场份额。电影《长津湖》《红海行动》以真实的故事再现历史，以至真至纯的情感打动观众，恰到好处地开启了当代中国青年的心门，在情感上产生深度共鸣与共振。

思考：如何挖掘商品的价值？

分析：紧贴时代脉搏，贴近生活，引发情感共鸣，满足顾客需求。

1.3　同步训练

1.3.1　任务描述

1. 任务名称

连衣裙泛产品分析与选择

2. 任务导图

泛产品选择任务导图见图 2-1-27。

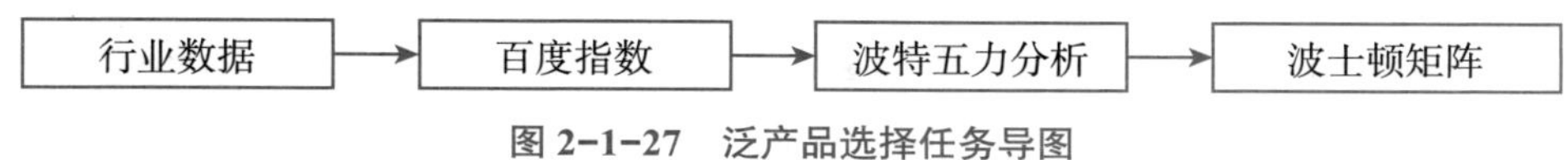

图 2-1-27 泛产品选择任务导图

3. 任务要求

按照 1.3.2 实施步骤，以你查找的行业数据为基础，辅以百度指数分析，再用波特五力模型分析出你所选择的产品行业吸引力是多少，引用波士顿矩阵得出该泛产品属于哪一类，并将结果填入波士顿矩阵图（见图 2-1-2）中。

1.3.2 实施步骤

第一步：查找行业数据。

（1）访问“中国商情网”或其他行业情报网站或数据库，熟悉如何访问这些网站。

（2）使用搜索工具，以关键词“连衣裙 2023 年市场分析”访问有关行业网站。

（3）访问有关电商平台，分析技术工艺发展趋势、行业竞争格局、销售收入前十家企业的情况、行业区域市场、供需规模、企业规模等。

第二步：用波特五力模型工具分析行业吸引力。

（1）上游供应商讨价还价能力。

（2）行业现有企业间的竞争。

（3）下游用户讨价还价能力。

（4）新进入者的威胁。

（5）替代品的威胁。

第三步：用百度指数分析市场趋势、兴趣分布、人群占比排行。

（1）在浏览器地址栏内输入 http：//index.baidu.com/ 后单击回车键。

（2）在搜索栏内输入“女装”。

（3）添加关键词“连衣裙”。

（4）进行市场趋势分析。

（5）进行需求分析。

（6）查看用户地域分布。

（7）进行人群分析。

第四步：结合以上三步，应用波士顿矩阵分析连衣裙属于哪类泛产品，连衣裙的销售趋势、行业吸引力、竞争力度如何。（提示：对应波士顿矩阵图，应是明星类泛产品。）

自主学习

任务2　产品核心价值与附加值的甄别

2.1　引导任务

分组讨论华为手机的卖点，分析顾客购买该手机的主观目的和追求的价值目标。

分析：

（1）商家追求品牌效应。

（2）客户追赶时尚潮流。

（3）功能体现一流技术。

（4）彰显幸福生活指数。

2.2　支撑知识与技能

完成本学习任务需要理解产品、产品核心价值、产品附加值、产品载体、产品的品牌、客户价值、客户购买行为、服务类网创等概念，学会利用网创产品甄别工具和有关网络平台甄别产品核心价值和附加值。为此，本任务将分别阐述这些知识和技能要点。

2.2.1　知识要点

1. 产品

菲利普·科特勒在《营销管理》一书中指出，产品是能够提供给市场以满足需要和欲望的东西。在市场中，产品包括实体商品、服务、体验、事件、人物、地点、财产、组织、信息和创意。

网创需要考虑产品的五个层次，每个层次都增加了更多的顾客价值，它们构成顾客价值层级。第一层级是核心利益，即最基本的层次，是顾客真正购买的基本服务或利益。例如，对于钻头，购买人真正要买的是“孔”。第二层次是由顾客价值之核心利益转化而成的基础产品，即产品的基本形式，如钻头必须能钻“孔”，这是产品价值核心。第三层次是购买者购买产品时通常希望和默认的一组属性和条件。第四层次是附加产品，即包括增加的服务和利益。第五层次是该产品最终可能会实现的全部附加部分和将来会转换的部分，如图2-2-1所示。

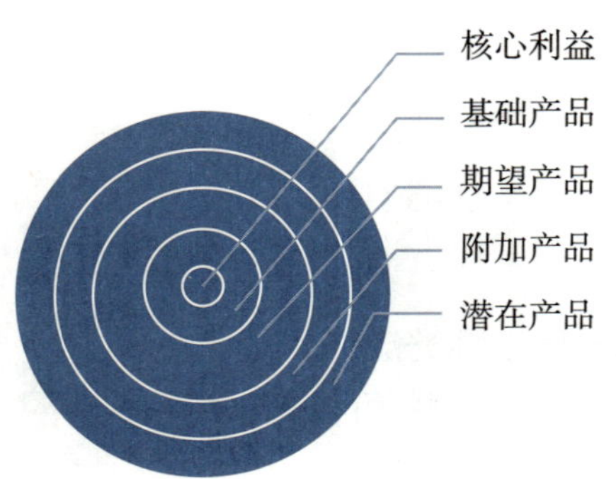

图2-2-1　产品的五个层次

2. 产品的核心价值

产品的核心价值是指产品的使用价值，是顾客真正要买的东西。从顾客购买产品的角度来说，产品的核心价值是顾客购买某种产品时所追求的效用或利益，也就是顾客期望得到满足的需要。例如，母婴产品线中有婴儿体温计产品，其产品的核心是量体温。而形式产品呢？有各种各样的非接触式电子体温计。对于网店而言，形式产品尤为重要。产品外包装在网店商品详情描述中十分重要，其视觉冲击力强弱有时会直接影响顾客的购买欲望。例如，“U型枕”的主要价值是护颈，用户购买这个产品的主要目的是保护颈椎。

3. 产品附加值

“产品附加值”是指在产品原有价值的基础上，通过生产过程中的有效劳动新创造的价值，即附加在产品原有价值上的新价值。附加值的实现在于通过有效的营销手段进行连接，由于产品创造满足了客户更高层次的需求而使企业获得的超额回报。也就是说，消费者为得到产品或服务而付出的价钱与企业为产品付出的成本之间的差值就是附加值，差值越大，则表示企业获得的附加值越高。例如，个性化定制的“U型枕”及具有一定真正医疗价值的中药“U型枕”。如果将产品设计成具有个性化外形，而使客户获得更大满足，则该产品也就得到了产品附加值。现代商业竞争十分激烈，客户购买产品往往很任性，会更加追求产品的附加值。

4. 产品载体

产品载体是实现产品核心价值所承载的物质媒体，指产品的质量、设计、包装、品牌等要素，即向市场提供的产品或服务的品性和品相。现在很多顾客的购买行为会被产品载体所影响。为此，现在企业非常重视产品载体，如手机的机壳、软件界面设计等。例如，产品的基本效用必须通过某些具体的形式才能得以实现。实物产品在市场上通常表现为产品质量水平、外观特色、式样、品牌名称和包装等。例如，当人们购买手机时，会根据个人喜好、年龄和具体情况选择合适又精美的造型和包装，这里的产品质量、造型设计和包装是形式产品。华为手机目前在国内销售名列前茅，究其原因除了是国产知名品牌外，还在于其产品从性能、外形设计、售后服务等方面吸引消费者。

5. 产品的品牌

品牌是一种名称、术语、标记、符号或设计，或是它们的组合运用，其目的是借以辨认某个销售者或某一群销售者的产品或服务，并使之同竞争对手的产品和服务区分开。从本质上说，通过一个品牌就能够辨别销售者或制造商。根据商标法规定，企业对品牌具有长期的专用权。品牌往往是一个复杂的符号标志，它含有属性、利用、价值、文化、个性、使用者6层意义。

6. 客户价值

用户之所以购买该产品，是因为该产品为客户创造了价值或提升了客户价值。价值是指顾客得到与付出之比。价值可以用以下公式表示：

价值 = 利益 / 成本

= (功能利益 + 情感利益) / (金钱成本 + 时间成本 + 精力成本 + 体力成本)

价值是产品质量、服务、价格和体验的组合，它随着质量和服务的提高而提高，随着价格的增加而减少。如何提高顾客的价值，需要从以下几个方面考虑：

（1）增加利益。

（2）降低成本。

（3）增加利润的同时降低成本。

（4）利润增加幅度比成本增加幅度大。

（5）成本降低幅度比利润降低幅度大。

（6）顾客选择泛产品（供应品）就选择了它的价值。

（7）顾客利益是通过交易的商品来体现，所以商家必须选择好具体的商品，方能实现顾客利益最大化。

企业担当

为客户创造价值的企业担当

甲企业是一家专业的 IT 解决方案提供商，以客户需求为导向，致力于为客户提供高效、创新的解决方案和服务。公司拥有一支经验丰富的团队，具备强大的技术实力和丰富的行业经验。乙企业的客户是一家中型制造企业，由于业务快速扩张和市场需求变化，客户在生产管理和数据处理方面面临着一些挑战。他们需要一个智能化的生产管理系统，以提高生产效率和产品质量。

甲企业派遣专业团队与客户深入沟通，了解客户的实际需求和现有系统的痛点。经过多方调研和分析，为客户提供了一套智能化的生产管理系统解决方案。该系统整合了生产计划、库存管理、设备监控以及数据分析等模块，能够帮助客户实时掌握生产进度、快速进行调度和优化生产流程。

通过实施智能化的生产管理系统，帮助客户提高了生产效率，降低了物料浪费，并且大幅减少了生产过程中的人为错误。客户可以更加精准地进行生产计划和库存管理，大大降低了生产成本。另外，系统的数据分析功能也为客户提供了决策支持，帮助他们更好地把握市场需求和制定战略。

乙企业对系统非常满意，称赞其专业、高效的服务和解决方案，并表示在与甲企业的合作中，他们获得了真正的价值，提升了整体的竞争力，这也为未来的发展奠定了坚实的基础。

启示：通过为客户提供智能化的生产管理系统解决方案，甲企业不仅帮助客户解决了实际问题，提高了生产效率和产品质量，同时也为客户创造了实质性的价值，赢得了客户的信赖和口碑。在未来的发展中，甲企业将继续以客户为中心，为客户提供更多高效、创新的解决方案和服务，持续创造价值。

7. 客户购买行为分析

市场营销学家把消费者的购买动机和购买行为概括为“6W”，从而形成消费者购买行为研究的基本框架。

市场需要什么（What）——有关产品是什么。通过分析消费者希望购买什么，为什么需要这种商品而不是需要那种商品，研究企业应如何提供适销对路的产品去满足消费者的需求。

为何购买（Why）——购买目的是什么。通过分析购买动机的形成（生理的、自然的、经济的、社会的、心理因素的共同作用），了解消费者的购买目的，采取相应的市场策略。

购买者是谁（Who）——购买组织是什么。分析购买者是个人、家庭还是集团，购买的产品供谁使用，谁是购买的决策者、执行者、影响者。根据分析，组合相应的产品、渠道、定价和促销方式。

如何购买（How）——购买组织的作业行为是什么。分析购买者对购买方式的不同要求，有针对性地提供不同的营销服务。在消费者市场，分析不同类型消费者的特点，如经济型购买者对性能和廉价的追求、冲动型购买者对情趣和外观的喜好、手头拮据的购买者要求分期付款、工作繁忙的购买者重视购买方便和送货上门等。

何时购买（When）——购买时机是什么。分析购买者对特定产品的购买时间的要求，把握时机，适时推出产品，如分析自然季节和传统节假日对市场购买的影响程度等。

何处购买（Where）——购买场合是什么。分析购买者对不同产品的购买地点的要求，如消费品种中的日常用品，顾客一般要求就近购买；而选购品则要求在商业区（地区中心或商业中心）购买，以方便挑选对比；特殊品往往要求直接到企业或专业商店购买；等等。

客户购买行为是指客户为满足其个人或家庭生活而发生的购买商品的决策过程。购买行为是复杂的，是受其内在因素和外在因素的相互促进、交互影响的。

（1）影响因素。影响因素主要有文化、社会、家庭、个人和心理几个方面。

①文化因素。文化指人类从生活实践中建立起来的价值观念、道德、理想和其他有意义的象征的综合体。每个人都是在一定的社会文化环境中成长，通过家庭和其他主要机构的社会化过程学到和形成了基本的文化观念。文化因素是决定人类欲望和行为的基本要素，文化的差异引起消费行为的差异，具体表现为服饰、饮食、起居、建筑风格、节日、礼仪等物质文化生活各个方面的不同特点。比如，中国人讲尊老爱幼，所以有了“再苦也不能苦孩子”的观念，这些观念也必然反映到消费上；讲孝道，一到逢年过节，保健品特别畅销。每种文化都由更小的亚文化组成，亚文化为其成员带来更明显的认同感。社会阶层是社会学家根据职业、收入来源、教育水平、价值观等对人们进行的一种社会分类，是按层次排列的、具有

同质性和持久性的社会群体，同一阶层的成员具有类似的价值观、兴趣和行为，在消费行为上相互影响并趋于一致。

②社会因素。社会因素主要包括参照群体，即对个人的态度与行为有直接或间接影响的所有群体，其主要包括直接参照群体和间接参照群体。

群体对消费者购买行为的影响主要包括：

第一，示范性。相关群体的消费行为和生活方式为消费者提供了可供选择的模式。

第二，仿效性。相关群体的消费行为引起人们的仿效欲望，即影响人们的商品选择。

第三，一致性。仿效使消费行为趋于一致。据研究，参照群体对汽车、摩托车、服装、香烟、啤酒、食品和药品的购买行为影响较大，对家具、冰箱、杂志等影响较弱，对洗衣粉、收音机等几乎没有影响。

③家庭因素。家庭成员在购买决策中的地位因素一般有三种：一是丈夫支配型；二是妻子支配型；三是共同支配型。随着社会的进步，妇女就业增多，妻子在购买决策中的地位越来越高，尤其在中国，许多家庭由丈夫支配型转变为妻子支配型。

④个人因素。个人因素包括年龄与人生阶段、职业、经济状况、个性、生活方式等，如各个年龄段的消费者所需要的商品都是不一样的，小时候只能吃婴儿食品，长大后吃各种各样的食品，老年后就得吃特殊食品。人们对住房、家具、家用电器的消费也是与年龄有关的。家庭的不同阶段也影响着消费。

⑤心理因素。心理因素包括：

第一，动机。动机是一种升华到足够强度的需要，它能够及时引导人们去探求满足需要的目标。最流行的人类动机理论是马斯洛的需要层次理论。

第二，感觉。一个受激励的人会随时准备行动，但具体如何行动则取决于他对情景的感觉程度。

第三，学习。学习是指由于经验而引起的个人行为的改变。通过把产品与消费者强烈的驱使力联系起来，利用刺激性的诱因并提供正面的强化手段来建立消费者对产品的需要。

第四，信念与态度。人们通过实践与学习获得自己的信念与态度，信念与态度反过来又影响人们的购买行为。信念是指一个人对某些事物所持的描述性的思想。关注人们头脑中对其产品所持有的信念，即本企业产品和品牌的形象。态度是指一个人对某些事物或观念长期持有的好与坏的认识上的评价、情感感受和行动倾向。态度导致人们对某一事物产生或好或坏的感情。

行为心理学的创始人沃森建立的“刺激反应”原理，指出人类的复杂行为可以被分解为刺激和反应两部分。人的行为是受到刺激的反应。刺激来自两方面：身体内部的刺激和体外环境的刺激，而反应总是随着刺激而呈现的。按照这一原理分析，从营销者角度出发，各个企业的许多市场营销活动都可以被视为对购买者行为的刺激，如产品改进、价格的变化、销售地点和场所的改变等各种促销方式。所有这些，我们称为市场营销刺激，是企业有意安排的、对购买者的外部环境刺激。

除此之外，购买者还受到其他方面的外部刺激，如经济、技术、政治和文化的刺激等。所有这些刺激进入了购买者的“暗箱”后，经过了一系列的心理活动，产生了人们看得到的购买者反应：购买还是拒绝接受，或是表现出需要更多的信息。如购买者一旦已决定购买，其反应即通过购买决策过程表现在购买者的购买选择上，包括产品的选择、厂牌选择、购物商店选择、购买时间选择和购买数量选择。

（2）客户购买行为的四个阶段。一个人的所有行为都是大脑对刺激物的反应，消费者购买商品也是如此，是大脑受到了某种刺激才会产生购买行为。而消费者受到刺激之后，要经过四个阶段，才能产生看得见的行为反应，或完成一次的购买行为。

①“不足之感”阶段。不足之感是指消费者在受到刺激之后，产生了缺少什么并由此需要此物（商品或劳务）的感觉，即消费需要。根据马斯洛的需要层次理论，消费者的某一层面的需要相对满足了，就会往高一层次发展，而追求更高一层次的需要就成为驱使消费者产生购买行为的动力。

②“求足之愿”阶段。求足之愿是指消费者在产生不足感之后，自然形成满足、弥补此不足的愿望，萌生购买动机，并希望通过购买产品来获得满足。同时，这种购买动机是可以诱导的。

③“购买行为”阶段。购买行为是指消费者为满足某种需要在购买动机的驱使下，以货币换取商品的行动。当然，在这之前消费者会根据需要先去了解、收集各种相关信息，并对可供选择的商品进行综合分析和比较，最后才作出是否购买的决策。

④“购后行为”阶段。购后行为是指消费者使用了产品、获得了相应的消费体验和对本次购买作出了评价之后采取的一系列行动。消费者如果消费体验好，会采取正面的行动，出现再购买行为；如反之，则会进行反面宣传，甚至劝阻他人购买等。而对于本次购买的产品，会采取出租、出借、束之高阁、折价处理、转赠他人、退货、抛弃等处理方式。

（3）客户购买行为类型。根据消费者购买行为的复杂程度和所购产品的差异程度进行划分：

①复杂的购买行为。如果消费者属于高度参与，并且了解现有各品牌、品种和规格之间具有的显著差异，则会产生复杂的购买行为。复杂的购买行为是指消费者购买决策过程的完成要经历大量的信息收集、全面的产品评估、慎重的购买决策和认真的购后评价等各个阶段。

②减少失调感的购买行为。减少失调感的购买行为是指消费者并不广泛收集产品的信息，并不精心挑选品牌，购买决策过程迅速而简单，但是在购买以后会认为自己所买产品具有某些缺陷或其他同类产品有更多的优点，进而产生失调感，怀疑原先购买决策的正确性。

③寻求多样化的购买行为。寻求多样化的购买行为是指消费者购买产品有很大的随意性，并不深入收集信息和评估比较就决定购买某一品牌的产品，在消费时才加以评估，但是在下次购买时又转换其他品牌。转换的原因是厌倦原口味或想试试新口味，是为了寻求产品的多样性而不一定是有不满意之处。

④习惯性的购买行为。习惯性的购买行为是指消费者并未深入收集信息和评估品牌，只是习惯于购买自己熟悉的品牌，在购买后可能评价也可能不评价产品。

根据消费者购买目标选定程度进行划分：

①全确定型。全确定型是指消费者在购买商品以前，已经有明确的购买目标，对商品的名称、型号、规格、颜色、式样、商标以及价格的幅度都有明确的要求。

②半确定型。半确定型是指消费者在购买商品以前，已有大致的购买目标，但具体要求还不够明确，最后购买需经过选择比较才能完成。

③不确定型。不确定型是指消费者在购买商品以前，没有明确的或既定的购买目标。

根据消费者购买态度与要求划分：

①习惯型。习惯型是指消费者由于对某种商品或某家商店的信赖、偏爱而产生的经常、反复的购买。由于经常购买和使用，他们对这些商品十分熟悉，体验较深，再次购买时往往不再花费时间进行比较选择，注意力稳定、集中。

②理智型。理智型是指消费者在每次购买前对所购的商品要进行较为仔细的研究比较。他们在购买时感情色彩较少，头脑冷静，行为慎重，主观性较强，不轻易相信广告、宣传、承诺、促销方式以及售货员的介绍，主要比较商品质量、款式。

③经济型。经济型是指消费者购买时特别重视价格，对于价格的反应特别灵敏。购买时，无论是选择高档商品还是选择中低档商品，首选的是价格，他们对大甩卖、清仓、血本销售等低价促销最感兴趣。一般来说，这类消费者的购买行为与自身的经济状况有关。

④冲动型。冲动型是指消费者容易受商品的外观、包装、商标或其他促销努力的刺激而产生的购买行为。购买一般都是以直观感觉为主，从个人的兴趣或情绪出发，喜欢新奇、新颖、时尚的产品，购买时不愿做反复的选择比较。

⑤疑虑型。疑虑型是指消费者具有内倾性的心理特征，购买时小心谨慎、疑虑重重。购买一般缓慢、费时较多，常常是"三思而后行"，会犹豫不决或中断购买，购买后还会疑心是否上当受骗。

⑥情感型。这类消费者的购买多属情感反应，往往以丰富的联想力衡量商品的意义，购买时注意力容易被转移，兴趣容易变换，对商品的外表、造型、颜色和命名都较重视，以是否符合自己的想象作为购买的主要依据。

⑦不定型。这类消费者的购买多属尝试性，其心理尺度尚未稳定，购买时没有固定的偏爱，在上述六种类型之间游移，这种类型的购买者多数是独立生活不久的青年人。

根据消费者购买频率划分：

①经常性购买行为。经常性购买行为是指购买行为中最为简单的一类，指购买人们日常生活所需、消耗快、购买频繁、价格低廉的商品，如油、盐、酱、醋、洗衣粉、牙膏、肥皂等。购买者一般对商品比较熟悉，加上价格低廉，人们往往不必花很多时间和精力去收集资料和进行商品的选择。

②选择性购买行为。这一类购买的消费品单价比日用消费品高，价格多在几十元至几百

元；购买后使用时间较长，消费者购买频率不高，不同的品种、规格、款式、品牌之间差异较大，消费者购买时往往愿意花较多的时间进行比较选择，如服装、鞋帽、小家电产品、手表、自行车等。

③考察性购买行为。消费者购买价格昂贵、使用期长的高档商品多属于这种类型，如轿车、商品房、成套高档家具、钢琴、电脑、高档家用电器等。消费者购买该类商品时十分慎重，会花很多时间去调查、比较、选择。消费者往往很看重商品的商标品牌，大多是认牌购买；已购消费者对商品的评价对未购消费者的购买决策影响较大；消费者一般在大商场或专卖店购买这类商品。

（4）内在因素。影响消费者购买行为的内在因素很多，主要有消费者的个体因素与心理因素。购买者的年龄、性别、经济收入、受教育程度等因素会在很大程度上影响消费者的购买行为。消费者心理是消费者在满足需要活动中的思想意识，它支配着消费者的购买行为。影响消费者购买的心理因素有动机、感受、态度、学习。

（5）外在因素。

①相关群体是指那些影响人们的看法、意见、兴趣和观念的个人或集体。研究消费者行为可以把相关群体分为两类：参与群体与非所属群体。

②参与群体是指消费者置身于其中的群体，有两类：一类是主要群体，是指个人经常性受其影响的非正式群体，如家庭、亲密朋友、同事、邻居等；另一类是次要群体，是指个人并不经常受到其影响的正式群体，如工会、行业协会等。

③非所属群体是指消费者置身事外，但对购买有影响作用的群体。非所属群体包括两类：一类是期望群体，另一类是游离群体。期望群体是个人希望成为其中一员或与其交往的群体，游离群体是遭到个人拒绝或抵制，极力划清界限的群体。

（6）决策过程。消费者在购买中一般经过确认需要、信息收集、方案评价、购买决策、购后行为五个阶段。但并一定都经历这五个阶段，对参与程度低的产品，消费者会跳过某些阶段。如购买一支牙膏，用不着收集信息。

①确认需要。购买过程始于购买者对需要的确认。当购买者意识到自己的实际状态与期望状态之间存在差异，就要确认需要。这个需要可以由内部刺激引起，如饿了就要买东西吃。需要也可以由外部引起，某人路过面包房，就有可能刺激食欲。

②信息收集。需要已经激发的消费者，下一个步骤可能就是收集信息。信息来源一般分为四类：个人来源（家庭、朋友、邻居、熟人）；商业来源（广告、推销员、经销商、包装、展览）；公共来源（大众媒体、消费者评价机构）；经验来源（产品的操作、检查与使用）。

一般来说，消费者收集信息的主要来源是商业来源，最有效的信息来源是个人来源。商业来源起告知作用，个人来源起认定和评价作用。

③方案评价。消费者在获得全面的信息后，会根据这些信息和一定的评价方法对同类产品的不同品牌进行评价。一般涉及三个方面：第一，产品属性，指产品所具有的能够满足消费者需要的特性。而这些属性往往表现为属性的集合，如冰箱制冷效率高、耗电少、噪声

低、经久耐用。第二，品牌信念，指消费者对某品牌优劣程度的总的看法。每一品牌都有一些属性，消费者对每一属性实际达到了何种水平给予评价，然后将这些评价联系起来，就构成他对该品牌优劣程度的总的看法，即他对该品牌的信念。第三，效用要求，指消费者对该品牌每一属性的效用应当达到何种水平的要求，或者说，该品牌每一属性的效用必须达到何种水平他才会接受。明确了以上三个问题之后，消费者会有意或无意地运用一些评价方法，对不同品牌的产品进行评价和选择。

④购买决策。消费者经过产品评估后，会形成一种购买意向，但不一定导致实际购买，从购买意向到实际购买还有一些因素介入，如他人态度、意外因素等。

⑤购后行为。消费者在购买后，会通过商品使用过程检验自己购买决策的正确性，确认满意度，作为以后购买活动的参考。

在了解了客户一般购买行为及其影响因素之外，网创者还应熟悉网络消费者的购买行为。

8. 网络消费者购买行为分析

消费者是从占有和使用商品的过程中获得价值的最终用户。随着生活水平的提高、生活节奏的加快，消费者的购买行为发生了极大的变化，时间因素已经成为现代消费者最关切的问题，因此节省消费者的时间和精力是现代零售商店吸引消费者、创造财富的最佳武器，提高购物效率和方便程度也成为现代零售业的竞争战略之一。

电子商务正是迎合了现代消费者和零售商的这种要求，因而得到了快速、蓬勃的发展。然而，电子商务市场与传统实体市场有着很大的不同。诸如文化和环境上的差异，导致了网络消费者的购买行为与传统消费者的购买行为存在着较大的不同。网络消费者是指通过互联网在电子商务市场中进行消费和购物等活动的消费者人群。在电子商务环境下，网络消费者购买行为所产生的较大变化，使网络零售商不得不重新寻找适合网络销售的营销战略和营销工具，应在对网络消费者购买行为的认识和分析研究的基础上制定不同的网络营销战略，对网络营销工具进行取舍。如果仅仅将传统的营销战略或营销工具照搬到网络营销中，网络零售商的决策就可能会发生重大的偏差或失误。

以下将从网络文化、网络消费者个人因素和网络零售商店气氛设计这三方面对网络消费者购买行为加以分析。

（1）网络文化的影响。文化可以被定义为某个人群共同具有的关于价值、信仰、偏好和品位等的一套整体观念，它对消费者购买行为具有最广泛和最深远的影响。不同的国家和民族有着不同的文化，具有不同文化背景的消费者将形成各自不同的价值观、信仰、审美观念、生活方式等，从而也就导致了千差万别的消费行为。

互联网的出现和发展，形成了独具特色的网络族群和网络文化。由于对互联网的访问需要具备计算机、网络以及其他一些相关的基础知识和相应的条件，使互联网用户与一般人群在统计特征上形成了较大的差别。从统计资料中可以看出，互联网用户以年轻人为主，大多数人都接受过大学（包括大专）以上的高等教育，平均收入水平要略高于总人口平均收入水平，该类人以从事的职业以信息技术、科研、教育、咨询服务等为主。这些互联网用户借助网络进行交流和沟通，逐渐形成了普遍认同的网络文化，比如网络礼节、对开放和自由的信仰以及对创新和独特的事物的偏好等。

在互联网中还存在着诸多的亚网络族群和相应的亚网络文化，比如那些出于共同的兴趣或爱好（网络游戏、音乐等）而形成的新闻组、虚拟社区、聊天室等，这些亚网络族群中的成员往往具有相同的网络价值观并且遵循相同的网络行为准则。网络文化虽然只存在于虚拟的网络空间中，但必然会影响到网络消费者的实际消费行为。随着电子商务向纵深发展，网络消费者的结构变得较为复杂，网络文化开始表现出丰富多样性的特征，影响消费行为也趋向于多样化，所购买的商品中信息技术类产品的比例逐渐下降，而其他种类产品的比例则逐渐上升，商品组合开始出现多元化的趋势。

（2）网络消费者个人因素的影响。网络消费者的行为或购买决策不仅会受到网络文化的影响，而且会受其个人特征的影响，诸如性别、所处年龄阶段、受教育程度、经济收入、个性以及使用互联网的熟练程度等方面都会对此产生一定的作用。

①性别。在传统实体市场中，男女的购物行为存在着较大的不同，这种不同也同样出现在电子商务市场中。比如，男性网络消费者在购物时理性成分居多，往往在深思熟虑之后才作出购买决策，而女性网络消费者购物时的感性成分则比较多，往往在浏览到自己喜欢的商品时就会下意识地放入购物车中。另外，男性网络消费者的自主性较强，他们往往会自己去寻找关于商品价格、质量、性能等方面信息的资料，然后作出判断；而女性网络消费者的依赖性则较强，当她们作出购物决策时往往会比较在意其他人的意见或评价。

②年龄阶段。互联网用户的主体是年轻人，处于这一年龄阶段的消费者思想活跃、好奇、冲动、乐于表现自己，既喜欢追逐流行时尚，又喜欢展现独特的个性，这些特征在消费行为上表现为时尚性消费和个性化消费两极分化的趋势，因此在电子商务市场中一些时尚性或个性化的商品就更受消费者欢迎。

③受教育程度和经济收入的影响。因为受教育程度和经济收入水平具有正相关关系，因此将这两种因素对网络消费者行为的影响放在一起讨论。统计数据表明，互联网用户中大多数人都接受过高等教育，平均收入水平要略高于总人口水平，那么网络消费者的受教育程度和收入水平是如何影响其消费行为的呢？因为网络消费者的受教育程度越高，在了解和掌握互联网知识方面的困难就越低，也就越容易接受网络购物的观念和方式，越是受过良好的教育，网络购物的频率就越高。另外，绿地在线公司的研究发现，网络消费者的收入越高，在网上购买商品的次数也就越多。

④使用互联网的熟练程度。网络消费者对互联网的熟悉程度或使用熟练程度同样也会影响其行为，为了便于分析，此处仅从网络消费者的每周上网时间角度进行分析。当消费者刚刚接触网络时，对互联网的认识还处于比较低的水平，操作应用也并非很熟练，这时的消费者对互联网充满兴趣和好奇，其行为主要是通过实践和学习力求认识和掌握更多的互联网知识。但由于对互联网还存在比较高的恐惧心理，因此网络购物行为发生的比率较低。随着消

费者每周上网时间的增加，对互联网越来越熟悉，操作应用也越来越熟练，消费者对互联网的恐惧心理也逐渐降低，这时的消费者把互联网看成一种日常事物，并开始进行各种各样的网络购物活动。随后网络消费者的行为就开始出现分化：

一部分消费者由于开始时的新奇和神秘感已逐渐消退，就会逐渐削减每周的上网时间直至某一固定水平，只在必要时才会上网，并且形成了固定的浏览网站（网络商店）和消费习惯，这里把这部分消费者称为喜新厌旧者。

另一部分消费者仍在互联网上花费大量的时间，他们把网络空间看作现实社会的替代品，在互联网上学习、交流、消费购物、娱乐等，因为他们认为可以在网上找到更多的乐趣，这里把这部分消费者称为网络滞留者。

（3）网络零售商店气氛设计的影响。商店气氛通常是指商店用来树立形象和招徕顾客的物质特征。商店在门面外观、店内布局、商店陈列等方面的不同会营造出不同的气氛，并且会直接影响消费者的心理感受或情绪，从而导致消费者的行为出现较大的变化。在电子商务市场中，网络零售商店由于没有如同传统零售商店那样的实体依托，因此很多经营者会忽视商店气氛营造的问题，但实际上这一问题对网络零售商店依然重要，在网络商店中这一功能就转化为"帮助菜单"和"常见问题表"，如果某一网络商店的网站上没有这两项基本要件，就会使该网络商店缺乏服务顾客的气氛。

第一，商店界面设计的影响。传统实体商店可以通过门面装潢来展示自己与众不同的形象，从而吸引消费者的光顾。对于网络零售商店来说，由于其没有实体建筑物的依托，与网络空间一样，它的存在其实只是一种虚拟的想象中的概念，显示在网络消费者计算机终端上的万维网页，网页是网络零售商店与网络消费者相互交换信息和执行各种交互活动的媒介，因此称为网络零售商店的界面。由此可见，网络零售商店的网站界面设计的好坏将会对网络消费者的第一印象产生重要影响，很难想象一个界面设计混乱、不协调的电子商务网站会吸引网络消费者的注意并成功引导消费者浏览、购物。通常网络零售商店网站界面设计得优良与否将会使网络消费者产生以下几种行为。

①立刻离开。当消费者访问某个网络零售商店时，若网站界面设计与消费者的审美观严重相左，或者页面设计过分复杂导致出现严重的传输延迟现象时，消费者会毫不犹豫地离开。

②浏览网站的界面设计引起了消费者一定的兴趣，但消费者仅仅在网络商店中浏览而没有发生购买行为，或者消费者浏览后导致了延迟的购买行为即消费者在浏览了后继的其他网站后又重回到该网络商店购买商品的行为。

③浏览并购买。消费者在浏览网络零售商店的过程中，网站的界面设计刺激消费者产生了某种需求并引起相应的购买行为。

由此可见，一个有效的网络零售商店的网站界面设计应当能够促使网络消费者产生后两种行为，网络零售商店的优势在于其完全可以利用现有的信息技术达到这一目的。另外，还可以使用数据库技术记录消费者的年龄、性别、爱好、购买偏好等个人资料信息，针对这些不同的信息为消费者提供不同的交互式购物界面，消费者也可以利用网站提供的软件程序定制自己所喜爱的风格的界面，极强的针对性和互动性提高了达成交易的概率，而这些在传统的零售商店中是不可能实现的。

第二，商品陈列的影响。传统型商店可以通过不同的商品陈列方式达到展示商品和吸引消费者购买的目的，但是在虚拟的网络空间中没有了实体店货架的概念，取而代之的则是网页、商品分类目录和店内商品搜索引擎，所列出的也不再是商品的实体，而是有关该商品的说明介绍和图片等，这必然也会影响到网络消费者的行为。在网络零售商店中，商店实体和商品的说明介绍以及其他相关资料是分离的，消费者无法像在传统的商店中购物那样，通过与商品实体的直接接触来了解商品的质量和适用性。比如在传统的服装商店中，消费者可以通过触摸来了解衣服的质地，通过试穿以了解衣服是否合身等。网络零售商店对单个商品的介绍只能依赖于文字说明和图片信息，这些资料是否详细会极大地影响网络消费者的购买决策，一个文字说明太少而且图片模糊不清的商品很难激起消费者的购买欲望。

另外，网络零售商店还可以利用信息技术来完成传统商店无法完成的功能，例如，提供店内商品搜索引擎，甚至允许第三方比较购物代理对本店商品进行搜索和比较，这些新功能将会使网络消费者的行为出现变化。一般来说，消费者是“认知吝啬”的，即消费者会尽量降低认知的努力程度。因为在认知过程中，信息搜索、评价、比较以及决策思考都需要花费时间和精力，也就是说消费者的认知过程是有机会成本的，这一机会成本的高低随着个人条件的不同而不同，消费者购物的总成本是商品价格和其机会成本的总和。

在传统实体市场中，由于消费者认知的机会成本非常高，因此消费者的购物决策往往是选择基本符合自己需要和偏好的商品；在电子商务市场中，通过使用网络商店自有的搜索引擎或第三方比较购物代理等一些智能化的工具，极大地节省了购物所花费的时间和精力，网络消费者认知的机会成本显著降低，从而能够作出更符合自己需要和偏好的购物决策，提高了购物决策的质量和效率。例如，在消费者搜索信息阶段，比较购物代理会根据用户注册的个人信息寻找符合其偏好的产品，使消费者可以直接进入对选择品牌组进行深入评价和比较的过程，而不必经历对全部品牌组、知晓品牌组和考虑品牌组的搜寻过程。

总之，在电子商务市场中，消费者的行为发生了极大的变化，既有文化变迁的因素，也有消费者个人因素，还包括零售商店转型因素的影响等。电子商务的发展现在勃勃生机，随着电子商务继续深入发展，这些因素的影响必将越来越突出。相信会有越来越多的电子商务理论研究者和实践应用者关注这一问题。

2.2.2 技能要点

在了解了产品核心价值与附加值甄别理论及方法后，下面选择淘宝网平台进行讲解。在淘宝网平台，一些店家在就其销售的产品进行描述时，会描述产品的核心价值及附加值。

利用淘宝平台数据进行分析。

第一步：在浏览器地址栏内输入“www.taobao.com”。

第二步：在淘宝搜索栏内输入“连衣裙”。

第三步：任意选择一家店铺。

第四步：单击选中店铺中的商品。

第五步：浏览该店铺对“连衣裙”的描述，尤其关注关于商品核心价值和附加值的描述。

第六步：重复第三至第五步，找 10 家店铺，分析店家对“连衣裙”的商品详情描述。

2.3 同步训练

2.3.1 任务描述

1. 任务名称

“连衣裙”核心价值与附加值的甄别

2. 任务导图

产品核心价值与附加值的甄别任务导图见图 2-2-2。

图 2-2-2　产品核心价值与附加值的甄别任务导图

3. 任务要求

按照 2.3.2 实施步骤，分析你所选产品的核心价值、产品附加值、产品品牌及用户购买行为，再用淘宝网平台中多家店铺的商品详情描述归纳总结出网创产品的核心价值与附加值。同时，通过对这些店铺的销量及买家评价，分析产品品牌和用户购买行为及其目的。

2.3.2 实施步骤

第一步：用产品层次理论分析“连衣裙”核心价值。

第二步：分析“连衣裙”的附加值。

第三步：分析“连衣裙”用户购买的动机。

第四步：分析淘宝店铺中其他商家的商品详情。

第五步：分析品牌、评价对销量的影响。

自主学习

任务 3 网创市场调查

3.1 引导任务

应用所学有关知识和技能，对华为手机某款产品通过淘宝网等平台进行进一步的网上调查。调查该华为手机市场占有率、销售趋势、销量、竞争对手及相关华为手机竞争对手竞争力的情况，形成初步的华为手机网上市场调查报告。

分析：

网上调查以下内容：

（1）该手机市场占有率、销售趋势、销量、销售量排行榜；

（2）同类及不同类产品的销售店铺数量及销量；

（3）替代品。

3.2 支撑知识与技能

《孙子·谋攻篇》中说：“知彼知己，百战不殆。”即对敌我双方情况都了解透彻，打起仗来百战就不会有危险，以实现“运筹于帷幄之中，以决胜于千里之外”。而“决胜千里”无疑需要开拓创新的精神和迎难而上的勇气。《荀子·劝学》中说：“不登高山，不知天之高也；不临深溪，不知地之厚也”；毛泽东说：“没有调查就没有发言权。”全面分析目标市场，有效开发目标客户是创业的第一步，其中蕴含的思政元素是“坚持知己知彼，勇于开拓创新”。

为完成本任务的学习，需掌握占有率、销售趋势、网上销量概念，同时学会市场调查方法、网创细分目标客户和网创竞争对手调查的技能，解决网创市场调查问题。

3.2.1 知识要点

1. 占有率

市场占有率又名市场份额，其定义为某一时间某一个公司的产品（或某一种产品），在同类产品市场销售中占的比例或百分比。市场占有率是判断企业竞争水平的重要因素。在市场大小不变的情况下，市场占有率越高的公司，其产品销售量越大。同时，由于规模经济的作用，提高市场占有率也可降低单位产品的成本、增加利润率。它在很大程度上反映了企业的竞争地位和盈利能力，是企业非常重视的一个指标。

市场占有率具有两个方面的特性：数量和质量。市场占有率的大小只是它在数量方面的特征，是它在宽广度方面的体现。市场占有率的质量，是对市场占有率优劣的反映。市场占有率数量一般有两类表示方法：一类是用企业销售占总体市场销售的百分比表示，另一类是用企业销售占竞争者销售的百分比表示。市场占有率质量是指市场份额的含金量，它是能够给企业带来的利益总和。这种利益除了现金收入之外，也包括了无形资产增值所形成的收入。衡量市场占有率质量的标准主要有两个：一个是顾客满意率，另一个是顾客保持率。顾客满意率和顾客保持率越高，市场份额质量也就越好；反之，市场份额质量就越差。

2. 销售趋势

销售趋势是指所销售的产品的数量随着时间不断变化的曲线，其轨迹酷似一系列前仆后继的波浪，具有明显的波峰和波谷，所谓的趋势正是由这些波峰和波谷上升或下降所构成的。

3. 销量

销量是指产品在一段时期内销售的数量，而衡量网店的销售情况还有如下指标：

销售额＝流量 × 转化率 × 客单价

关于流量、转化率、客单价等网店专业术语解释如下：

（1）流量：流量通常是指网站访问量，网站流量统计主要指标包括独立访问者数量、重复访问者数量、页面浏览数、每个访问者的页面浏览数、用来表示用户行为的指标，即反映用户是如何来到网站、在网站上停留了多长时间、访问了哪些页面等，主要的统计指标包括用户在网站的停留时间、用户来源网站。

（2）CTR：互联网广告常用的术语，是 Click-Through Rate 的英文缩写，指网页的广告点击率。CTR 是衡量互联网广告效果的一项重要指标。

CTR＝点击量 / 展示量

（3）PV：网页被浏览的总数，即 Page View。一个用户有可能创造十几个甚至更多的 PV，用户每次刷新即被计算一次。PV 的计算是目前判断网站访问流量最常用的计算方法之一，PV 是反映一个页面受欢迎程度的重要指标之一。

（4）UV：独立访客（Unique Visitor）访问网站的一个电脑客户端为一个独立访客，一天内相同的客户端只被计算一次。

（5）转化率：所有到达店铺并产生购买行为的人数和所有到达该店铺的人数的比率。

转化率＝（产生购买行为的客户人数 / 所有到达店铺的访客人数）×100%

（6）客单价：在一定时期内，每位顾客消费的平均价格。

客单价＝销售总额 / 顾客总数

或

客单价＝销售总金额 / 成交总笔数

（7）跳失率：无论访客通过何种方式到达目标页面，之后没有继续访问该网站的其他页面立即离开。它是数据分析的一个重要指标。计算方法为：

跳失率＝只浏览一个页面就离开访问次数 / 该页面的全部访问次数

（8）访问深度：用户在网站上访问页面的数量。访问页面越多，访问深度越高。

4. 市场调查

（1）市场调查的概念。市场调查就是指运用科学的方法，有目的地、有系统地收集、记录、整理有关市场营销的信息和资料，分析市场情况，了解市场的现状及其发展趋势，为市场预测和营销决策提供客观的、正确的资料。常见的市场调查有：消费者调查、市场观察、产品调查和广告研究。市场调查有四种常用的手法：定性营销研究、定量营销研究、观察上的技术和实验性的技术。市场调查的目的是寻找目标顾客进而做到细分市场，同时了解竞争对手。

（2）市场调查的内容。市场调查的内容很多，有市场环境调查，包括政策环境、经济环境、社会文化环境的调查；有市场基本状况调查，主要包括市场规范、总体需求量、市场的动向、同行业的市场分布占有率的调查等；有销售可能性调查，包括现有和潜在用户的人数及需求量、市场需求变化趋势、本企业竞争对手的产品在市场上的占有率、扩大销售的可能性和具体途径的调查等；还可对消费者及消费需求、企业产品、产品价格、影响销售的社会和自然因素、销售渠道等开展调查。市场调查的内容涉及市场营销活动的整个过程，主要包括：

①市场环境调查。市场环境调查主要包括经济环境、政治环境、社会文化环境、科学环境和自然地理环境等。具体的调查内容可以是市场的购买力水平，经济结构，国家的方针、政策和法律法规，风俗习惯，科学发展动态，气候等各种影响市场营销的因素。

②市场需求调查。市场需求调查主要包括消费者需求量调查、消费者收入调查、消费结构调查、消费者行为调查，包括消费者为什么购买、购买什么、购买数量、购买频率、购买时间、购买方式、购买习惯、购买偏好和购买后的评价等。

③市场供给调查。市场供给调查主要包括产品生产能力调查、产品实体调查等。具体为某一产品市场可以提供的产品数量、质量、功能、型号、品牌等，生产供应企业的情况等。

④市场营销因素调查。市场营销因素调查主要包括产品、价格、渠道和促销的调查。产品的调查主要有了解市场上新产品开发的情况、设计的情况、消费者使用的情况、消费者的评价、产品生命周期阶段、产品的组合情况等。产品的价格调查主要有了解消费者对价格的接受情况，对价格策略的反应等。渠道调查主要包括了解渠道的结构、中间商的情况、消费者对中间商的满意情况等。促销活动调查主要包括各种促销活动的效果调查，如广告实施的效果、人员推销的效果、营业推广的效果和对外宣传的市场反应等。

⑤市场竞争情况调查。市场竞争情况调查主要包括对竞争企业的调查和分析，了解同类企业的产品、价格等方面的情况，它们采取了什么样的竞争手段和策略，通过调查帮助企业确定企业的竞争策略。

（3）市场调查的常用方法。市场调查的方法主要有观察法、实验法、访问法和问卷法。在当下网络时代，也经常使用互联网调查法通过互联网做市场调查。

①观察法。观察法是社会调查和市场调查研究的最基本的方法。它是由调查人员根据调

查研究的对象，利用眼睛、耳朵等感官以直接观察的方式对其进行考察并收集资料。例如，市场调查人员到被访问者的销售场所去观察商品的品牌及包装情况。

②实验法。实验法是指有调查人员跟进调查的方法。采用实验法，一般将调查的对象控制在特定的环境条件下，对其进行观察以获得相应的信息。控制对象可以是产品的价格、品质、包装等，在可控制的条件下观察市场现象，揭示在自然条件下不易发现的市场规律，这种方法主要用于企业做市场销售和消费者使用实验。

③访问法。访问法分为结构式访问、无结构式访问和集体访问。结构式访问是实现设计好的、有一定结构的问卷的访问。调查人员要按照事先设计好的调查表或访问提纲进行访问，要以相同的提问方式和记录方式进行访问。提问的语气和态度也要尽可能地保持一致。无结构式访问是没有统一问卷，由调查人员与被访问者自由交谈的访问。它可以根据调查的内容进行广泛的交流。例如，对商品的价格进行交谈，了解被调查者对价格的看法。集体访问是通过集体座谈的方式听取被访问者的想法，收集信息资料。集体访问可以分为专家集体访问和消费者集体访问。

④问卷法。问卷法是通过设计调查问卷，让被调查者填写调查问卷的方式获得调查对象的信息。在调查中将调查的资料设计成问卷后，让接受调查的对象将自己的意见或答案填入调查问卷中。一般在进行的实地调查中，问卷法采用最广；同时，问卷法在目前网络市场调查中也运用得较为普遍。

⑤互联网调查法。互联网调查，也称网上市场调查，是指在互联网上针对特定营销环境进行简单调查设计、收集资料和初步分析的活动。网上市场调查有以下两种方式：

一是网上直接调查，即利用互联网直接进行问卷调查等方式收集一手资料，就是在网上利用问卷直接进行调查。

二是网上间接调查，即利用互联网的媒体功能，从互联网收集二手资料。由于越来越多的传统报纸、杂志、电台等媒体以及政府机构、企业等纷纷在网上活动，因此网上成为信息海洋，信息蕴藏量极其丰富，关键是如何发现和挖掘有价值的信息，而不再是像过去一样苦于找不到信息。

（4）网上市场调查的特点。网上市场调查的实施可以充分利用互联网作为信息沟通渠道的开放性、自由性、平等性、广泛性和直接性的特性，使网上市场调查具有传统的一些市场调查手段和方法所不具备的一些独特的特点。网上市场调查的特点如下：

①及时性和共享性。网上调查是开放的，任何网民都可以进行投票和查看结果，而且投票信息经过统计分析软件初步处理后，可以马上查看到阶段性的调查结果。

②便捷性和低费用。实施网上调查节省了传统调查中耗费的大量人力和物力。

③交互性和充分性。网络的最大好处是交互性，因此在网上调查时，被调查对象可以及时就问卷相关问题提出自己更多的看法和建议，可以减少因问卷设计不合理而导致的调查结论偏差。

④可靠性和客观性。实施网上调查，被调查者是在完全自愿的原则下参与调查，调查的

针对性更强，因此问卷填写信息可靠、调查结论客观。

⑤无时空、地域限制。网上市场调查是24小时全天候的调查，这就与受区域制约和时间制约的传统调研方式有很大不同。

⑥网创市场调查与传统商务相比，其特点是能从电子商务平台采集和分析数据，可更加精准、全面地分析产品、用户及营销整个流程的市场情况。

在当今大数据时代，数据对电子商务的价值是不言而喻的。通过对淘宝平台各种数据的分析，可以对客户作如下分析：

①客户价值分析。通过分析客户对企业业务所构成的贡献，并结合投入产出进行分析，计算客户对企业的价值度，然后根据价值度的大小，用分类或聚类的方法来划分客户群，以便对客户实施有差异的服务。

②产品客户价值分析。分析客户对某种产品业务量的贡献，使用的方法与客户价值分析基本相同。通过对产品客户价值分析，不仅有利于该产品的经营管理者有区别地做好客户服务，而且可以为该产品的营销提供相对准确的目标客户群。

③客户保持。采用聚类（分类）和关联分析技术，可将客户群分为5类：高价值稳定的客户群、高价值易流失的客户群、低价值稳定的客户群、低价值易流失的客户群、没有价值的客户群。

5. 竞争对手调查

对市场进行调查，只了解你的潜在顾客的情况还不够，你还需要了解竞争对手的情况。了解竞争对手做生意的方法，可以帮助你去琢磨怎样使你企业的想法变成现实。注意：不要把竞争对手当作敌人，他们也许是你的良师益友。

（1）竞争对手。狭义的竞争对手是指向同一市场范围内，与你提供相同或类似产品或服务并有竞争的企业。例如，品牌智能手机商之间的竞争。广义的竞争对手是指为目标顾客提供不同类别产品，但同样能使目标顾客实现期望或利益的产品的企业。例如，经营不同手提电脑品牌的企业互为竞争对手，那么经营手提电脑的企业与经营材料纸张的企业之间呢？可见企业竞争一般都在产业内同类产品或服务之间角逐，竞相升级自己的竞争优势。

（2）竞争因素。任何产业内的竞争都包含以下五种因素：新加入者的威胁、替代品或替代服务的威胁、供应商的谈判力量、客户的谈判力量、与现有竞争对手竞争。

五种竞争因素明确了竞争与市场吸引力的结构性因素。当一个市场中已经包含了多个强大的竞争对手，或新加入者大量增加，或已出现了许多替代品，或存在很多的替代品，或购买者议价的能力与技巧非常娴熟，供应商的垄断与谈判等情况出现时，你基本就要考虑其他目标市场了。

（3）竞争与市场定位。企业定位的核心就是“竞争优势”。企业从竞争的角度确定市场，既要研究与众不同的定位，又要通过创新活动价值来实现。一般需通过以下模型图（见图2-3-1）实现。

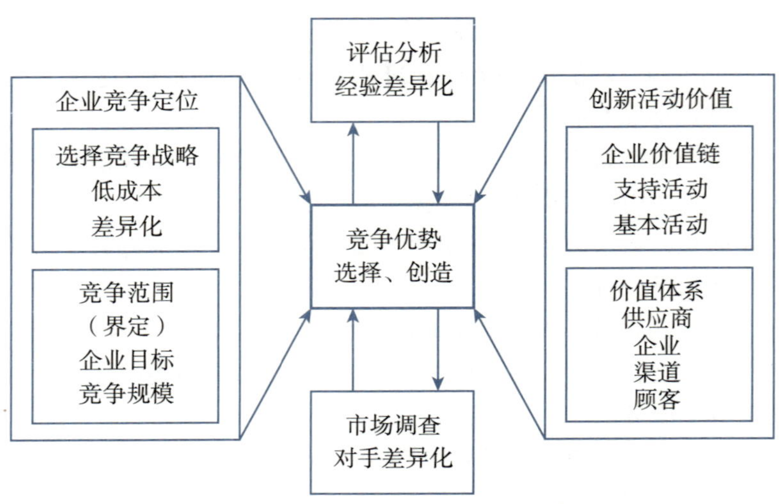

图 2-3-1　实践竞争优势模型

（4）企业竞争定位。从长远看，成功的企业通常比竞争者有更持久的竞争优势。这种竞争优势战略一般分为两类：低成本竞争和差异化竞争战略。事实告知企业定位首选的因素就是选择一种有优势的竞争战略；企业市场定位的第二个重要因素是界定竞争范围。

选择战略。企业如果决定低成本竞争，必须维持产品的基本质量和服务，才能避免陷入价格战而抵消成本的优势。你就要能更有效地设计、生产及营销产品，而当产品或服务价格差不多时，成本低就意味着利润更高。差异化竞争的目的在于为独特客户提供优异的价值。它是通过产品性能、可靠度、满意服务、支持体验等方面满足目标顾客需求实现的，后台是靠严格控制设计、质量、专业功能或售后服务等各个流程实现的，图的是产品卖个好价格，从而提高获利水平。但是要注意的是，与竞争者的成本差距不宜过大，以避免能接受产品高价格的顾客太少。一般性战略见图 2-3-2。

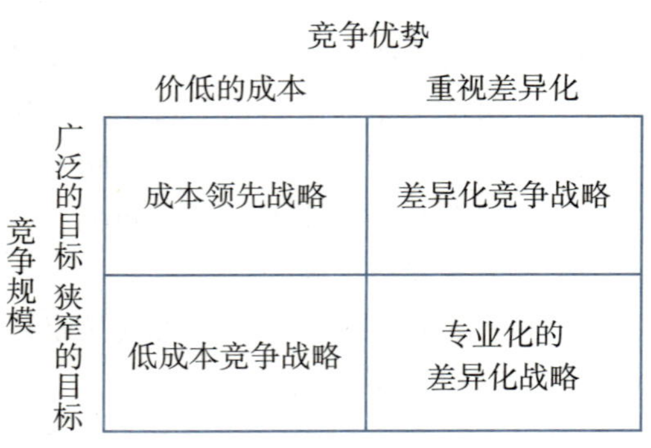

图 2-3-2　一般性战略

一般性战略强调的竞争优势是核心。企业选用它时，必须先设定竞争优势与将来所能达到的规模。必须要注意的是，企业最容易犯的战略错误是“夹在中间”，或妄想使用所有战略。很多企业希望自己同时具备比竞争者更低的成本及明显的产品差异，这有可能但非常困难。企业只有增加投资，才有可能实现产品的差异、质量的优异、功能和良好的服务，借助改进技术或生产方式以降低成本和实现产品差异，达到一箭双雕的目的。然而由于效仿、模仿或复制的速度太快了，你还得两头选一头。这也就充分说明，企业定位最好选一种有优势的战略。

界定竞争范围。企业市场定位的第二个重要因素是界定竞争范围，也就是明确企业的目标。竞争的规模包括产品的类别、销售渠道、客户类型及相互竞争的同行。创业之初应更加聚焦目标，获取单一目标竞争规模内的经验，沉淀并厚积企业实力，为拓展做好准备工作。

（5）创新价值活动。企业的竞争优势是在整合并组织各种活动中实现的。企业相关的竞争活动如图 2-3-3 所示。

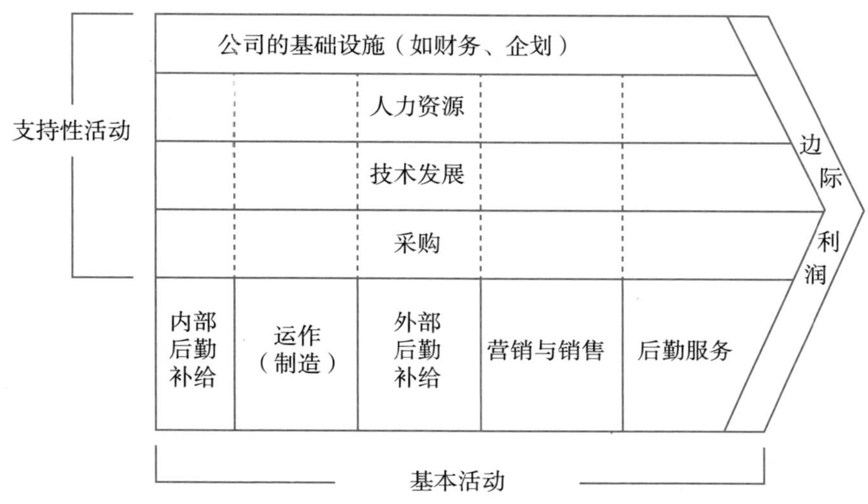

图 2-3-3 企业相关的竞争活动

企业在激烈的竞争中获得优势，必须向自己的顾客提供更有竞争力的价值，必须提高各种活动的效率，或者设计独特的活动方式及提供更好的产品或服务的价格。战略的价值在于指导企业从事各种活动并组织实现完整的价值链。创业者要清楚地知道，产品的成本远不止狭义的制造成本，还包括产品设计、开发、营销、售后服务等成本。服务业也是如此，提供的服务虽无形，但它是以活动的形式体现出来的，一次服务的成本远不是局限在现场活动的成本，同样包括活动设计、开发、营销、售后服务等成本。所以要实现完整的价值链，还要把它放进价值体系（见图 2-3-4）中来明确。

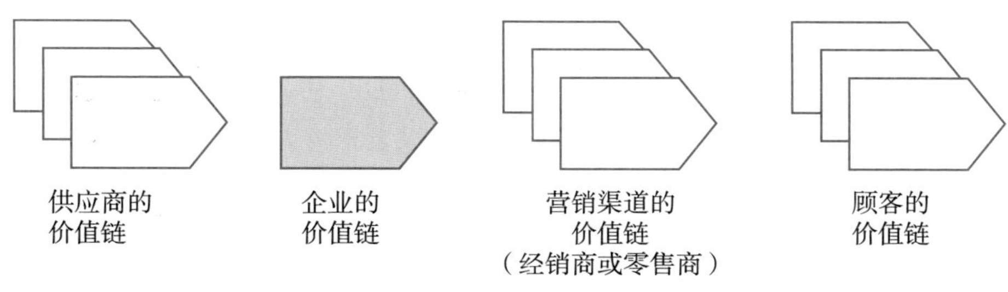

图 2-3-4 企业价值体系

从图 2-3-4 可以看出，供应商、企业、营销渠道和顾客的价值链这四者的价值具有相互依赖性，能否有效运用好你的价值体系是建立竞争优势的关键。这就要求创业者必须深度思考以下问题：

（1）如何选择供应商？如何采购？订货水平是多少？

（2）企业的使命、人力资源结构、企业计划、财务都是什么样子？

（3）如何选择建立并管理好营销渠道？与渠道、顾客的利益关系如何平衡？

（4）如何做好市场营销工作？如何与顾客建立稳固的互动关系？

（5）如何做好企业的财务分析，为经营管理提供准确的决策依据？

（6）如何发挥作业的协调性以减少时间成本？

创新是竞争优势的源泉。寻找竞争优势最关键的行动就是“创新”。这里的创新是指广义的创新，包括改善技术、改进操作方法、差异化产品或服务、改进利益规则等。关于差异化产品或服务的相关知识，将在营销计划任务中介绍。无论是哪方面内容的创新，信息的角色都很重要，谁能拥有超量信息资源，谁能洞察先机找出新的路子，或者谁能对信息作出新的诠释进入创新思考，都是建立竞争优势的开始。所有这些信息都来源于调查。在已作的顾客市场调查基础上，还需要多角度地调查竞争者，借用经验及获取的相关信息，作出比较性的分析，完善自己的创业。

勤学善思

曹德旺的市场调查

20 世纪 80 年代初期，在国内的汽车维修市场，汽车玻璃基本依赖进口，从日本进口的汽车玻璃一块就高达几千元，成本仅仅一两百元！倔强的曹德旺不服气了，“中国难道只能依赖进口，被迫接受这种不公平吗？”曹德旺义愤难平。“中国人应该有一块自己的汽车玻璃。”曹德旺暗想。

1985 年，曹德旺转战汽车维修玻璃。为了突破日本公司的技术壁垒，曹德旺勒紧裤腰带，从芬兰引进了最先进的生产设备，全国各地搜罗技术人才攻关，经历了无数次失败考验，终于研制出汽车专用玻璃，成本不到 200 元，售价 2 000 元，这已经是不可思议的暴利了，但还是比市场上的日本货便宜了很多。刚投产，市场便已供不应求。仅 4 个月，他赚到人生第一桶金 70 万元。1986 年更是达到 500 万元。以至于有人认为当时曹德旺不是在做玻璃而是在印钞票。

1987 年，曹德旺联合 11 个股东集资 627 万元，成立了福耀玻璃有限公司。之后，公司不断引进新技术、新设备。到 20 世纪 90 年代初，中国市场上的日本玻璃已销声匿迹。

思考：福耀玻璃有限公司成立之初，市场调查起到了什么样的作用？

分析：玻璃是常见物品，应用面广，生产玻璃工艺已成熟，因此，玻璃行业竞争十分激烈，如何在竞争中脱颖而出，需要做好市场调查。

3.2.2 技能要点

1. 网创细分目标客户

自用户产生购买行为后，就从潜在客户变成了价值客户，在互联网环境下，商家可以应用大数据分析工具从顾客购买时间、商品、数量、支付金额等行为数据评价客户的价值，这是有一定成交量的卖家的进阶式数据分析方法。而传统线下渠道获取消费者信息的方式一般是通过向数据公司购买数据，或者委托调研公司经过周密漫长的用户调研得出一份报告。而网创模式下，我们可以更小成本获取海量交易数据，进而分析消费者特征、定位目标消费人群。客单价分布如图 2-3-5 所示。

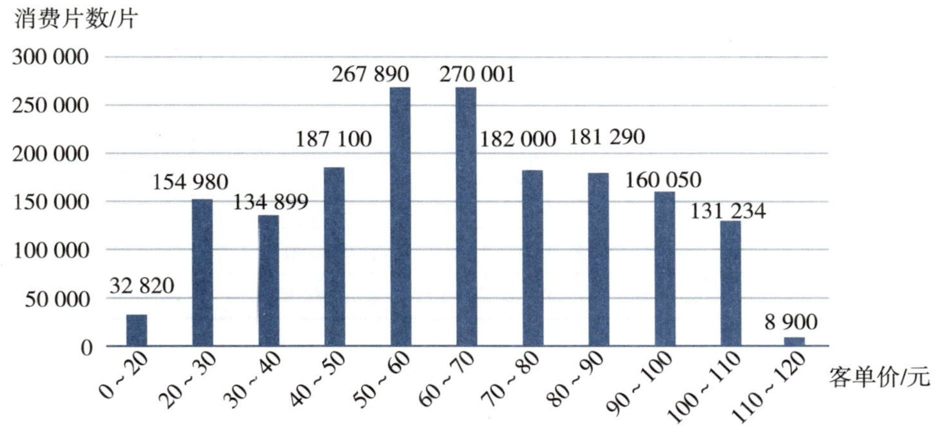

图 2-3-5　客单价分布图

（1）分析客单价与标价分布。电商平台上大量的数据都是源自成交，可以帮助商家理解消费行为。如可以查看“面膜”类目的成交数据，包括标价分布和客单价分布之间的对比。一个月内，成交人数的客单价（消费者累计购买金额）分布最多的区间是 58—67 元，如果面膜的平均单价是 5.8 元，就可以算出平均一个用户会购买的面膜数量大致为 10 片。

（2）分析购买频次分布。查看消费者的购买频次分布：在该时段内购买一次面膜的消费者数量占八成，可得出大致的结论：一般购买面膜的消费者通常在一个月内购买一次，并且购买一次的面膜片数大概是 10 片。如果采取搭配销售、组合销售时推出 10 片装优惠套装，或者关联其他不同类的面膜，最符合消费者购物特性。大多数消费者在网上一次购买的片数是 10 片，只要套装组合数量不偏离太多，消费者潜意识就更容易接受卖家的商品。

（3）分析顾客购买时段。不同类目的来访和购买时间是有明显差异的，针对买家的来访时间，就可作出对应的限时打折或者定向促销，甚至可据此安排上下架时间。例如，面膜类目买家的来访高峰时段是 14：00—15：00，次高峰来访时段是 10：00—11：00。在成交高峰时段方面，第一成交高峰时段是 10：00—11：00，第二位的时段是 14：00—15：00，来访和成交的时段并不是一一对应的。而住宅家具行业的餐桌之类，其来访和成交的时段都在深夜。掌握不同类目消费者的购物习惯，调整推广时段，对提升整个网店的转化率有很好的效果，顾客购买时段分析见表 2-3-1 和表 2-3-2。

表 2-3-1　来访高峰时段分析表

行业：面膜 / 面膜粉

排名	时段	来访人数	来访人数占比
TOP1	14：00—15：00	2 412 964	8.98%
TOP2	10：00—11：00	2 384 017	8.76%
TOP3	15：00—16：00	2 375 344	8.74%
TOP4	16：00—17：00	2 292 268	8.44%
TOP5	13：00—14：00	2 250 756	8.29%
TOP6	11：00—12：00	2 209 213	8.13%
TOP7	21：00—22：00	2 162 378	7.96%
TOP8	12：00—13：00	2 037 602	7.50%
TOP9	22：00—23：00	1 980 480	7.29%
TOP10	20：00—21：00	1 960 085	7.22%

表 2-3-2　购买高峰时段分析表

行业：面膜 / 面膜粉

排名	时段	成交人数	成交人数占比
TOP1	10：00—11：00	272 889	9.96%
TOP2	14：00—15：00	203 980	7.44%
TOP3	11：00—12：00	203 965	7.44%
TOP4	15：00—16：00	202 701	7.40%
TOP5	21：00—22：00	196 391	7.17%
TOP6	16：00—17：00	193 851	7.08%
TOP7	22：00—23：00	193 838	7.07%
TOP8	13：00—14：00	191 728	7.00%

（4）分析其他重要维度。消费者数据其他的重要维度是性别、年龄、地域分布等，决定了消费群体的人口统计属性。不仅可以查看某行业的人口统计数据，还可以查看某个具体品

牌、产品以及属性下商品的消费者数据。

在买家等级和人群身份中，新手和初级买家较多，见表 2-3-3。

表 2-3-3 人群身份分析表

搜索人群	比例	成交人群	比例
新手	39.9%	新手	40.9%
初级	45.1%	初级	43.5%
中级	10%	中级	9.7%
资深	4%	资深	4.7%
骨灰级	1%	骨灰级	1.2%

在搜索人群中指数还提供了一些消费者的星座分布数据，该数据用于直接分析的可能性不大，但可以从这里挖掘一些数据的趣味性。

最后我们看消费的爱好，其实这部分数据就是通过该消费者的关联收藏、购买的信息等多维度定义消费者的兴趣点。通过打标签，能够帮助卖家更好地理解消费者形象。比如搜“爱情公寓”一词的人是爱美女生（会买很多女装、女鞋等类目的商品）；同时她是宠物一族（购买过宠物用品）等。

除上述通过数据去做消费者研究以外，一些店铺、宝贝的图片页面展示也是需要仔细研究的。数据分析最终要落实到提高成交转化，对于网店而言，装修风格就是一种销售语言，在定位清楚你的目标人群是谁的时候，你需要知道他们喜欢什么风格，然后找到最适合你的消费者的视觉系，这样子你所做的一切工作才会转化到实处。

无论采用哪种方式做市场调查，都是为了回答“5W”。为了方便市场调查，现阐述如下：

收集顾客的信息要能全面、细致地了解你的顾客是谁（Who）、他们需要什么（What）、他们何时购买（When）、他们在哪里购买（Where）、他们为什么购买（Why），通过称为市场的“5W”进行调查。收集的原始数据要具备相关性、准确性、及时性和无偏差性。为市场容量预测、销售预测及制定市场营销战略和制订市场营销计划提供客观依据。“5W”调查工具表如表 2-3-4 至表 2-3-8 所示。

表 2-3-4 你的顾客是谁

谁	数量	性别	年龄	职业	学历	经济能力	数量及稳定性	产品知识

表 2-3-5　他们的需要

期望产品或服务	规格	颜色	质量	价格期望	购买的数量

表 2-3-6　时间

期望购买时间	购买时间间隔（年、月、日）

表 2-3-7　地点

你的顾客在哪里	期望购买地

表 2-3-8　购买动机

购买的目的	购买某种特定的产品或服务

注意：顾客可以资源化。从资源角度看，顾客和土地、劳动、技术、资本等生产要素一样，是能为你的企业创造价值的，更能推动你的发展。

2. 网创竞争对手调查

网创竞争对手可采用数据分析方法进行，竞争数据主要包括整个市场数据和直接竞争对手数据。市场数据的获取能够判定市场容量、市场竞争的激烈程度，避免新产品未上市就输了。

（1）市场数据。

①市场容量调查用电商平台或行业网站之“行业分析”下的“整体情况”可以看到整个

行业、子类目的市场容量。

②市场趋势用“电商平台或行业网站”—“行业分析”—“整体情况”拉出最近 3 年、1 年、半年和一季度的走势；行业关键词热搜飙升榜（数据魔方—淘词—行业热词榜—行业关键词热搜飙升榜）。

③竞争度调查用“电商平台或行业网站”—“行业分析”—“卖家分析”，查看卖家的数量，值越大，竞争越激烈。再用核心关键词在淘宝上搜索，按销量排序，看前 3 名卖家，再看第 3 名和第 40 名的销售笔数的差额，差额越小，竞争越激烈。

④用行业指数查看搜索指数和成交指数。

（2）竞争对手数据调查。竞争对手的数据建议是每周都收集，然后和自己店内数据进行对比。通过各种调查工具至少调查三家竞争对手的商品价格、购买方便性、顾客满意度、企业技术水平等因素，对这些因素进行梳理，完成竞争者主要优劣势评估表（见表 2-3-9）。

表 2-3-9　竞争者主要优劣势评估表

比较内容	我的产品或服务	甲的产品或服务 姓名： 地址： 电话：	乙的产品或服务 姓名： 地址： 电话：	丙的产品或服务 姓名： 地址： 电话：
价格合理性				
购买方便性				
顾客满意度				
技术水平				
企业知名度				
品牌信誉度				
网店推广				
交货及时性				
店铺促销策略（如赊销、折扣）				
售后服务				
销售额				
客单价				
月成交量				
产品组合				

3.3 同步训练

3.3.1 任务描述

1. 任务名称

连衣裙市场调查

2. 任务导图

网创市场调查见图 2-3-6。

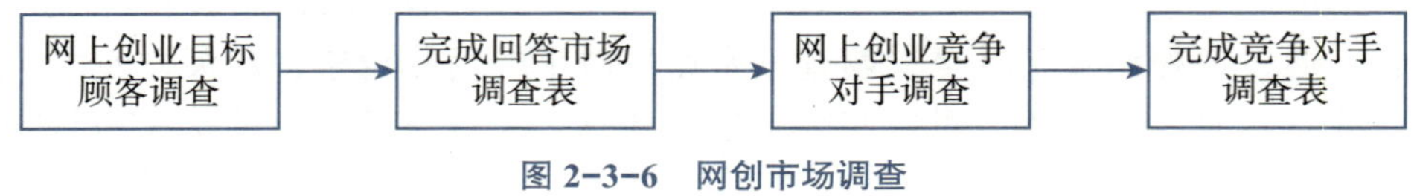

图 2-3-6 网创市场调查

3. 任务要求

按照 3.3.2 实施步骤，用电商平台大数据软件分析你所选产品的网创目标的顾客是谁（Who）、他们需要什么（What）、他们何时购买（When）、他们在哪里购买（Where）、他们为什么购买（Why），并填入表 2-3-4 至表 2-3-8 中。用淘宝数据软件分析你的网创竞争对手的客单价、销售额、月成交量、产品组合、客服等，并将结果填入竞争者主要优劣势评估表（见表 2-3-9）。

3.3.2 实施步骤

自主学习

第一步：网创目标顾客调查。

第二步：将调查结果填入表 2-3-4 至表 2-3-8 中。

第三步：网创竞争对手主要优劣势调查。

第四步：将调查结果填入表 2-3-9 中。

任务 4 网创机会判断

4.1 引导任务

对网上开店销售连衣裙的市场机会进行判断。

分析：用百度指数分析连衣裙排行榜、购买人群地域分布、人员定位、成交价格、每月销量。

4.2 支撑知识与技能

完成本任务学习，需学会网创市场机会分析理论、利用百度指数分析网创机会。再利用SWOT 分析模型的方法，掌握网创机会判断手段和工具，解决网创机会判断问题。

4.2.1 知识要点

1. 网创市场机会

（1）市场机会分析。所谓市场机会，是指对企业经营富有吸引力的领域，能给企业营销活动带来良好机遇与盈利的可能性。市场机会来源于营销环境的变化，表现为市场上尚未满足或尚未完全满足的需求。从不同的角度去考察分析，就有不同的市场机会。市场机会具有以下特点：

第一，客观性和偶然性。市场机会是客观的，无论企业是否意识到，它都会客观存在于一定的市场环境之中。然而，对某个企业来说，市场机会并不是每时每刻都显露，机会的发现具有一定偶然性，关键是企业要努力寻找，从市场环境变化的必然规律中预测和寻找市场机会。

第二，时效性和不稳定性。市场机会具有很强的时效性。俗话说，机不可失，时不再来。机会稍纵即逝，不可复得。企业如果不能及时捕捉，就会丧失机会。另外，机会和威胁是一个事物的两个方面。在一定范围内，市场机会随着营销环境的变化而产生，并随着时间的推移而减弱和消失甚至演变为环境威胁。因此，机会利用的结果难以预测，具有不确定性。

第三，均等性和差异化。市场机会在一定范围内对同一类企业是均等的，但不同企业对同一市场机会的认识会产生差别。而且，企业的素质和能力不同，利用同一市场机会获益的可能性和大小也难免产生差异。另外，对某类企业来说是市场机会的环境变化，对其他类企业则可能构成环境威胁。

（2）寻找和发现市场机会。市场机会是客观存在的，关键是企业经营者是否善于寻找和发现。发现机会是利用机会的前提。寻找市场机会的方法和途径多种多样，这里介绍两种常用的方法：

第一，进行持续的环境监测。市场机会往往在市场营销环境变化中出现，这是机会出现的一般规律。企业可以建立适当的营销信息系统，采取适当的措施，经常监视和预测企业营销环境的变化，从中寻找有利于企业发展的市场机会。

企业的市场营销环境包括宏观环境和微观环境。宏观环境是指那些影响企业运营的主要社会力量，包括人口环境、经济环境、自然环境、技术环境、政治和法律环境以及社会和文化环境。微观环境是指那些直接影响企业为其目标市场服务的各种力量，包括企业本身、企业的供应商、营销中间人、顾客、竞争对手以及社会公众。微观环境也会受宏观环境的影响。企业面对上述诸多环境力量经常处于变动之中。环境的变化，既可以给企业营销带来市场机会，也可以形成某种环境威胁。企业进行环境监测，就是为了从中发现并抓住有利于企业发展的机会，避开或减轻不利于企业发展的威胁，在一定条件下还可以因势利导、化害为利，将威胁转化成机会。

第二，借助产品市场矩阵。企业可以通过对产品、市场的分析来寻找和发现机会，这是寻找和发现市场机会的一种很有用的方法。产品市场矩阵表如表 2-4-1 所示。主要从以下方面进行分析：

表 2-4-1　产品市场矩阵表

市场	现有产品	新产品
现有市场	市场渗透	产品开发
新市场	市场开发	多元化增长

①现有产品在现有市场上是否有扩大销售的机会。这需要对现有产品的市场生命力、市场需求容量以及竞争情况等有全面的了解和认识，在此基础上作出准确判断。如果企业尚未完全开发潜伏在其现有产品和市场的机会，则可考虑进行市场渗透，即通过改进广告、宣传和推销工作，在某些地区增设商业网点，短期削价等措施，在现有市场上扩大现有产品的销售，包括使现有顾客增加购买量、激发潜在顾客、争取竞争者的顾客。

②现有产品是否有机会扩大到其他市场。为现有产品寻找新市场的一个有效方法是进行市场细分。企业通过市场营销研究和市场细分，可以了解不同购买者群的需要情况和目前满足情况，在满足程度较低的子市场上，就可能存在着最好的市场机会。企业可以通过增设新的商业网点或利用新分销渠道，加强广告促销等措施，在新市场上扩大现有产品的销售，即市场开发，包括产品的市场重新定位；产品用途的新发现；利用产品的国际市场生命周期进行市场转移等。

③通过开发新产品，创造新的市场机会。一方面，企业可以通过增加花色、品种、规格、型号等向现有市场提供新产品或改进产品，即通过产品开发更好地满足目标市场消费者群多层次、多样化的需求；另一方面，企业可以通过收购、兼并其他行业的企业，或者在其他行业投资，跨行业生产经营多种产品和业务，即寻找多样化经营的市场机会。随着时代的变迁、科学技术的发展，新的市场需求不断出现，产品生命周期日益缩短，企业间的竞争日趋激烈。在这种形势下，固守老化产品的单一经营是没有发展前途的，企业必须适时地调整和扩大经营范围，开发新产品，开拓新市场。

（3）评价和利用市场机会。市场机会不能等同于企业机会。对于某一具体企业而言，并非所有的市场机会都是可以利用的。企业在寻找到市场机会后，必须对所发现的市场机会进行选择和评价，然后才能作出决策，加以利用。

在现代市场经济条件下，某一种市场机会能否成为某企业的企业机会，不仅要看这种市场机会是否与该企业的任务和目标相一致，还要看该企业是否具备利用这种市场机会的条件，而且取决于该企业是否在利用这种市场机会上比其潜在的竞争者有更大的优势，从而能享有更大的差别利益。

当存在多个市场机会，需要企业进行市场机会分析并作出选择时，可使用市场机会综合分析评价表（见表 2–4–2）来进行。在实际应用时，可根据企业的具体情况来设计评价项目，给出各项目适当的权重系数和评分值，最后根据各市场机会所得加权评分总分的大小，权重值可以自己设定，可以是任意值。从中选择分值最大的市场机会加以利用。

表 2–4–2 市场机会综合分析评价表

评价项目	权重	评分值 1—5	权重得分
机会发展潜力	0.2	3	0.6
市场需求潜力	0.2	5	1
产品开发难度	0.1		
现有渠道利用程度	0.1		
潜在竞争程度	0.1		
公司销售能力	0.1		
营销成本	0.1		
获利能力	0.1		
合计			

企业在利用市场机会时应注意以下几点：

第一，抢先。市场机会的均等性和时效性决定了企业在利用机会的过程中必须抢先一步，争取主动。谁能抢先，谁就赢得了时间和空间，就赢得了主动，赢得了胜利。而后来者要利用同一市场机会，往往要付出几倍乃至几十倍的努力。

第二，创新。市场机会的均等性决定了企业利用机会的均等，自己觉察到的这些机会别人也能觉察到。这就要求企业在利用市场机会时一定要大胆创新，通过创新制造差别，形成竞争优势。

第三，应变。市场机会的时效性和不确定性决定了企业不可能一劳永逸地利用同一市场机会。当企业和竞争者先后利用了同一市场机会之后，这一市场机会就有可能转变成环境威胁。因此，企业在利用市场机会之初，就必须主动考虑应变对策，并不断设法寻求和利用新的市场机会。

2. 网创构思

当你想创业时，你和你周围的人会给出许多创业想法和构思，那么，这些想法和构思是否适合你呢？可以试着回答以下四类问题。

（1）顾客方面的问题。

你怎么知道你所在地区对这家企业有需求？

谁将是这家企业的顾客？

顾客的数量足够多吗？

顾客有能力购买这种产品或服务吗？

顾客愿意购买这家企业的产品或服务吗？

（2）竞争对手的问题。

你要创办的企业是你准备创业地区同类企业中的唯一一家吗？

如果有其他类似的企业，你如何才能成功地去与他们竞争？

（3）资源和需求。

你如何才能提供顾客需要的产品并保证服务质量？

你从哪里获得资源来创办这家企业？

你从哪里能够得到创办这家企业的建议和信息？

企业拥有需要的设备、厂房和合格的员工吗？

（4）你的技能、知识和经验。

你对这家企业的产品或服务了解多少？

你有哪些技能、知识和经验能够帮助你经营这家企业？

为什么你认为这家企业会盈利？

你能想象未来十年中自己一直在经营这家企业吗？

你的个性和能力如何才能适应这家企业的经营？

你对这家企业是否确实很感兴趣，是否愿意投入大量的时间和精力促使企业成功？

在回答完上述问题后，还需调研，找出实现这些想法和构思的市场机会在哪里，存在哪些来自外部的威胁因素。在此基础上，召集有关人员应用 SWOT 分析工具进行头脑风暴。

3. SWOT 分析模型

（1）SWOT 分析模型概述。SWOT 分析法是一企业战略分析工具，它从企业内部因素（优势、劣势）和外部环境因素（机会、威胁）进行分析，并制定出企业有关新产品、新项目开发、产品选择等。SWOT 分析不仅可以作为企业战略分析工具，也可以作为个人职业生涯规划、就业等具有竞争性的战略活动的分析。

SWOT 分析代表分析企业优势（strength）、劣势（weakness）、机会（opportunity）和威胁（threat）。因此，SWOT 分析实际上是将对企业内外部条件各个方面内容进行综合和概括，进而分析组织的优劣势、面临的机会和威胁的一种方法。

优劣势分析主要是着眼于企业自身的实力及其与竞争对手的比较，而机会和威胁分析将注意力放在外部环境的变化及对企业的可能影响上。在分析时，应把所有的内部因素（优劣势）集中在一起，然后对这些因素进行评估。

第一，机会和威胁分析。随着经济、社会、科技等诸多方面的迅速发展，特别是世界经济全球化、一体化进程的加快，全球信息网络的建立和消费需求的多样化，企业所处的环境更为开放和动荡。这种变化几乎对所有企业都产生了深刻的影响。正因为如此，环境分析成为一种日益重要的企业职能。

第二，优势和劣势分析。识别环境中有吸引力的机会是一回事，拥有在机会中成功所必需的竞争能力是另一回事。每个企业都要定期检查自己的优势与劣势，这可通过“企业经营管理检核表”的方式进行。企业或企业外的咨询机构都可以利用这一格式检查企业的营销、财务、制造和组织能力。每一要素都按照特强、稍强、中等、稍弱或特弱划分等级。

当两个企业处于同一市场或者说它们都有能力向同一顾客群体提供产品和服务时，如果其中一个企业有更高的盈利率或盈利潜力，那么，我们就认为这个企业比另一个企业更具有竞争优势。换句话说，所谓竞争优势是指一个企业超越其竞争对手的能力，这种能力有助于实现企业的主要目标——盈利。

竞争优势可以指消费者眼中一个企业或它的产品有别于其竞争对手的任何优越的东西，它可以是产品线的宽度、产品的大小、质量、可靠性、适用性、风格和形象以及服务的及时、态度的热情等。虽然竞争优势实际上指的是一个企业比其竞争对手有较强的综合优势，但是明确企业究竟在哪一个方面具有优势更有意义，因为只有这样，才可以扬长避短，或者以实击虚。

由于企业是一个整体，并且竞争优势来源存在广泛性，所以，在做优势和劣势分析时必须对价值链的每个环节与竞争对手作详细对比。如产品是否新颖，制造工艺是否复杂，销售渠道是否畅通以及价格是否具有竞争性等。如果一个企业在某一方面或几个方面的优势正是该行业企业应具备的关键成功要素，那么该企业的综合竞争优势也许就强一些。需要指出的是，衡量一个企业及其产品是否具有竞争优势，只能站在现有潜在用户角度上，而不是站在企业的角度上。

企业在维持竞争优势过程中，必须深刻认识自身的资源和能力，采取适当的措施。因为一个企业一旦在某一方面具有了竞争优势，势必会引起竞争对手的注意。一般来说，企业经过一段时期的努力建立起某种竞争优势，然后就处于维持这种竞争优势的态势，竞争对手开始逐渐作出反应。而后，如果竞争对手直接进攻企业的优势所在，或采取其他更为有力的策略，就会使这种优势受到削弱。

（2）SWOT 分析模型的分析方法。在分析过程中，企业高层管理人员应在确定内外部各种变量的基础上，采用杠杆效应、抑制性、脆弱性和问题性四个基本概念进行这一模式的分析。

①杠杆效应（优势 + 机会）。杠杆效应产生于内部优势与外部机会相互一致和适应时。在这种情形下，企业可以用自身内部优势撬起外部机会，使机会与优势充分结合。然而，机会往往是稍纵即逝的，因此企业必须敏锐地捕捉机会，把握时机，以寻求更大的发展。

②抑制性（机会 + 劣势）。抑制性意味着妨碍、阻止、影响与控制。当环境提供的机会与企业内部资源优势不相适应，或者不能相互重叠时，企业的优势再大也无法发挥。在这种情形下，企业就需要提供和追加某种资源，以促进内部资源劣势向优势方面转化，从而迎合或适应外部机会。

③脆弱性（优势 + 威胁）。脆弱性意味着优势的程度或强度的降低、减少。当环境状况对公司优势构成威胁时，优势得不到充分发挥，出现优势不优的脆弱局面。在这种情形下，企业必须克服威胁，以发挥优势。

④问题性（劣势 + 威胁）。当企业内部劣势与企业外部威胁相遇时，企业就面临着严峻

挑战，如果处理不当，可能直接威胁到企业的生死存亡。

（3）SWOT 分析的 6 个步骤。

第一步：确认当前的战略是什么。

第二步：确认企业外部环境的变化（波特五力模型或者 PEST）。

第三步：根据企业资源组合情况，确认企业的关键能力和关键限制，见表 2-4-3。

表 2-4-3 企业经营管理检核

潜在资源力量	潜在资源弱点	公司潜在机会	外部潜在威胁
1. 有力的战略 2. 有利的金融环境 3. 有利的品牌形象和美誉 4. 广泛认可的市场领导地位 5. 专利技术 6. 成本优势 7. 强势广告 8. 产品创新技能 9. 优质客户服务 10. 优秀产品质量 11. 战略联盟与并购	1. 没有明确的战略导向 2. 陈旧的设备 3. 超额负债与糟糕的资产负债表 4. 超越竞争对手的高额成本 5. 缺少关键技能和资格能力 6. 利润的损失部分 7. 内在的运作困境 8. 落后的研发能力 9. 过分狭窄的产品组合 10. 市场规划能力的缺乏	1. 服务独特的客户群 2. 新的地理区域的扩张 3. 产品组合的扩展 4. 核心技能向产品组合的转化 5. 垂直整合的战略形式 6. 分享竞争对手的市场资源 7. 竞争对手的支持 8. 战略联盟与并购带来的超额覆盖 9. 新技术开发通路 10. 品牌形象拓展的通路	1. 强势竞争者的进入 2. 替代品引起的销售下降 3. 市场增长的减缓 4. 交换品和贸易政策的不利转换 5. 新规划引起的成本增加 6. 商业周期的影响 7. 客户和供应商的杠杆作用的加强 8. 消费者购买需求的下降 9. 人口与环境的变化

第四步：按照通用矩阵或类似的方式打分评价。把识别出的所有优势分成两组，分的时候以两个原则为基础：它们是与行业中潜在的机会有关，还是与潜在的威胁有关。用同样的办法把所有的劣势分成两组，一组与机会有关，另一组与威胁有关。将结果在 SWOT 分析图上定位，如图 2-4-1 所示。

第五步：分析矩阵，也可以用 SWOT 分析表，将刚才的优势和劣势按机会和威胁分别填入表格，如图 2-4-2 所示。

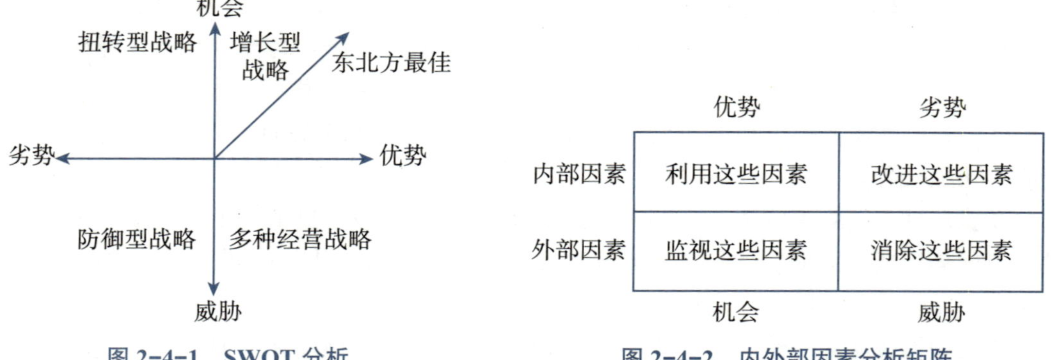

图 2-4-1 SWOT 分析

图 2-4-2 内外部因素分析矩阵

第六步：战略分析。从战略角度分析企业内外部优势及影响因素，见表 2-4-4。

表 2-4-4　SWOT 分析表

内部能力 / 外部因素	优势	劣势
机会	积极进取战略	谨慎进取战略
威胁	积极防御战略	谨慎防御战略

举一个科尔尼公司利用 SWOT 分析法分析中国邮政速递业务得出战略的例子，见表 2-4-5。

表 2-4-5　科尔尼公司利用 SWOT 分析法分析中国邮政速递业务

内部能力 / 外部因素	优势	劣势
	邮政系统拥有公众的信任。 顾客对邮政的高度亲近感与信任感。 拥有全国范围的物流网（几万家邮政局）。 具有众多的人力资源，具有创造邮政 / 金融的可能性	上门取件相关人力及车辆不足。 市场及物流专家不足。 组织、预算、费用等方面的灵活性不足。 包裹破损的可能性很大。 追踪查询服务欠完善
机会	SO（积极进取战略）	WO（谨慎进取战略）
随着电子商务的普及，对寄件需求增加（年平均增加 38%）。 能够确保应对市场开发的事业自由度。 物流及 IT 等关键技术的飞跃性发展	以邮政网络为基础，积极进入宅送市场。 进入大型购物配送市场。 ePOS 灵活化。 开发灵活运用关键技术的多样化邮政服务	构建邮件包裹专门组织。 建立实物与信息的统一化进行实时追踪及物流控制。 对增值服务及一般服务进行差别化价格体系的制定及服务内容的再整理
威胁	ST（积极防御战略）	WT（谨慎防御战略）
通信技术发展后，对邮政的需求可能减少。 现有宅送企业的设备投资及代理增多。 我国加入 WTO 后，邮政服务市场开拓的压力。 国外宅送企业进入国内市场	灵活运用范围广阔的邮政物流网络，树立积极的市场战略。 通过与全球性的物流企业进行战略联盟。 提高国外邮件的收益性服务。 为了确保企业市场，树立积极的市场战略	根据服务的特性，对包裹详情单与包裹运送网分别运营。 对已经确定的邮政物流运营提高效率，由此提高市场竞争力

（4）成功应用 SWOT 分析法的简单规则。进行 SWOT 分析时必须对公司的优势与劣势有客观的认识，必须区分公司的现状与前景，必须考虑全面。进行 SWOT 分析的时候必须与竞争对手进行比较，比如优于或是劣于你的竞争对手。保持 SWOT 分析法的简洁化，避免复杂化与过度分析。SWOT 分析法因人而异。

一旦使用 SWOT 分析法确定了关键问题，也就确定了市场营销的目标。SWOT 分析法可与 PEST 和波特五力分析等工具一起使用。运用 SWOT 分析法的时候，要将有用的要素列入相关的表格中去，很容易操作。

（5）SWOT 模型的局限性。与很多其他的战略模型一样，SWOT 模型提出的时间较久，带有时代的局限性。以前的企业可能比较关注成本、质量，现在的企业可能更强调组织流程。例如以前的电动打字机被印表机取代，该怎么转型？是应该做印表机还是其他与机电有关的产品？从 SWOT 分析来看，电动打字机厂商优势在机电，但是发展印表机又显得比较有机会。结果有的朝印表机发展，死得很惨；有的朝剃须刀生产发展则很成功。这就要看你要的是以机会为主的成长策略，还是要以能力为主的成长策略。SWOT 模型没有考虑到企业改变现状的主动性，企业是可以通过寻找新的资源来创造企业所需要的优势，从而达到过去无法达成的战略目标。

（6）高级 SWOT 分析法。在运用 SWOT 分析法的过程中，你或许会碰到一些问题，这就是它的适应性。因为有太多的场合可以运用 SWOT 分析法，所以它必须具有适应性。然而这也会导致反常现象的产生。基于 SWOT 分析法所产生的问题可以由更高级的 POWER SWOT 分析法得到解决。POWER 是个人经验（personal experience）、规则（order）、比重（weighting）、重视细节（emphasize detail）、等级与优先（rank and prioritize）的首字母缩写，这就是所谓的高级 SWOT 分析法。

①个人经验。作为市场营销经理，你是如何运用 SWOT 分析法的呢？无非是将你的经验、技巧、知识、态度与信念结合起来。你的洞察力与自觉力将会对 SWOT 分析法产生影响。

②规则。优势或劣势，机会或威胁，市场营销经理经常会不由自主地把机会与优势、劣势与威胁的顺序搞混。这是因为内在优势与劣势和外在机会与威胁很难界定。举个例子，对于全球气候变暖与气温变化，人们会错将环境保护主义当作一种威胁而非潜在的机会。

③比重。通常人们不会将 SWOT 分析法所包含的各种要素进行加权。某些要素肯定会比其他的要素更具争议性，因此你需要将所有的要素进行加权从而辨别出轻重缓急。你可以采用百分比的方法，比如威胁 A=10%，威胁 B=70%，威胁 C=20%（总威胁为 100%）。

④重视细节。SWOT 分析法通常会忽略细节、推理和判断。人们想要寻找的往往是分析列表里面的几个单词而已，重视细节将极大地帮助你决定如何最佳地评价与比较各种要素。

⑤等级与优先。一旦添加了细节并评价了要素，你便能够进入下一个步骤，即给 SWOT 分析赋予一些战略意义，比如你可以选择那些能够对你的营销策略产生最重要影响

的要素。你将它们按照从高到低的次序进行排列，然后优先考虑那些排名最靠前的要素。比如说机会 C=60%，机会 A=25%，机会 B=15%，那么你的营销计划就得首先着眼于机会 C，然后是机会 A，最后才是机会 B。

（7）中小企业初级 SWOT 和高级 SWOT 分析应用。

①初级 SWOT 分析。所谓的初级 SWOT 分析是指只涉及为数很少的内外部宏观因素的分析。对于只有一个人的小店而言，那就只有店主一人来做 SWOT 分析。对于中小企业来说，SWOT 分析组的人员可由所有能参与意见的人组成；而对大公司来说，主要由与新业务有关的人员和某些领域的顾问或专家或市场咨询人员组成智囊团来做 SWOT 分析。做一个初级 SWOT 分析，有必要制作一个类似下面的基本表格，见表 2-4-6。

表 2-4-6　初级 SWOT 分析表

SWOT	自己公司	竞争对手
优势		
劣势		
机会		
挑战		

上面的表格非常浅显易懂，在做了一定的基本调研后逐项填写一些重要的点就行了。但是，不论初级 SWOT 分析有多么简单，填写被分析的项目时都要遵循以下原则：

优势：要想一想自己公司在哪方面做得好。而竞争对手在哪些方面做得更好，然后实事求是地填写进去。然后分析一下自己公司的哪方面优势相较于其他公司突出一些。

劣势：分析一下自己公司有哪些方面做得不如人家。尤其分析一下自己的客户经常投诉的地方和自己公司目前不能向竞争者提供的服务或产品，自己公司不能提供的销售服务，以及公司销售队伍哪些方面没有得到充分的满足等。

机会：找出自己公司一些没有发觉的优势，这些就是公司的机会的一部分，再评估一下未来是否有潜在的机会出现。关键是找一找有没有自己公司现在能做而其他竞争对手还没有做的领域。

挑战：看看公司内外有没有潜在的可能破坏公司业务的因素。从内部讲，自己公司是否具有存在或潜在的财务、发展或人员方面的问题。从外部讲，你的竞争对手是否越来越强大，以及你的公司的一些优势变成劣势的趋势和可能性。

填完表格的内容后，把自己的公司和竞争者公司进行粗略的定性或定量比较和评估，然后得出结论就行了。

比如说，我想在我居住的小区门口开一个卖菜点，我经过思考和调查后发现表 2-4-7 中所示事实：

表 2-4-7　初级 SWOT 分析案例

SWOT	自己公司	竞争对手
优势	有资金，干过这行	尽管有资金，很多人没干过这行
劣势	就一个人，缺人手	可能人手比较富裕
机会	小区刚开，没有几家卖菜的，我就住在小区	他们住得远，经营成本高
挑战	越来越多的人可能要支摊卖菜	他们也面临同样的竞争

通过上面初级 SWOT 分析，我可得出结论：尽管我和其他小贩可能面临同样的挑战，但我的优势和机会要多于竞争对手，所以我决定马上支摊开业，否则就要错过机会了。在这张表格里，评估的项目既不详细也不完整，且没有分值的衡量。因此，这是一个非常基本、非常初级 SWOT 分析。初级 SWOT 分析主要应用于比较简单的、低成本的业务拓展和投资决策。

②高级 SWOT 分析。下面举一示例说明高级 SWOT 分析是如何进行的。某公司原来是做餐饮经营的，现在发现保健品市场是一个很好的投资机会，打算代理某一知名保健品在公司所在大区的独家代理。该公司作出了表 2-4-8 和表 2-4-9 所示的较详细的 SWOT 分析。

表 2-4-8　高级 SWOT 分析表（自己公司）

SWOT	项目		评判内容	分值 / 权重	总分值 / 总权重
优势	内部因素	1	公司相关人员有信心、感兴趣、热情高	1/5	16/27
		2	资金实力强	3/4	
		3	对该产品的销售前景有充分的市场调研和策划	2/5	
		4	公司管理好	4/4	
		5	可以招到现成的销售队伍	2/4	
		6	有一定的近似的产品的客户群	4/5	
劣势	内部因素	1	没有该产品的营销经验，更没有该产品的销售经验	3/4	14/27
		2	对该产品产业发展前景预测不够	1/5	
		3	还没有找到理想的广告和媒体宣传渠道（促销）	2/4	
		4	公司所处地理位置不是很方便（购买便利性）	3/5	
		5	尚没有确定非常合适的销售队伍（人员组织结构）	2/4	
		6	对销售该产品的财务方面有技术性问题（财务问题）	3/5	

续表

SWOT	项目		评判内容	分值 / 权重	总分值 / 总权重
机会	外部环境	1	同行也得到政府的扶持，我单位和政府主管关系良好（政府关系）	4/5	20/27
		2	融资渠道多、多家金融机构愿意支持	2/3	
		3	有实力的销售伙伴愿意合作	4/6	
		4	大环境较好，同行竞争者实力不足	3/3	
		5	本地区生活水平普遍提高，支付能力强	4/6	
		6	消费者对使用该产品表现出浓厚的兴趣	3/4	
威胁	外部环境	1	销售量大增后会受到竞争者的打压	3/5	14/27
		2	整个国家经济形势前景难测（宏观经济影响）	4/4	
		3	库房、交通运输工具等基础设施是否满足长远发展	2/5	
		4	竞争对手可能不断地增加，可能有更多有实力的商家抢占该产品市场	1/4	
		5	国家和地方法规的不确定性（政策因素）	2/5	
		6	可能会受到很多消费者的投诉及政府部门或社会团体的质疑（消费者的认同性）	2/4	

表 2-4-9 高级 SWOT 分析表（竞争公司）

SWOT	项目		评判内容	分值 / 权重	总分值 / 总权重
优势	内部因素	1	公司相关人员有信心、感兴趣、热情高	1/5	15/27
		2	资金实力强	2/4	
		3	对该产品的销售前景有充分的市场调研和策划	2/5	
		4	公司管理好	4/4	
		5	可以招到现成的销售队伍	2/4	
		6	有一定的近似的产品的客户群	4/5	
劣势	内部因素	1	没有该产品的营销经验，更没有该产品的销售经验	2/4	12/27
		2	对该产品产业发展前景预测不够	1/5	
		3	还没有找到理想的广告和媒体宣传渠道（促销）	2/4	
		4	公司所处地理位置不是很方便	2/5	
		5	尚没有确定非常合适的销售队伍	2/4	
		6	对销售该产品的财务方面有技术性问题	3/5	

续表

SWOT	项目		评判内容	分值 / 权重	总分值 / 总权重
机会	外部环境	1	同行也得到政府的扶持，我单位和政府主管关系良好（政府关系）	3/5	18/27
		2	融资渠道多、多家金融机构愿意支持	2/3	
		3	有实力的销售伙伴愿意合作	4/6	
		4	大环境较好，同行竞争者实力不足	2/3	
		5	本地区生活水平普遍提高，支付能力强	4/6	
		6	消费者对使用该产品表现出浓厚的兴趣	3/4	
威胁	外部环境	1	销售量大增后会受到竞争者的打压	4/5	12/27
		2	整个国家经济形势前景难测	3/4	
		3	库房、交通运输工具等基础设施是否满足长远发展	1/5	
		4	竞争对手可能不断地增加，可能有更多有实力的商家抢占该产品市场	1/4	
		5	国家和地方法规的不确定性（政策因素）	1/5	
		6	可能会受到很多消费者的投诉及政府部门或社会团体的质疑（消费者的认同性）	2/4	

其实，两张表格的形式和内容都非常浅显易懂。我们可以发现，两张表格内的分析因素完全是一样的，而且每个因素的基本分数（权重）是完全一致的，因为只有这样才能把自己的公司和其他竞争者（抽样被调查公司）进行对比。对于中小企业，尤其是业务仅仅限于国内或地区业务的公司，在考虑企业的外部环境时没有必要考虑到非常宏观的情况。因为国际环境对你的企业并没有什么直接的影响。应把被分析的因素限于对企业新业务或投资关系紧密的外部因素。

表 2-4-8 和表 2-4-9 是一个比较详细的 SWOT 分析表。通过这两个稍微复杂的表格不难发现，相较于 SWOT 分析法而言，表 2-4-8 和表 2-4-9 分析的项目更加详细了。此外，这两张表还对每一个因素进行了打分。这种定量的分析有很重要的意义。我们在考虑每一项因素时，如果只考虑其感性的大致的影响和权重的话，那么随着分析项目的增加，可能这种分析就无法得出客观真实的结果，可能也就无法分析出自己的企业相较于别的企业在进行新的业务和投资时是否具有比较优势。

其实，高级 SWOT 分析的核心是通过浅显的定量分析看企业具有哪方面投资的比较优势。只要企业的比较优势明显，即使某一行业竞争再激烈，也可以考虑拓展这一业务。

这两表中的每个被分析项的分值和权重是如何确定的呢？总分又是怎样确定的呢？其实，确定每个被评判内容的分值和四大分析项目（SWOT）的分值并不是凭空想象出来的。

这主要是基于该行业竞争对手长期从事该行业经营和管理而形成的每项评判内容的重要性而设定的。但是，值得说明的是，每项分析内容的权重和分数是不同的。可以把最重要的项目的权重分配给 10 分，甚至 100 分或 1 000 分，但其他被比较项的权重也要随之改变。本例两表中，每张表项权重总分（总权重）都是 27 分，而每个小项的权重基本介于 3—6，这是因为每个小项对最终决策的影响程度不同，因而基准分值有所区别。但是，最终每个项目的分数一定要放到一起才能对四个大项的每项分值具有指导作用。通过这两表不难发现，这家餐饮公司做保健品生意还是有很大的可行性的。原因是这家公司的优势（16）和机会（20）都略高于同行业竞争对手的平均水平（分别是 15 和 18），而自己公司的劣势（14）和威胁（14）都和竞争对手（分别为 12 和 12）基本相同。

但是，需说明的是，从上述两个表格来看，单纯地把所有的权重加起来得到的总分 27 分并不能说明两个被分析的项目的重要性是完全对等的，因为被比较的优势、劣势、机会和威胁在决策中是否如分值所衡量的那样有很大的权变性。同时，把两表的所有项目的权重加起来做分母，把每项得分加起来做分子进行比较从数学的角度来说也是不确切的，这只能从数学的角度近似地反映问题的全貌。完全正确的数学运算应该是把所有分析项的权重作为分母进行通分，得出共同的分母后再进行运算。或用其他更高级的数学方法（如运筹学、模糊数学、数理统计等方法）来求值。只是运算的结果可能和我们上述运算结果大致接近，所以就不做更大规模的数学运算了。

传统的 SWOT 分析把优势和劣势作为企业内部因素加以分析，把机会和威胁作为外部因素加以分析。本文并没有把这些因素严格加以内外区分，而是把它们作为不同的四个要素加以分析。这样，尽管优势和机会、劣势和威胁似乎有重叠的地方，但是，这种方法可能使每个比较项有更好的比较性。

在做 SWOT 分析的同时，有必要时时跟踪并仔细看看公司所处的变化的商业和市场环境。通常，你每天冥思苦想、日思夜想的巨大的商机会出现在突然变化的商业环境中。比如说，人们的生活水平提高，会要求所食用的食物不但要健康，而且还要好吃。这就会导致既健康又好吃的食品短缺，而商家恰恰可以利用这一变化的商业环境生产出自己的产品。再比如说，某一客户群体的数量突然增加，而你的竞争对手并没有开发研制和销售足以能满足这部分群体的商品。现在我国老龄化的进程突然加快，而老龄产品的开发和销售员远远赶不上客户需求的增加。还比如说，某一非常大的竞争对手，其客户或供应商突然倒闭、迁址或和其他客户合并而导致环境发生变化，为你的公司带来收益。如很多网站的消失和破产也为其他再生网站的出现打下了基础。

在做提升业绩公司的 SWOT 分析时，调查和调研非常关键，通过调查，你可以更好地了解自己公司和竞争对手的公司所处的位置。要调查研究的方面包括客户的兴趣、消费群体的特色、收入水平等；品牌、地理位置和公司在消费者中的形象；公司地理位置的不同对客户的影响；产品的效果和销售人员的满意度。

做完 SWOT 分析后，应马上确定以下几个问题：应该马上做的事情，应该马上解决的问题和矛盾，应该进一步调查研究的问题，应该为将来计划的问题。

既然已经确立了应该先后解决的问题，则应该马上制订详细计划和完成时间，并且把这些任务分解到具体办事的每一个人。另外，有必要对 SWOT 每隔一段时间就进行一次重新评估，随时做必要的修改。只有这样，SWOT 才是最实用的。

无论是使用初级 SWOT 分析还是高级 SWOT 分析，都应该确保要分析和可比成分的准确性和适应性。对现有的数据和资料进行充分的分析是 SWOT 取得实效的关键所在。另外，进行重大决策时，仅仅使用 SWOT 分析也是不够的，还要考虑与其他方法的综合运用，尤其要对变化的市场和竞争环境有比较清醒的认识。

数智研创

智数分析

某大型跨境电商企业，由于市场竞争激烈以及快速增长的用户数据，客户面临着数据管理和利用难题。客户希望有一种解决方案可以帮助他们更好地利用用户数据，挖掘潜在商机，并提高用户体验。因此，公司定制一套智能化的数据分析和营销解决方案。基于客户的业务特点和数据规模，甲企业利用机器学习和数据挖掘技术，研发并设计了一款名为“智数分析”的新产品。它是一款智能化数据分析平台，能够帮助客户实现对用户行为数据的深度挖掘和分析。产品具有以下创新功能：

（1）智能数据收集：通过数据抓取和存储技术，实时采集用户行为数据，包括浏览历史、购买记录、搜索关键词等；

（2）数据可视化分析：利用数据分析算法，将海量数据进行可视化呈现，帮助客户更直观地了解用户行为趋势和特点；

（3）用户画像建模：基于用户行为数据，构建用户画像模型，帮助企业更好地了解和洞察用户群体，提高精准营销的效果；

（4）智能营销推荐：结合推荐算法，为客户提供智能化的个性化营销推荐，提高用户体验和购买转化率。

通过“智数分析”平台的应用，可以实现更精准的用户数据分析和营销推广，提高品牌曝光和产品销售，最大化潜在商机，实现业务增长。“智数分析”帮助他们更好地挖掘用户数据的商业价值，提高了 ROI，也提升了用户忠诚度，有效改善了客户的用户体验。

4.2.2 技能要点

1. 实地调研

有位伟人曾经讲过“没有调研就没有发言权”。实地调研是进行创业机会判断的前提，只有进行调研方知自己的长短，竞争对手之强弱，机会是否良机，威胁有哪些，才能进行 SWOT 分析，机会才能转变为财富。互联网时代创业虽然可以利用各种互联网工具进行在线调研项目可行性和竞争对手，但也还需要设计在线调研的内容，要掌握“实地”调研的方法。在调研过程中，针对不同调研对象，应采取不同方式进行。在调研过程中应注意以下几个要素：

（1）调研对象。与谁交谈，这取决于你的创业机会选择或调研的领域。如果考虑创办一家零售店，则就需要与其他商店的老板交谈，不论他们是不是你的竞争对手。还可以到另一个地区与间接竞争对手交谈。此外，还需要与将来的供应商交谈，以便查明价格、库存和运输情况等。如果考虑生产一种产品，就需要了解这种产品的制作过程及其对设备和厂房的要求。还应该与原料供应商交谈，还应与那些卖给工具或设备的人交谈。

无论创业机会是什么，都必须与潜在顾客交谈，顾客的看法对于你正确判断自己的企业至关重要。需要问自己有关创业机会的第一个问题就是，谁将会购买这种产品和服务？换言之，谁将是你的顾客？年轻人、中年人还是老年人，富人还是穷人，男人还是女人？他们来自城市还是来自农村？然后，必须找一些潜在顾客并与他们交谈。通过与不同类型的人交谈，力求获得不同顾客的代表性信息。

如果产品面向所有人群，一定要与各类人士交谈，不论他是男人还是女人，是年轻人、中年人还是老年人，是富人还是穷人。如果准备向某一类顾客销售产品或服务，如中年妇女等，应该尽量去发现她们当中的不同之处（不同的民族、职业，居住在不同的街道等）。至少要与 10 位顾客交谈。交谈过程中，要记录他们的详细情况（年龄、性别、收入水平等）。

此外，在交谈过程中，要关注关键信息提供者。这些人对计划进入的企业领域知之甚多，或者对潜在顾客非常了解。他们可能是大公司的采购人员或是一些机构的行政人员，也可能是政府部门的工作人员。他们还可能是大公司的经理，了解市场的总体情况，或是一些社会团体的工作人员。如果能接近其中一个关键信息提供者，他们就有可能帮助引见更多的关键信息提供者。

（2）面谈技巧。面谈过程中要正面介绍创业机会，说明为什么认为提供的产品或服务就是顾客需要的。这是尝试推销自己的企业想法的第一次机会。

随身携带一些纸和笔，把别人说的话记下来，尽量用本子记录。当然，记录前要问问对方是否介意做笔记，如果有人介意，应努力用头脑记住他们说过的话，然后尽早把谈话内容整理出来。

调查前准备一张问题清单，但要注意，尽可能保证调查过程顺畅，可以用一个话题引出另一个话题。在这个过程中，能学到很多东西。

不要问那些可以用“是”或“否”来简单回答的问题，要问一些开放式的问题也就是一些能够引导面谈对象展开说明的问题，比如什么、为什么、如何、谁、哪里、何时等。例如，不要问“你对这种产品满意吗”，而要问“你对这种产品的满意度如何”，这样你可能会得到更详细的回答。

别担心问题多或提问频繁。

每次提问只问一个问题，例如在运输方面花了多少钱。

重复对方的回答，确保正确理解了他们所说的话。

（3）提问内容（见表 2-4-10）。

表 2-4-10　提问内容

交谈对象	提问内容	注意事项
顾客	你在哪里购买过这种产品或服务？ 你为什么从那里购买？ 你多长时间购买一次？什么价格？服务质量如何？ 有什么需要改进的地方吗？（样式、包装等） 如果是新上市的产品或服务，可以问顾客更看重哪些因素，如样式、质量、包装、服务、地点、送货、价格等	出示你自己的产品或服务的样本或展示图片可能会很有用； 最好问一些能引发人们认真思考的问题； 在询问价格时，最好给出一些具体的价格，并请顾客选出他们认为最合理的价格
竞争对手	你认为人们应多长时间购买一次这样的产品或服务？买多少？ 有多少竞争对手已经在提供这种产品或服务？ 对这种产品或服务的需求数量是不变的，还是在不断变化的？ 你认为人们还需要什么产品或服务？其未来趋势如何？	一般情况下，竞争对手是不会轻易回答你的问题的。你可以尝试到他们的企业里进行消费或者观察； 可以去另一个地方与你的间接竞争对手交谈； 实力雄厚的竞争对手常常对市场的了解更全面
供应商、批发商	针对贸易和服务企业的供应商： 供应有保障吗？ 容易拿到货吗？ 能拿到什么质量、价格的货？ 需要多大的库存量？ 对产品的包装、维护有什么要求？ 针对原材料批发商： 购买一定数量的原材料要付多少钱？ 供应有保障吗？ 还有谁供应这些原材料？ 这些原材料在库存、运输和使用方面有哪些特殊要求？	专门销售相关产品的市场和批发市场的信息比较集中、全面； 针对规模大的或规模小的供应商和批发商都应该进行调研
其他关键信息提供者	你认为市场的需求量有多大？需求量的变化趋势是怎样的？ 你认为促使人们购买的最重要的因素是什么？ 你认为这个行业的发展趋势如何？ 人们对产品有哪些方面的需求？这些需求是不是要么根本无法实现，要么很难实现？你认为人们还需要什么？	其他关键信息提供者可能是大公司的经理或采购人员、单位的行政人员、你的主要客户、政府部门人员、非政府组织人员、行业专家等

2. 企业商机概览

为了方便创业者评价企业商机，美国学者杰弗里·蒂蒙斯总结了一套有关企业商机的标准。这套标准虽是针对美国市场，但其内容对中国创业者也是具有积极的参考意义的，见表2-4-11。

表2-4-11 企业商机概览

标准	最高潜力	最低潜力
吸引力		
行业和市场	改变人们的生活和工作方式	只有不断提高
市场	市场驱动；市场识别；能取得重复收入的夹缝市场	不集中，一次性收入
客户	可以达到；购买订单	对其他品牌忠诚或无法达到
用户利益	小于1年的回收期	3年以上回收期
增值	高；提前支付	低；对市场的影响力极小
产品生命	长久	不长久
市场结构	不完善分散的竞争或者是新兴的行业	高度集中或成熟或衰落的行业
市场规模	1亿～10亿美元的销售额潜力	未知的，可能少于2 000万美元，也可能达到数十亿美元的销售额
成长率	成长率在30%～50%，甚至更高	收缩或少于10%
市场容量	完全或接近完全的市场容量	容量不足
可获得的市场份额（5年内）	20%以上；占据领导地位	小于5%
成本结构	低成本的供应商；具有成本优势	下降的成本
经济性		
达到盈亏平衡点/正的现金流所需时间	1.5～2年	多于4年
投资回报率（ROI）潜力	25%以上；高价值	小于15%；低价值
资本要求	低到中等，有投资基础	很高；没有投资基础
内部收益率潜力	每年25%以上	每年小于15%
自由现金流特征	有利；持久；达到销售额30%以上	低于销售额的10%
销售额的增长	中等到高等，20%	低于10%
资产密集度	低	高
自发流动资本	要求低，并且要求不断增加	要求高
研发/资本开支	要求低	要求高

续表

标准	最高潜力	最低潜力
毛利率	超过 40%，并且持久	低于 20%
税后利润	高；超过 10%，持久	低
达到盈亏平衡点所需时间	少于 2 年；盈亏平衡点不会缓慢上升	大于 4 年；盈亏平衡点缓慢上升
收获		
增值潜力	战略价值高	战略价值低
退出机制和战略	当前或预想选择	尚未定义；非流动投资
资本市场环境	有利的估价、时机、可获取资本；可实现流动性	无利；信贷紧缩
竞争优势		
固定和可变成本	最低；高运营杠杆作用	最高
对成本、价格和分销的控制	中等强度	弱
进入壁垒		
所有权保护	已经获得或可以获得	没有
竞争回应时间	竞争者缓慢；无动于衷	无法获得优势
法律、合约优势	专有权或独有权	没有
关系和网络	发展完善；可进入	原始；有限
关键人物	最具才能人物；A 等团队	B 等或 C 等团队
管理团队		
创业团队	全星级组合；免费代理	弱的或单个创业者
行业和技术经验	行业内最顶尖的；有绝佳的历史纪录	未完全发展
正直	最高标准	可疑的
认知诚实度	知道他们不知道什么	不想知道他们不知道什么
致命缺陷问题	不存在	一个以上
个人标准		
目标与匹配度	想要什么就得到什么；同时得到什么就想要什么	往往出现让人惊讶的事，就像“惊叫游戏”里那样
好 / 差的方面	可获得的成功 / 有限的风险	线性的；在同一个连续体内
机会成本	可接受降薪等	满足于现状
愿望	和生活方式适应	仅仅追求赚大钱
风险 / 回报容许度	精心计算过的风险；较低的风险 / 收益比率	避险型或赌博型

续表

标准	最高潜力	最低潜力
压力承受度	在压力下繁荣成长	在压力下崩溃
战略差异		
匹配度	高	低
团队	等级最高；极好的免费代理人	B 等团队；没有免费代理人
服务管理	服务概念强	认为不重要
时机	顺流而行	逆流而行
技术	突破性技术，独特技术	有很多替代者或竞争者
灵活性	能适应；进入和推出的速度都很快	缓慢；顽固
商机导向	一直在搜寻商机	运作不考虑周围环境；对商机不敏感
定价	处于或接近领先地位	存在低价出售商品的竞争者；低价
分销渠道	可获得；有分销网	未知；不可获得
容错空间	宽容策略	不宽容、刚性策略

4.3 同步训练

4.3.1 任务描述

1. 任务名称

“连衣裙”市场机会判断

2. 任务导图

网创机会判断任务导图如图 2-4-3 所示。

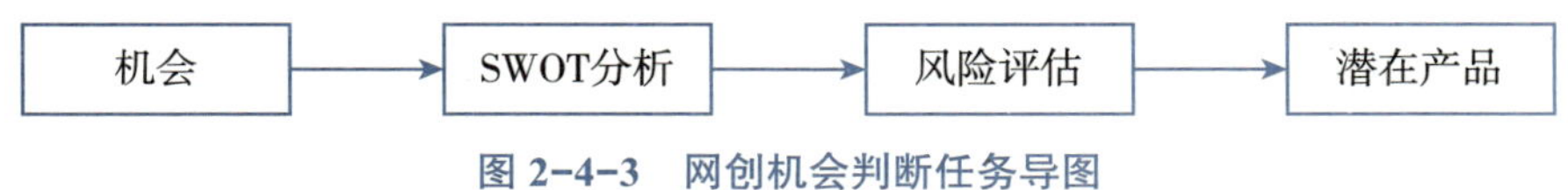

图 2-4-3 网创机会判断任务导图

3. 任务要求

按照 4.3.2 实施步骤，应用百度指数、百度网页搜索、百度知道及 SWOT 分析法对所选产品进行网创机会判断分析。同时，指出该产品的潜在竞争对手和产品，并将分析结果填入表 2-4-12 中。

表 2-4-12　企业 SWOT 分析矩阵表

内部能力 / 外部因素	优势	劣势
机会	SO	WO
风险	ST	WT

4.3.2　实施步骤

第一步：使用百度指数可针对中国国内市场做市场调查，通过百度指数可以了解市场趋势、市场需求、浏览热度、热点省份、热点城市、用户年龄及性别分布。

自主学习

第二步：根据第一步调查的数据用初级 SWOT 分析法，定性分析该产品市场竞争力，并将结果填入表 2-4-12 中。

第三步：在第一步、第二步的基础上，用高级 SWOT 分析法进一步量化该产品的市场竞争力度，并将结果填入表 2-4-12 中。

思维导图

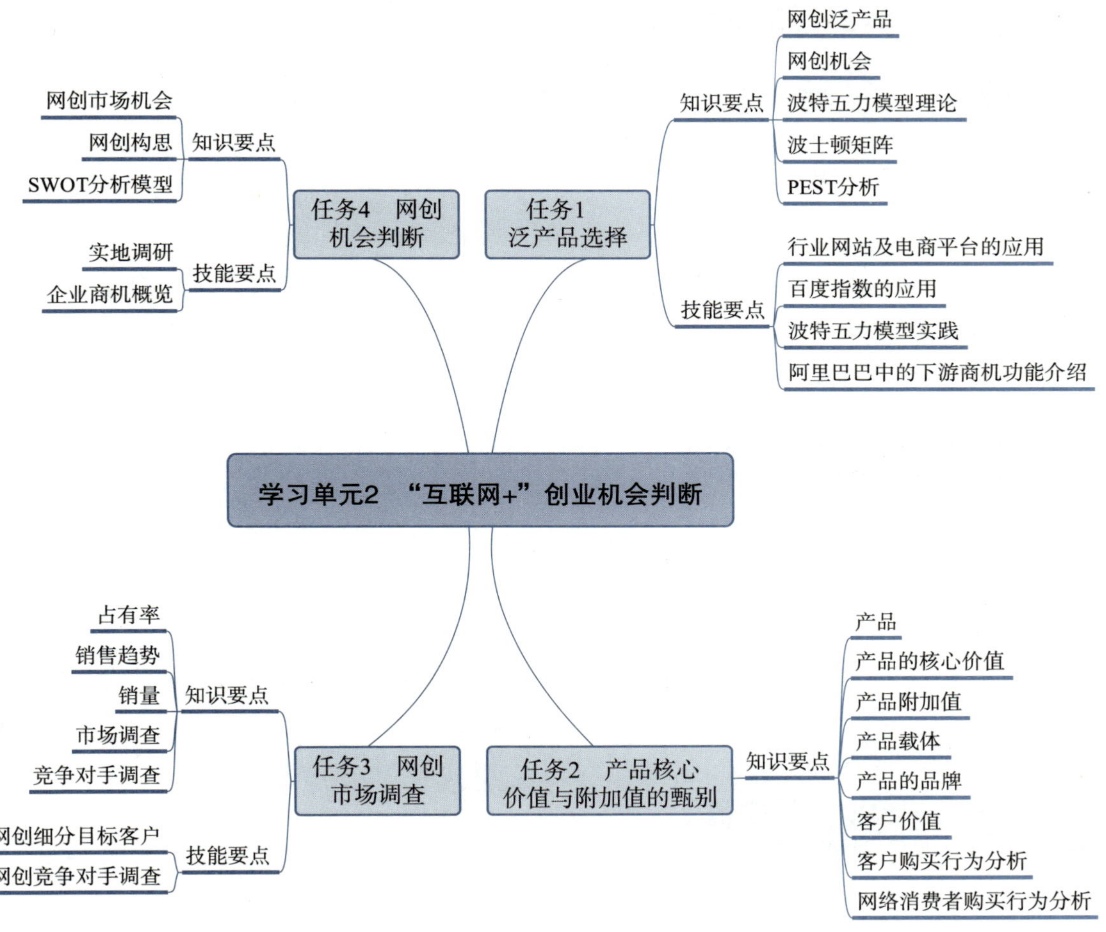
学习单元2 “互联网+”创业机会判断
任务1 泛产品选择
知识要点
网创泛产品
网创机会
波特五力模型理论
波士顿矩阵
PEST分析
技能要点
行业网站及电商平台的应用
百度指数的应用
波特五力模型实践
阿里巴巴中的下游商机功能介绍
任务2 产品核心价值与附加值的甄别
知识要点
产品
产品的核心价值
产品附加值
产品载体
产品的品牌
客户价值
客户购买行为分析
网络消费者购买行为分析
任务3 网创市场调查
知识要点
占有率
销售趋势
销量
市场调查
竞争对手调查
技能要点
网创细分目标客户
网创竞争对手调查
任务4 网创机会判断
知识要点
网创市场机会
网创构思
SWOT分析模型
技能要点
实地调研
企业商机概览

3 学习单元3 “互联网+”创业平台选择及商业模式设计

单元导学

本学习单元包含2个任务：

任务1 “互联网+”创业平台选择

任务2 “互联网+”创业商业模式设计

通过学习，应在了解各类创业平台和商业模式概念的基础上，能选择自己创业平台和规划企业的商业模式。

知识目标

1. 了解“互联网+”创业平台的概念。
2. 了解我国数字经济发展状况。
3. 熟悉商业模式的基本概念。
4. 熟悉互联网企业商业模式知识。

能力目标

1. 能够分析电子商务网站的运营模式。
2. 能够根据我国数字经济发展状态，分析“互联网+”创业发展趋势。
3. 掌握互联网创业商业模式的设计。

素质目标

1. 养成科学规划、未雨绸缪的良好习惯。
2. 树立认真思考、反复评估、谋定而动的科学创业观。
3. 形成创业全局观，培养严谨细致、实事求是、精益求精的精神品质。

任务 1 “互联网 +”创业平台选择

1.1 引导任务

查找并列出国内的几个主流电商零售网站，分析这几个电商零售网站的运营现状及特点，并分别评价其运营模式的优缺点。

分析：从用户数量、交易规模、行业排名等方面分析运营现状；从客服体系、下单方式、支付方式、送货方式、评价机制等方面分析运营模式的优缺点。

1.2 支撑知识与技能

教育部印发《关于做好 2024 届全国普通高校毕业生就业创业工作的通知》，提出 26 条举措，要求各地各高校深入贯彻落实党中央、国务院决策部署，实施“2024 届全国普通高校毕业生就业创业促进行动”。其中，特别强调，各地要充分挖掘新产业、新业态、新模式带动就业潜力，引导毕业生发挥专业所长，在创意经济、数字经济、平台经济等多领域灵活就业。

通过学习前面的知识和技能体系，创业者已学会了创业战略定位和企业战术选择，创业战术实施的第一步就是选择一个适合创业者的网创平台。为此，需了解国内主流电商零售网站的运营和盈利模式。同时，还要了解这些网站的货源组织、销售、客服、支付及物流模式，在此基础上网创者可以规划自己网店的商业模式。

1.2.1 知识要点

1. 电商网创平台的概念

电商网创平台是一个为企业或个人提供网上交易洽谈的电子商务交易网站，是建立在互联网上进行商务活动的虚拟网络空间和保障商务顺利运营的管理环境，是协调、整合物流、资金流、信息流有序、关联、高效流动的重要场所。参与交易的各方（主要包括买方、卖方、平台服务方等）在这个平台上进行各类电子商务交易活动。创业者可充分利用网创平台提供的网络基础设施、支付平台、安全平台、管理平台等共享资源，有效、低成本地开展自己的商业活动。

电子商务交易网站的类型有很多，对于初期创业者来说，应该选择以网上零售业务为主的电子商务网站作为网创平台，进而开展创业活动。

2. 电子商务运营模式的概念

谈到电子商务运营模式，首先要了解什么是商务模式和运营模式。

（1）商务模式的概念。商务模式指做生意的方法，是一个公司赖以生存的模式，是期望能够为企业带来收益的模式。商务模式规定了公司在价值链中的位置，并指导其如何赚钱。

（2）运营模式的概念。企业运营模式是指对企业经营过程的计划、组织、实施和控制，是与产品生产和服务创造密切相关的各项管理工作的总称。从另一个角度来讲，运营管理也可以指对生产和提供公司主要产品和服务的系统进行设计、运行、评价和改进。过去，西方学者把与工厂联系在一起的有形产品的生产称为企业运营模式。工商管理学认为企业运营模式最基本、最主要的职能是财务会计、技术、生产运营、市场营销和人力资源管理。企业的经营活动是这五大职能有机联系的一个循环往复的过程，企业为了达到自身的经营目的，必须对上述五大职能进行统筹管理，这种管理就是运营模式。

运营管理的对象是运营过程和运营系统。运营过程是一个投入、转换、产出的过程，也是一个劳动过程或价值增值的过程。它是运营的第一大对象，运营必须考虑如何对这样的生产运营活动进行规划、组织和控制。运营系统是指上述变换过程得以实现的手段。

（3）电子商务运营模式的概念。电子商务运营模式，就是指在网络环境中基于一定技术基础的商务运营模式和盈利方式。在电子商务时代，技术的发展为运营模式的创新提供了可能性，研究和分析电子商务模式的分类体系，有助于挖掘新的电子商务模式，为电子商务模式创新提供途径，也有助于企业制定特定的电子商务策略和实施步骤。

数智研创

独特算法技术　个性化内容推送

字节跳动成立于2012年，其在不同领域取得的具体成果，包括短视频社交、新闻资讯和电商等。抖音是其旗下的短视频平台，通过独特的算法推荐技术和个性化内容推送，吸引了大量用户，形成了强大的社交网络和内容生态，成为全球最受欢迎的社交媒体应用之一。字节跳动还在抖音平台上推出了电商功能，允许用户在观看视频的同时直接购买商品。这种直播带货模式在抖音上取得了巨大成功，促进了电商业务的增长，为用户和商家提供了更便捷的购物体验。今日头条是字节跳动旗下的新闻资讯平台，通过智能推荐算法为用户提供个性化的新闻内容，在用户规模和活跃度方面取得了显著成绩，成为中国最受欢迎的新闻应用之一。字节跳动凭借独特的技术优势和创新能力，在互联网行业取得了显著的成就，为用户提供了丰富多样的内容和服务。

其成功因素主要有独特的算法推荐技术，个性化内容推送，快速响应市场变化，推出热门产品，注重团队建设和创新文化。

启示：关注用户体验和内容质量；不断优化产品和服务，保持创新力；建立良好的企业文化和价值观。

3. 电商运营常见的子模式

模式没有对与错的分别，凡是符合时代特点和用户需求的模式都是成功的。接下来，让我们一起来了解目前电商运营常见的子模式，并分析它们有哪些特点和不同。

（1）货源模式。电商货源是指网店或网站进货的一种渠道，进货渠道及方式的不同对电商运营模式及其子模式有很大的影响。电商网站的货源模式分为四种：

①电商自己采购、进货，并在自己的网站直接销售。

②入驻第三方平台的卖家自行采购商品，并在第三方平台上销售。

③电商网站和入驻卖家供货相结合。

④其他供销平台给入驻卖家供货。

（2）销售模式。电商的销售模式基本相似，但受货源模式的影响存在一些差异。

①超市型。自己采购商品销售的电商，类似线下的超市，同一种商品只在一个柜台上销售。消费者自己挑选并放进购物车，结算时最多支付一份运费。

②商场（市场）型。入驻卖家销售的电商，类似线下的商场或者市场（商场一般档次会高一些，市场一般档次较低），同一种商品可能有多个卖家同时销售，在许多柜台上都能见到。消费者分别在每个入驻商家挑选、比较，如果购买的商品来自不同的入驻商家，结算时往往要支付多份运费。

③商场和超市结合型。即前两种模式在同一个电商网站共存。

（3）客服模式。电商的客户服务的模式往往由以下一种或多种方式组成：

①有专用即时沟通工具软件，效率比较高。

②客服电话服务模式。

③网页留言，客户留言后卖家可以答复，是非即时沟通的方式。

（4）支付模式。一般各类电商都可以接受买家使用借记卡、信用卡在线支付，或者采取邮局汇款等方式进行付款，根据支付模式的不同可以分为两类：

①直接支付。买家支付的货款直接进入卖家账户，超市型销售模式经常采用这种支付方式。

②担保支付。买家支付的货款先进入第三方担保账户，确认交易成功后再由第三方担保账户支付给卖家，商场型销售模式经常采用这种支付方式。

（5）物流模式。常见的电商物流模式有三种：

①自建物流体系。自己采购商品的货源模式通常采用这种物流模式，由电商统一采购，统一仓储，统一调配，并由自己的物流公司运输，用自己的配送队伍进行配送。

②采用第三方快递公司。入驻卖家销售的货源模式通常采用这种物流模式，各个卖家自己采购商品并解决仓储，自己联系第三方快递公司，由快递公司进行运输和配送。

③前两种方式相结合的模式。入驻卖家采购的商品也可以放到第三方平台的电商网站的仓储中心存储并调配，由第三方平台的电商网站的物流系统进行运输和配送；有的第三方平台电商网站自建部分物流系统来完成仓储和运输，而配送环节和全国各地的地市级配送公司合作。

上述五个子模式，覆盖了电商交易中的货源、销售、客服、支付、物流五个方面，不同模式产生的效果各不相同，对电商运营影响很大，创业者在选择电商作为网创平台之前，可以利用 SWOT 分析法认真分析上述子模式构成的电商运营模式。

勤学善思

京东物流的可持续发展

作为京东集团的核心组成部分，京东物流以其高效的物流系统和创新的供应链管理而闻名。京东物流的成功，不仅在于其对技术的投入和应用，更在于其对客户需求的深刻理解和快速响应。

通过引入先进的机器人技术、大数据分析和人工智能算法，京东物流实现了仓储、分拣和配送的自动化，极大提高了物流的效率和准确性。例如，京东的无人仓库能够 24 小时不间断运作，减少了人力成本，同时提高了订单处理速度。通过整合上下游资源，京东物流构建了一个从供应商到消费者的全链条服务体系。这种整合不仅缩短了产品从生产到销售的时间，还提高了库存管理的灵活性和响应速度。通过提供次日达、当日达等多样化的配送服务，京东物流满足了不同客户的需求。此外，京东还通过智能物流追踪系统，让客户能够实时了解订单状态，增强了客户的信任感和满意度。通过优化运输路线、使用新能源车辆和推广循环包装材料，京东物流减少了物流过程中的碳排放，体现了企业的社会责任感。京东物流的模式为其他企业提供了宝贵的参考，也为物流行业的可持续发展提供了新的思路。

思考：结合案例分析京东物流成功的原因有哪些?

分析：京东物流的成功案例表明，技术驱动的物流系统、供应链创新整合、客户体验优化和绿色物流实践是现代物流企业发展的关键。

1.2.2 技能要点

电商平台选择

创业可以在线下创业，也可以通过互联网平台创业。一旦确定线下创业，就要根据企业的经营需要选择合适的固定经营场所。线下选择经营场所比较复杂，这里不作赘述。现在线上经营已成为创业者考虑的重要选项，即使是线下创业，也需充分利用互联网平台推销自己的产品。

目前，国内外电商平台主要有零售平台（如淘宝、京东、拼多多等）、微信平台、微博平台、直播平台和短视频平台等，对于创业者而言，如何选择适合自己的电商零售平台，需要考虑多个因素，包括创业者的兴趣和技能、平台的特点、平台的市场需求和发展前景、平台的竞争环境、平台的发展模式和盈利方式等。

首先，创业者应该考虑选择的平台与自己的兴趣和技能是否相匹配。只有对所选择的领域有深入的了解和热情，才能在竞争激烈的市场中立足。因此，在选择“互联网+”创业平台时，应该优先考虑自己的专业领域或兴趣爱好，选择与自己兴趣和技能相匹配的平台，以便更好地发挥自己的优势。比如有的同学喜欢美妆分享或测评分享，选择与之相匹配的短视频平台，可以使内容输出达到更好的效果。

其次，创业者需要考虑平台的市场需求和前景。选择一个有市场需求且具有发展潜力的平台，可以帮助创业者更快地实现商业成功。目前短视频平台和直播平台由于其播放形式直观生动，市场需求较大，粉丝变现率较高；双微平台由于用户基数较大，且开发的公众号、小程序、视频号使用方便快捷，也受到了企业、商家甚至事业单位的青睐，发展前景广阔。创业者需要通过市场调研和分析，了解自己产品的目标用户对于平台的选择需求和行为习惯，这可以为选择平台提供更准确的判断。

再次，创业者还应该考虑平台的竞争环境。选择一个竞争激烈的平台可能会增加创业的难度，但同时也代表着巨大的市场潜力。创业者需要在竞争中找到自己的定位和竞争优势，以便在市场中脱颖而出。

最后，创业者还需要考虑平台的发展模式和盈利方式。不同的“互联网+”创业平台有不同的商业模式，创业者需要根据自己的资源和实力选择适合自己的发展路径。同时，创业者还需要清楚平台的盈利方式，以确保平台能够持续盈利并实现商业可持续发展。

我国常见电商平台发展模式及盈利方式见表 3-1-1。

表 3-1-1 我国常见电商平台发展模式及盈利方式

平台	发展模式	盈利方式
微信平台	基于社交网络功能，用户可以互相交流分享信息和互动，形成庞大的社交生态系统；通过移动支付功能，用户可以进行线上线下的支付交易，促进了电子商务和服务业的发展	通过广告收入、交易手续费、金融服务、电子商务销售提成、会员服务费用等方式盈利
微博平台	基于用户生成内容和社交互动。用户可以在平台上发布文字、图片、视频等内容，与其他用户进行互动和分享，形成一个庞大的社交网络。同时，微博也提供了广告投放、付费内容、电商等功能，为用户和商家提供多样化服务	通过广告收入、付费内容、电商服务销售提成、粉丝经济、数据服务费用等方式盈利
直播平台	基于用户实时在线直播内容，吸引观众观看和互动。用户可以通过直播平台实时展示自己的生活、技能、表演等内容，观众可以通过弹幕、点赞、送礼物等方式与主播互动，形成一个实时互动的直播社交平台	通过广告收入、虚拟礼物分成、付费订阅、直播带货销售提成、粉丝经济等方式盈利
短视频平台	基于用户生成短视频内容，吸引用户观看和互动。用户可以在平台上发布短视频，通过创意、内容质量和互动性吸引粉丝和观众。短视频平台通常提供个性化推荐、社交分享、评论互动等功能，帮助用户扩大影响力和吸引更多用户	通过广告收入、品牌合作、付费内容、虚拟礼物分成、平台分成等方式盈利
零售平台	以 C2C 或 B2C 模式为主，有自营和第三方商家两种销售模式；注重商品品质和服务，提供庞大的商品种类；注重用户社交和互动，推出了直播带货、短视频、社交分享和团购等模式，为用户提供更加个性化的购物体验；致力于建设先进供应链体系，提供更快、更好的物流服务	主要通过销售商品、广告收入、交易佣金和服务费等方式盈利，同时推出了直播、特价等新业务模式

综上所述，选择适合自己的“互联网 +”创业平台是一项复杂而又关键的决策。创业者需要综合考虑平台特点、市场需求、竞争环境和盈利方式等因素，以便在激烈的市场竞争中取得成功。希望以上几点建议能够帮助创业者更好地选择“互联网 +”创业平台，实现自己的创业梦想。

1.3 同步训练

1.3.1 任务描述

1. 任务名称

主流电商零售网站的运营模式评价

2. 任务表格

创业平台选择任务表见表3-1-2。

表3-1-2 创业平台选择任务表

项目	淘宝	天猫	京东
货源			
销售			
客服			
支付			
物流			

3. 任务要求

分别登录淘宝、天猫、京东三家电商网站，根据表中项目查找各个电商网站运营模式中五个子模式的相关内容，并完成表3-1-2的填写。

提示：可以各完成一次三家网站上的购物，更好地体会各个电商网站运营模式的不同。

1.3.2 实施步骤

三个网站的实施步骤均相同，以下步骤以淘宝网为例。

第一步：登录淘宝网站。

第二步：根据知识要点中的五个子模式里的知识对淘宝网进行分析并记录淘宝网的各个子模式。

自主学习

第三步：评价各个网站模式的优缺点。

任务2 “互联网+”创业商业模式设计

2.1 引导任务

分析阿里旗下淘宝网站的商业模式，并给出商业模式涉及的有关模块。

分析：分别从客户细分、价值主张、渠道通路、客户关系、收入来源、核心资源、关键业务、重要合作和创办成本分析淘宝网站的商业模式。

2.2 支撑知识与技能

现代管理学之父彼得·德鲁克说过，21 世纪企业之间的竞争不再是产品与产品的竞争，而是商业模式之间的竞争。可见，商业模式在互联网时代创业是十分重要的。这从我国近期一些企业传统行业实现了"互联网 +"后爆炸式发展也可得到佐证。因此，学习和掌握商业模式设计十分必要。

2.2.1 知识要点

商业模式创新是当今企业获得核心竞争力的关键。业内很多企业都是因为创新独特而具有竞争力的商业模式成为行业领袖。据不完全统计，在过去十年成功跻身于财富 500 强的 27 家企业中，有 11 家都是通过商业模式创新而取得成功的。

1. 商业模式基本概念

商业模式是为了通过利用商业机会来创造价值，从而设计的交易内容、交易结构和对交易的治理方式。泰莫斯定义商业模式是指一个完整的产品、服务和信息流体系，包括每一个参与者在其中起到的作用，以及每一个参与者的潜在利益和相应的收益来源和方式。商业模式包含客户细分、价值主张、渠道通路、客户关系、收入来源、核心资源、关键业务、重要合作和成本结构 9 个模块。

（1）客户细分。客户细分主要描述的是公司想要获得和期望服务的目标人群或机构。客户细分的主要方式有：大众市场、小众市场、求同存异的客户群（有部分区别需求的多个细分市场）、多元化的用户群（新的用户群体）、多边平台（两个或多个相互独立的客户群）等。客户细分需要考虑的问题有：我们在为谁创造价值，谁才是我们最重要的客户。细分客户群体的条件包括新的需求催生了新的供给，需要建立新的分销渠道，需要建立新的客户关系类型，产生的利润需要显著不同，新的客户群愿意为新的改进买单，等等。

（2）价值主张。价值主张主要描述的是我们能为不同客户群体创造什么样价值的产品和服务，是客户选择一家公司而放弃另一家公司的核心原因。这些原因包括创新、性能、定制、极致服务、设计、品牌、价格、减少成本（时间、金钱）、降低风险、便利性、可获得性等价值主张。需要考虑的问题有：我们要向客户传递什么样的价值，我们需要满足客户哪些需求，面向不同的客户群体，我们需要提供什么样的产品组合或服务等。

企业担当

百度的企业担当

百度，作为中国互联网行业的领军企业，其企业担当不仅体现在对技术的追求和创新上，更体现在对社会和环境的积极贡献上。

（1）技术创新与知识共享。百度通过其搜索引擎技术为用户提供了便捷的信息获取渠道。同时，百度还致力于人工智能技术的研发，推动了语音识别、自动驾驶等领域的发展。百度开放平台鼓励开发者利用百度的技术，促进了知识的共享和技术的普及。

（2）社会责任的积极履行。百度在社会责任方面也作出了积极的努力。通过百度公益平台，百度支持和参与了多项公益活动，包括教育支持、医疗援助和灾害救援等。百度的“百度寻人”项目利用大数据和人工智能技术帮助寻找失踪儿童，展现了企业对社会责任的承担。

（3）环境可持续性的努力。百度在推动环境可持续性方面也有所作为。公司通过优化数据中心的能源效率、使用可再生能源、减少碳排放等措施，致力于减少对环境的影响。百度还通过其平台推广环保意识，鼓励用户采取绿色生活方式。

（4）数据安全与用户隐私保护。在信息安全和用户隐私方面，百度建立了严格的数据保护机制，确保用户信息的安全。百度不断加强网络安全技术，保护用户免受网络攻击和信息泄露的风险。

启示：通过这些行动，百度不仅巩固了其在互联网行业的领导地位，也为社会的可持续发展作出了积极的贡献。

（3）渠道通路。渠道通路主要描述的是公司如何与客户建立联系并将价值主张传递给客户。传递的作用主要包括提高公司产品或服务的知名度，通过客户的评价获取信息优化业务，提高购买率，向客户传递价值主张，向客户提供售后支持。渠道通路需要考虑的问题有：客户希望以何种方式与我们联系，我们如何建立这种联系，我们的渠道是如何构成的，哪个渠道最有用，哪个渠道成本最低，我们如何将这些渠道与日常工作整合到一起等。

（4）客户关系。客户关系主要描述的是公司针对某一个客户群体所建立的客户关系的类型。客户关系主要由以下动机驱动：开发新客户、留住老客户、增加销售量等。客户关系需要考虑的问题有：客户希望以何种方式与我们建立并保持何种类型的关系，我们已经建立了哪些关系，这些关系成本多少，这些关系类型与其他模块如何整合。客户关系的主要分类有：私人服务、专属私人服务、资助服务、自动化服务、社区、与客户协作共同创造。

（5）收入来源。收入来源主要描述的是企业如何从客户群体中获得现金收益。收入来源主要分为客户一次性支付和持续收入两种。收入来源需要考虑的问题有：客户真正愿意买单的原因是什么，客户正在买单的原因是什么，客户目前使用的支付方式是什么，客户更愿意使用的支付方式是什么，每一个收入来源对于总体贡献的比例是多少。收入来源主要有：资产销售、使用费、会员费、租赁、许可使用费、经纪人佣金、广告费等。

（6）核心资源。核心资源主要描述的是保证一个商业模式顺利运行所需要的最重要的资产。这些资源是企业创造并提供价值、获得市场、保持客户关系、建立客户渠道的核心资源。核心资源需要考虑的问题有：价值主张、分销渠道、客户关系、收入来源分别需要哪些核心资源。核心资源主要有以下分类：实物资源、知识性资源、人力资源、金融资源等。

（7）关键业务。关键业务主要描述的是保障商业模式正常运作所需要做的最重要的事情。每一个商业模式都有一系列的关键业务，这些业务是一个企业成功运营所必需的重要部分。关键业务主要考虑的问题有：价值主张、分销渠道、客户关系、收入来源分别需要哪些关键业务。关键业务主要有以下分类：生产活动、解决方案、平台业务等。

（8）重要合作。重要合作主要描述的是一个商业模式顺利运行所需要的供应商和合作伙伴网络。重要合作主要分为以下四类：非竞争者之间的战略联盟、竞争者之间的战略合作、为新业务建立合资公司、为保证可靠的供应而建立的供应商和采购商关系。重要合作主要考虑的问题有：谁是我们的关键合作伙伴，谁是我们的关键供应商，我们从合作伙伴那里获得了哪些核心资源，我们的合作伙伴参与了哪些关键业务。建立合作伙伴的主要动机有：优化及规模效应，降低风险和不确定性，特殊资源及活动的获得。

（9）成本结构。成本结构主要描述的是运营一个商业模式所发生的全部成本。成本结构主要有：固定成本、可变成本、规模经济和范围经济。可以将成本结构分为成本导向（成本最小化）和价值导向（更少关注成本、更多关注价值）两种。成本结构主要考虑的问题有：商业模式中最重要的固定成本是什么，最贵的核心资源是什么，最贵的关键业务是什么。

商业模式创新作为一种新的创新形态，其重要性已经不亚于技术创新。近几年，商业模式创新在我国商业界成为流行词汇。商业模式创新是指企业价值创造提供基本逻辑的创新变化，它既可能包括多个商业模式构成要素的变化，也可能包括要素间关系或者动力机制的变化。

2."互联网 +"的几个典型商业模式

"互联网 +"创业有四大落地系统（商业模式、管理模式、生产模式、营销模式），其中最核心的就是商业模式的互联网化，即利用互联网精神（平等、开放、协作、分享）来颠覆和重构整个商业价值链，目前来看，主要分为以下几种商业模式。

（1）"工具 + 社群 + 电商"模式。互联网的发展使信息交流越来越便捷，志同道合的人更容易聚在一起形成社群。同时，互联网将散落在各地的星星点点的分散需求聚拢在一个平台上，形成新的共同需求，并形成了规模，解决了重聚的价值。

如今，互联网正在催熟新的商业模式，即"工具 + 社群 + 电商"的混合模式。比如，微信最开始就是一个社交工具，先是通过各自工具属性 / 社交属性 / 价值内容的核心功能过滤海量的目标用户，加入了朋友圈点赞与评论等社区功能，继而添加了微信支付、精选商品、电影票、手机话费充值等商业功能。

为什么会出现这种情况？简单来说，工具如同一道锐利的刀锋，它能够满足用户的痛点需求，用来做流量的入口，但它无法有效沉淀粉丝用户。社群是关系属性，用来沉淀流量；商业是交易属性，用来变现流量价值。工具、社群和电商三者看上去是"三张皮"，但内在融合的逻辑是一体化的。

（2）长尾型商业模式。长尾概念由克里斯·安德森提出，这个概念描述了媒体行业从面向大量用户销售少数拳头产品到销售庞大数量的小众产品的转变，虽然每种小众产品相对而言只产生小额销售量，但小众产品销售总额可以与传统面向大量用户销售少数拳头产品的销售模式相媲美。通过 C2B 实现大规模个性化定制，核心是“多款少量”。所以，长尾模式需要低库存成本和强大的平台，并使小众产品对于兴趣买家来说容易获得。

（3）跨界商业模式。互联网为什么能够如此迅速地颠覆传统行业呢？互联网的颠覆实质上就是利用高效率来整合低效率，对传统产业核心要素进行再分配，也是生产关系的重构，并以此来提升整体系统效率。互联网企业通过减少中间环节，减少所有渠道不必要的损耗，减少产品从生产到进入用户手中所需要经历的环节来提高效率，降低成本。因此，对于互联网企业来说，只要抓住传统行业价值链条中的低效或高利润环节，利用互联网工具和互联网思维，重新构建商业价值链就有可能获得成功。

（4）免费商业模式。“互联网 +”时代是一个“信息过剩”的时代，也是一个“注意力稀缺”的时代，怎样在“无限的信息”中获取“有限的注意力”，便成为“互联网 +”时代的核心命题。注意力稀缺导致众多互联网创业者们开始想尽办法争夺注意力资源，而互联网产品最重要的就是流量，有了流量才能够以此为基础构建自己的商业模式，所以说互联网经济就是以吸引大众注意力为基础去创造价值，然后转化成利润。

很多互联网企业都是以免费、好的产品吸引到很多的用户，然后通过新的产品或服务给不同的用户，在此基础上再构建商业模式，比如 360 安全卫士、QQ 用户等。互联网颠覆传统企业的常用打法就是在传统企业用来赚钱的领域免费，从而彻底把传统企业的客户群带走，继而转化成流量，然后再利用延伸价值链或增值服务来实现盈利。

如果有一种商业模式既可以统摄未来的市场，也可以挤垮当前的市场，那就是免费的模式。克里斯·安德森在《免费：商业的未来》中归纳基于核心服务完全免费的商业模式：一是直接交叉补贴，二是第三方市场，三是免费加收费，四是纯免费。

（5）O2O 商业模式。所谓 O2O 商业模式就是 Online To Offline，也就是说将线下商务的机会与互联网结合在了一起，让互联网成为线下交易的前台。这样线下服务就可以用线上来揽客，消费者可以用线上来筛选服务，还有成交可以在线结算，很快达到规模。最重要的是：推广效果可查，每笔交易可跟踪。

（6）多边平台商业模式。平台型商业模式的核心是打造足够大的平台，产品更为多元化和多样化，更加重视用户体验和产品的闭环设计。

海尔集团张瑞敏对平台型企业的理解就是利用互联网平台，企业可以放大，原因有：第一，这个平台是开放的，可以整合全球的各种资源；第二，这个平台可以让所有的用户参与进来，实现企业和用户之间的零距离。在互联网时代，用户的需求变化越来越快，越来越难以捉摸，单靠企业自身所拥有的资源、人才和能力很难快速满足用户的个性化需求，这就要求打开企业的边界，建立一个更大的商业生态网络来满足用户的个性化需求。通过平台以最快的速度汇聚资源，满足用户多元化的个性化需求。所以平台模式的精髓，在于打造一个多方共赢互利的生态圈。

但是对于传统企业而言，不要轻易尝试做平台，尤其是中小企业不应该一味地追求大而全、做大平台，而是应该集中自己的优势资源，发现自身产品或服务的独特性，瞄住精准的目标用户，发掘出用户的痛点，设计好针对用户痛点的极致产品，围绕产品打造核心用户群，并以此为据点快速地打造一个品牌。

（7）分拆商业模式。分拆商业模式是将企业从事的活动分为三类：客户关系管理、新产品开发以及基础设施管理。每种类型的活动有着不同的经济、竞争和文化规则。这三种类型可能共存于同一家企业中，但理想情况下，它们各自存在于相互独立的实体中以避免冲突或不必要的消长。

（8）开放式的商业模式。开放式的商业模式适用于通过与外部合作伙伴系统地配合来创造和获取价值的企业。这种模式可以是“由外而内”地在企业内部尝试来自外部的理念，或者“由内而外”地向外部合作伙伴输出公司无用的理念或资产。“开放式的创新”和“开放式的商业模式”意指将企业的研发流程向外界开放，意即在一个以发散的知识为特征的世界中，组织可以将外部的知识、知识产权和产品整合进自身的创新流程，进而创造更大的价值并更好地发掘自己的研发能力。

创业视角

创新商业模式、提供优质服务，叮咚买菜崭露头角

作为一家专注于社区生鲜配送的创业公司，叮咚买菜通过创新的商业模式和优质的服务，迅速在市场上崭露头角。叮咚买菜创立于2019年，是一家专注于社区生鲜配送的创业公司。其创始人具有丰富的电商和供应链管理经验。叮咚买菜致力于提供便捷的社区生鲜配送服务，在冷链物流、供应链管理和用户体验方面进行了创新，通过线上下单、线下配送的业务模式，为用户提供新鲜、优质的生鲜食材。通过建立自有冷链物流体系和供应链网络，确保食材的新鲜和质量。其高效的配送服务和优质的食材，赢得了消费者的信赖和口碑。在短时间内迅速扩张，覆盖多个城市，并获得了用户的好评。叮咚买菜未来计划进一步扩大市场份额，加强品牌建设，提升服务质量，拓展更多的生鲜品类，满足用户的多样化需求。

2.2.2 技能要点

1. 商业模式分析工具——商业模式画布模板

在当前环境下有竞争力的商业模式很可能明天就过时甚至被抛弃了。因此，必须提升对商业模式环境及其可能的演进方向的理解。商业环境的演进是复杂的、不确定的，甚至可能是颠覆性的，然而，还是能够建立一些基本假设作为设计未来商业模式的指导准则。关于市场影响力、行业影响力、关键趋势和宏观经济影响方面的分析假设为开发潜在的商业模式

或者面向未来的模型提供了设计空间。商业模式场景同样应该担负起预测未来的角色。根据商业模式 9 个模块，绘制未来的图景能让开发潜在的商业模式变得更加容易。根据自己的标准，你可以选择出适合你的商业模式。商业模式画布是一个非常好用的商业模式分析工具，见表 3-2-1、表 3-2-2。

表 3-2-1　商业模式画布模板

<table>
<tr><td rowspan="2">重要合作伙伴</td><td>关键业务</td><td rowspan="2">价值主张</td><td>客户关系</td><td rowspan="2">客户细分</td></tr>
<tr><td>核心资源</td><td>渠道通路</td></tr>
<tr><td colspan="2">成本结构</td><td colspan="3">收入来源</td></tr>
</table>

表 3-2-2　某足球俱乐部商业模式画布

<table>
<tr><td rowspan="2">重要合作伙伴
食品和饮料
票务与服务
推销者
广告安置
电信运营商
电视运营商
……</td><td>关键业务
球队管理
事件管理
场地管理
票务
贵宾关系管理
视频制作组
……</td><td rowspan="2">价值主张
魅力足球
全方位业务（比赛、餐饮、购物）
专属贵宾室
商品促销
场地出租
……</td><td>客户关系
个人网站简介
时事通讯
球队博客（RSS）
球队贵宾活动
……</td><td rowspan="2">客户细分
球迷（家庭等）
球迷团体
公司
活动 / 音乐会主办单位
广告主
……</td></tr>
<tr><td>核心资源
漂亮的踢法和赢得比赛
品牌管理
视频影像
渠道管理</td><td>渠道通路
运动场
电子收费系统
俱乐部网站
（+ 在线电视）
俱乐部有线电视频道
手机电视频道
……</td></tr>
<tr><td colspan="2">成本结构
球队维持
基础设施管理
营销
视频</td><td colspan="3">收入来源
球赛门票
俱乐部会员费
网络电视订阅收入
有线和手机电视收入分成
出租场地举办活动收入
广告收入
商品销售收入</td></tr>
</table>

2. 商业模式设计原则

在当今信息时代，互联网已经深刻改变了人们的生活方式和商业模式。随着“互联网 +”的兴起，越来越多的创业者将目光投向了这个充满无限可能性的领域。在这个浩瀚的数字世界中，如何设计出创新的商业模式，成为创业者们共同面临的挑战。

首先，要充分利用互联网的优势。互联网的快速传播和信息交流特性为创业者提供了前所未有的机遇。通过建立在线平台，可以将供需双方直接连接起来，实现资源的高效配置。例如，通过建立一个在线教育平台，让学生和老师可以随时随地进行学习和教学，打破传统教育的时空限制，提高教育资源的利用率。

其次，要注重用户体验和个性化服务。互联网时代，用户对产品和服务的要求越来越高，个性化定制已经成为市场竞争的关键。创业者们可以通过大数据分析和人工智能技术，深入了解用户需求，为用户提供更加个性化的产品和服务。比如，通过用户的浏览和购买记录，为其推荐符合其口味的商品，提升用户购物体验。

再次，要不断创新和突破传统模式。“互联网 +”时代，创新是企业生存和发展的基石。创业者们应该敢于打破常规，尝试新的商业模式，寻找市场的空白点。比如，结合互联网和共享经济的理念，打造共享办公空间，为创业者提供灵活的工作环境和资源共享，降低创业成本，推动创业者们的发展。

最后，要注重平台生态的建设。在“互联网 +”时代，一个优秀的商业模式不仅是一个产品或服务，更是一个完整的生态系统。创业者们应该注重建设平台生态，吸引更多的合作伙伴和用户参与，形成良性循环。只有构建起一个稳定、健康的平台生态，才能持续推动商业模式的创新和发展。

综上所述，“互联网 +”创业商业模式设计需要充分利用互联网的优势，注重用户体验和个性化服务，不断创新和突破传统模式，以及注重平台生态的建设。只有在不断探索和实践中，才能找到适合自己的商业模式，实现商业的成功和可持续发展。让我们携手共进，共同探索“互联网 +”时代的商业新机遇！

3. 商业模式设计方法

这里列举了一些商业模式设计的方法和工具，可以帮助你设计更好的和更具创新性的商业模式。作为创业者必须执着地探究各种可能性，直到创造出新的设计，发现从未被人开发的领域，或者实现想要的功能。

（1）客户洞察。客户视角是商业模式设计的指导性原则。客户的观点决定了我们选择怎样的价值主张、渠道、客户关系和收益来源，需要真正了解他们的需要。在设计商业模式时我们须常常反问：我们的客户需要完成哪些工作？我们如何能帮助他们？我们的客户有何种愿景？我们如何能帮助他们成就自我？我们的客户倾向于以何种方式接触？作为一家企业，我们如何能以最合适的方式融入他们的日常工作？我们的客户期望我们和他们建立哪种关系？客户真正愿意为哪些价值付费？客户愿意付多少钱？但难点之一是透彻地理解客户。商业模式的设计必须基于这份理解。为此，设计者必须真正深入了解客户。有些企业产品设计人员会走访客户，拜访行业资深人士、消费心理学者等。另一个难点是企业是否清楚知道需要关注哪些客户，忽略哪些客户。在很多情况下，能够拉动未来增长的那些客户往往并不是今天的“金牛”客户。因此，商业模式的创新不能仅仅聚焦现有的客户群体，必须着眼于新客户群体。

（2）构思，产生新的商业模式创意。画出现有的商业模式是一回事，设计出一个全新的商业模式又是另一回事。我们需要一个创造性的流程，产生大量的创意，并且能够成功识别出最佳的创意。构思的流程包括团队组建（多样化）、钻研（识别重点问题）、开拓（哪些方面可以做创新）、甄选标准（确定核心标准）、构建模型（从标准中选出 3—5 个创新模式，然后用画布开始讨论）。

（3）视觉化思考。我们通过图片、草图、结构化和便利贴等视觉化工具来构建和讨论各种创意，因为商业模式是由许多模块化组成的复杂概念，而且模块之间有复杂的关系，所以不把它们画出来很难理解一个真正的商业模式。

（4）模型构建。和视觉化思考一样，模型构建可以将抽象的概念具体化，有助于探索新的创意。一个模型可以是一个草图、一个细节丰富的商业画布，也可以是实地验证的商业模式。通过绘制大量模型来代表很多的战略选择，它的目的不是要描绘出具体的执行方案，而是通过给每个模型添加、移除一些元素来探索新的、看似荒诞的，甚至是似乎不可能的想法。

（5）讲故事。新的创新模式可能是很难描述和不易理解的，抵触是人们对一个不熟悉的模式很可能的反应，因此描述新的商业模式最重要的就是克服这些抵触。讲故事是一种有效的沟通方式，好的故事能抓住听众的耳朵，借助商业画布强大的解释能力，讲故事能让听众们暂时放下对陌生事物的怀疑，不但能让商业模式栩栩如生，也能让未来看起来触手可及。

（6）场景。视觉化思考、模型构建、讲故事都是将抽象的事物具体化，在用户洞察环节就会有关于用户使用场景的思考，但是通过融入我们对客户的理解描述出了具体、独特的途径，更能加深对商业模式及其必要调整措施的理解。

2.3 同步训练

2.3.1 任务描述

1. 任务名称

企业商业模式设计

2. 任务表格

商业模式画布见表 3-2-3。

表 3-2-3　商业模式画布

<table>
<tr><td rowspan="2">重要合作伙伴</td><td>关键业务</td><td rowspan="2" colspan="2">价值主张</td><td>客户关系</td><td rowspan="2">客户细分</td></tr>
<tr><td>核心资源</td><td>渠道通路</td></tr>
<tr><td colspan="3">成本结构</td><td colspan="3">收入来源</td></tr>
</table>

3. 任务要求

应用商业模式画布写出自己企业商业模式的 9 个模块内容。

2.3.2　实施步骤

第一步：确立本企业及其价值主张。

自主学习

第二步：确立本企业的客户关系、客户细分和与客户建立联系的渠道及其要素。

第三步：确立本企业的关键业务、实现关键业务需要的重要资源要素和重要的合作伙伴，如原材料供应商等。

第四步：分析本企业的所有收入来源。

第五步：分析本企业发生的所有成本项。

思维导图

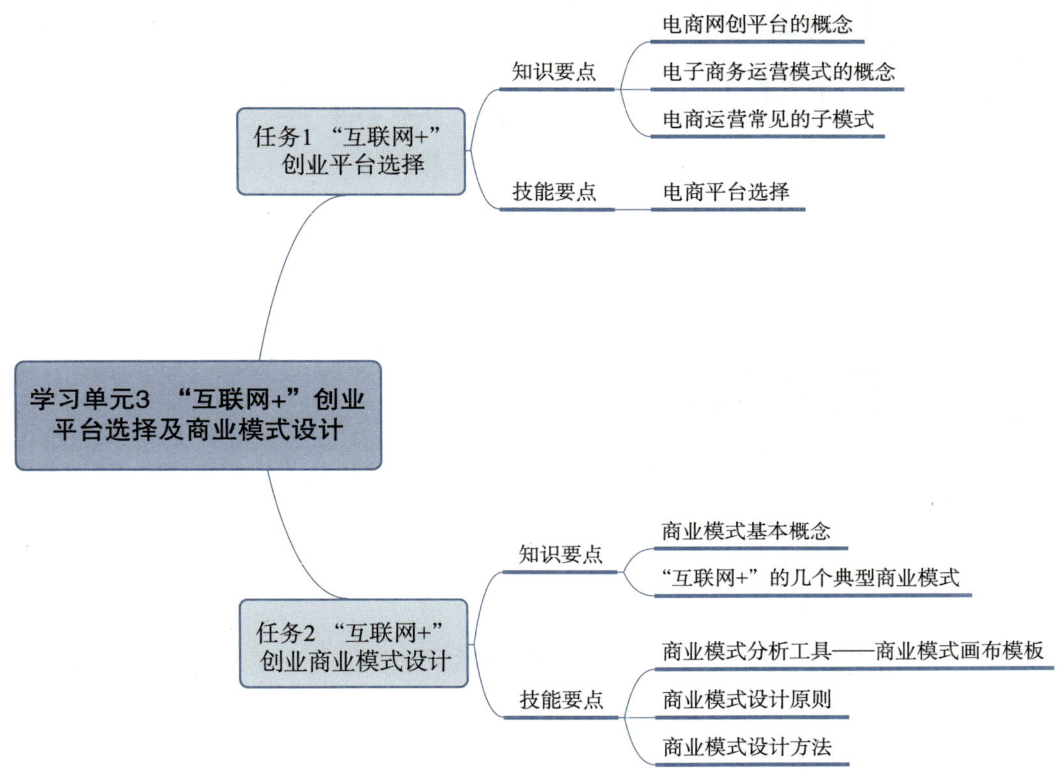
学习单元3 “互联网+”创业平台选择及商业模式设计
任务1 “互联网+”创业平台选择
知识要点
电商网创平台的概念
电子商务运营模式的概念
电商运营常见的子模式
技能要点
电商平台选择
任务2 “互联网+”创业商业模式设计
知识要点
商业模式基本概念
“互联网+”的几个典型商业模式
技能要点
商业模式分析工具——商业模式画布模板
商业模式设计原则
商业模式设计方法

4 学习单元4 “互联网+”企业平台搭建

单元导学

本学习单元包含4个任务：

任务1　企业法律形态的选择

任务2　创业团队建设

任务3　法律环境和责任

任务4　“互联网+”创业货源管理

通过学习，了解我国企业有关法律法规，在此基础上掌握团队建设基本要领，了解常见互联网创业的辅助平台，掌握货源规划及管理的一些技巧。

知识目标

1. 了解我国企业法律形态。
2. 了解企业团队建设一般方法。
3. 了解我国企业相关法律法规。
4. 了解互联网创业平台的辅助工具软件。
5. 掌握企业货源管理。

能力目标

1. 在了解我国常见企业法律形态的基础上能选择适合本企业的法律形态。
2. 能够根据企业团队建设的方法构建创业团队。
3. 能够熟悉我国企业的工商、税务、劳动保障有关规定。
4. 能应用互联网创业平台有关辅助工具软件。
5. 能够为本企业规划货源及做好货源管理。

素质目标

1. 树立依法经营、照章纳税的观念。
2. 了解社会主义市场经济的特点。
3. 具有爱岗敬业的精神和自我完善的品质。
4. 具有团队合作精神和与人交流沟通的素质。

任务1 企业法律形态的选择

1.1 引导任务

夏天即将来临，小李和小王到批发城批发了一批连衣裙在校园内销售给同学们，请问他们的行为是企业经营吗？只在淘宝上注册网店经营属于企业经营吗？

王明、李强和李丽三人是大学同学，王明与李强开办了一家小工厂，一直做外贸订单加工，生意很红火。李丽开了一家美容院，还买了一辆轿车自用。一天，李丽找到王明，她看中了杭城一家要转让的美容院，转让费要50万元，自有20万元，要借30万元，请同学帮忙。王明说要和李强商量再说，这事就放下了。过了一段时间，李丽又找到了王明和李强，说自己店里又赚了15万元，只需借15万元就够了，还期一个半月就行了，自己可以用美容院担保按时全额还款。王明和李强碍于老同学的面子，商量后同意了。李丽写了借条并盖了公章拿了钱走了。过了两个月没有李丽的还款消息。王明打电话给李丽，李丽说“过两天”，过两天再打电话时李丽说她的美容院倒闭了，并且车和美容院都没了，要王明和李强干脆到法院起诉自己。王明和李强急等着用钱购进原料生产，外贸供货限期已经快到，如不能供货则将面临巨大赔付责任。

试问：

（1）王明和李强通过法院能要到钱吗？

（2）如果王明和李强偿付外贸赔款而倒闭，他们各自将承担什么责任？

分析：为了实现上述任务，需要掌握以下知识与技能。

（1）社会组织与法人的定义；

（2）企业的法律形态的含义；

（3）常见小企业法律形态的特点知识；

（4）选择法律形态要考虑的因素；

（5）选择法律形态的方法知识。

1.2 支撑知识与技能

1.2.1 知识要点

通过前几个学习单元的学习，我们已经对企业发展方向有了初步的想法、细分了市场、设计好了企业的商业模式。一个人或一个团队去开拓市场、创造市场，用你的产品或服务满足顾客需求，引导顾客需求变化，谋求实现一定的销售量及一定利润的前提是先成立经济组织才能实现合法经营。一般企业组织结构包括法律形态、人员组织、法律责任三个方面，现在你就要开始为自己的新企业选择一种最恰当的法律形态。

1. 社会组织与法人

社会组织是人类组织形式的一部分，法律将具有民事权利能力和民事行为能力，依法独立享有权利和承担民事义务的这部分组织定为法人，赋予这部分组织法人资格的法律地位。

法人包括企业法人和非企业法人。企业法人是指依据《中华人民共和国企业法人登记管理条例》《中华人民共和国公司登记管理条例》等，经各级市场监督管理部门登记注册的以营利为目的的法人，包括有限责任公司、股份有限公司和其他企业法人等，指具有符合国家法律规定的资金数额、企业名称、组织章程、组织机构、住所等法定条件，能够独立承担民事责任，经主管机关核准登记取得法人资格的社会经济组织。非企业法人是指不以营利为目的，主要从事非生产经营活动的法人，包括机关法人、事业单位法人、社会团体法人基金会、社会服务机构等。个体工商户、个人独资企业、个人合伙企业作为组织既不是企业法人，也不是非企业法人，而是非法人（不具备法人资格的合法的经济组织）。

2. 企业的法律形态

企业作为以营利为目的的从事商品生产和交换的经济组织，法律同样规定了它的形态且规定设立企业只能选择法律规定的企业组织形式。法律规定的企业形态就叫企业的法律形态。法律规定的企业组织形式将企业分为法人企业和非法人企业，即有法人资格的企业叫法人企业（如有限责任公司有法人证书，并且营业执照上有法人代表），没有法人资格的企业叫非法人企业（如个体工商户、个人独资企业、个人合伙企业、没有法人证书，营业执照上只有负责人）。现代社会，法人企业在社会经济生活中占据主导地位，非法人企业也起着重要的作用。公司是典型的法人企业，分公司、个体工商户、个人独资企业、合伙企业则属于非法人企业。

非法人企业的法律地位是不具有法人资格，不能独立承担民事责任，不能独立支配和处分所经营管理的财产，但经营单位可以刻制印章、开立往来账户、单独核算、依法纳税，也可以签订商业合同并作为执行人。

企业的法律形态不是一成不变的，在不同时期发生不同变化。目前，我国民营企业的主要法律形态有股份有限责任公司、有限责任公司、外资企业、中外合资企业、中外合作企业、乡镇企业、股份合作制企业、合伙企业、个人独资企业、个体工商户、农村承包经营户等。小微企业最常见的法律形态有以下四种：个体工商户、个人独资企业、合伙企业和有限责任公司。

不同的企业法律形态有不同的要求，对企业会产生诸多影响，这些影响包括：

开办和注册企业的成本；开办和注册企业手续的难易程度；企业的风险责任；创业资金的筹集；寻找合伙人的可能性；企业的决策程序；企业利润分配。

3. 常见小企业法律形态的特点

不同的企业法律形态都有各自的特点，我国常见小微企业法律形态主要有个体工商户、个人独资企业、合伙企业和有限责任公司等。了解它们有助于为自己的企业选择合适的法律形态。表4-1-1是目前我国常见的小微企业法律形态。

表4-1-1 我国常见的小微企业法律形态

企业类型	业主数量和注册资本	成立条件	经营特征	利润分配和债务责任
个体工商户	1. 业主是一个人或一个家庭； 2. 无资本数量限制	1. 成立条件简单，业主只要有相应经营资金和经营场所即可； 2. 个体工商户可以起字号	资产属于私人所有，自己既是所有者，又是劳动者和管理者	1. 利润归个人或家庭所有； 2. 由个人经营的，以其个人资产对企业债务承担无限责任

续表

企业类型	业主数量和注册资本	成立条件	经营特征	利润分配和债务责任
个人独资企业	1. 业主是一个人； 2. 无资本数量限制	1. 投资人是自然人，有合法的企业名称； 2. 有投资人申报的出资； 3. 有固定生产经营场所和必要生产经营条件及必要的从业人员	财产为投资人个人所有，业主既是投资者，又是经营管理者	利润归个人所有，投资人以其个人资产对企业债务承担无限责任
合伙企业	1. 业主两个人以上； 2. 无资本数量限制	1. 有两个以上合伙人，并且都依法承担无限责任； 2. 有书面合伙协议； 3. 有合伙人的实际出资； 4. 有合伙企业的名称； 5. 有经营场所和从事合伙经营的其他必要条件	依照合伙协议，共同出资，合伙经营，共享收益，共担风险	合伙人按照合伙协议分配利润，并共同对企业债务承担无限连带责任
有限责任公司	1. 由 50 个以下的股东出资设立，1 个自然人或 1 个法人可以投资设立一人有限责任公司； 2. 全体股东认缴的出资额由股东按照公司章程的规定自公司成立之日起五年内缴足	1. 股东符合法定人数； 2. 股东共同制定公司章程； 3. 股东认缴出资； 4. 有公司的名称，建立符合有限责任公司要求的组织机构； 5. 有固定的生产经营场所和必要的生产经营条件	1. 公司设立股东会、董事会和监事会，并由董事会聘请职业经理管理公司经营业务； 2. 股东人数较少或者规模较小的有限责任公司，可以设一名执行董事，不设董事会	1. 按照股东实缴的出资比例分配利润，全体股东约定不按照出资比例分配的除外； 2. 股东以其认缴的出资额为限对公司债务承担有限责任； 3. 一人有限责任公司的股东以其投资为限对公司债务承担有限责任

表 4–1–1 中，责任是指违反义务的法律后果。有限责任与无限责任是根据用以承担责任的财产范围不同来划分的。有限责任即有限清偿责任，指投资人仅以自己投入企业的资本对企业债务承担清偿责任，资不抵债的，其多余部分自然免除的责任形式。有限责任是大公司兴起的重要因素。无限责任是指当企业的全部财产不足以清偿到期债务时，投资人应以个人的财产用于清偿，实际上就是将企业的责任与投资人的责任连在一起。例如，合伙制和个人业主制的所有者一般情况下需要对债务负有无限的责任。

表 4–1–1 中，个人独资企业存在无限责任并由投资人负责。按《中华人民共和国个人独资企业法》第二条规定：投资人以其个人财产对企业债务承担无限责任的经营实体。无限责任企业中，全体股东对企业债务负无限连带责任。连带责任界定的是“债务人”之间的关系。无限连带责任指无限责任企业的投资人除承担企业债务分到自己名下的份额外，还需对

企业其他投资人名下的债务份额承担的连带性义务，即该投资人无力偿还其名下的债务份额时，自己有义务代其偿还债务份额。

有限责任界定的是法人（组织）的法律责任，无限责任界定的是债务人和债权人之间的责任，无限连带责任界定的是债务人之间的责任。

1.2.2 技能要点

企业创业时应选择合适的企业法律形态。

1. 考虑因素

选择企业的法律形态并非易事，要考虑很多方面，主要包括以下因素：准备创办的企业规模；行业类型和发展前景；业主或投资者数量；创业资金的多少；行业选择（技术密集型、资金密集型、特殊行业）；创业者的价值观念（倾向个人决策还是协商合作）；企业承担的义务和责任。

你在选择企业的法律形态和注册企业时，应该寻求更多帮助。中国有专门为扶持小企业提供咨询的政府机构（如国家和各地区的市场监督管理局等）和非政府组织（工商联合会等），还有帮助各类失业人员创业的劳动就业培训部门。

2. 选择方法

你在选择你的企业法律形态时，要考虑对你的企业将产生的影响：

如果有较强的独立意识，不愿与他人合作，则可以选择个体工商户或个人独资企业。

如果你的资金和技术不足，但有志同道合的朋友愿意一起干，则可以选择合伙企业、有限责任公司等企业形式。

如果准备开发的企业规模较大，投资人比较多、需要的资金比较多，为避免较大的投资风险，可以选择有限责任公司这种企业形式。

如果准备开办的企业规模较小，投资人和资金较少，所有风险由自己一个人承担，就可以选择较简单的企业形式，如个体工商户或个人独资企业。

3. 注意事项

千万不要被别人提供的参考意见所左右。你要有自己的主见，如采用他人建议的法律形态，一定要弄清楚原因。如注册合伙企业，每位合伙人必须到市场监督管理局签署备案版本的合伙协议书并备案，才算合伙成立。

创业视角

选择企业法律形态

王明和李强通过把钱借给李丽这件事认识到企业必须要申领营业执照，才能得到国家法律保护。王明和李强决定选择有限责任公司作为企业的法律形态。他们做这个决定主要出于以下几个方面的考虑：

第一，从成立的条件看，有限责任公司与个体工商户的成立条件都比较简单、要求比较低。

第二，从个人的角度看，凭借他们的资金、经验、技能和行业知识、足以开好一家小型有限责任公司。为稳妥起见，他们决定开始先以入股的形式创办有限责任公司、然后一步一步地摸索，待将来企业发展到一定规模后，再考虑拉入其他股东。

第三，从风险的角度看，个体工商户是以其个人或家庭财产对企业债务承担无限责任，而有限责任公司只承担注册资金内的债务或清算责任。

第四，从发展的角度看，有限责任公司的发展空间更大，无论是洽谈业务还是日后招聘员工都有优势。

第五，工厂的顾客是企业，而不是居民个人，注册有限公司便于与企业合作。

那么，王明和李强的小型工厂为什么不选择合伙企业？原因是，合伙企业在企业所有权问题上不清晰，还要负连带责任。同时，合伙企业不利于未来工厂再有投资人进入股权的变更。目前小型企业大多注册为有限公司，因为有限公司产权明晰、易于合作与发展，个人财务与企业资产分离，所有权和经营权分离。

1.3 同步训练

1.3.1 任务描述

1. 任务名称

选择企业法律形态

2. 任务要求

（1）选择企业法律形态后拟三个企业名称，以便到市场管理部门进行名称核查。

（2）要阐述你选择该法律形态的具体原因。

（3）合伙企业必须签署合伙协议并到市场管理部门随着注册一同备案。

1.3.2 实施步骤

第一步：从企业的法律形态特点中明确注册的难易程度和相应的责任。

第二步：从选择要考虑的因素中研究创办发展企业对自己的条件要求。

第三步：从个人倾向性、资金、技术、规模、风险等角度作出选择。

第四步：具体实现，请填写表4-1-2。

表 4-1-2 选择企业法律形态

<table>
<tr><td colspan="5">企业将登记注册成：
□个体工商户　　　　　　　　□有限责任公司
□个人独资企业　　　　　　　□其他
□合伙企业
拟的企业名称：1.　　　　2.　　　　3.
阐述作出选择的原因：

登记注册时间：

合伙协议见下表</td></tr>
<tr><td>协议内容 合伙人
条款</td><td></td><td></td><td></td><td></td></tr>
<tr><td>出资方式</td><td></td><td></td><td></td><td></td></tr>
<tr><td>出资数额与期限</td><td></td><td></td><td></td><td></td></tr>
<tr><td>利润分配与亏损分摊</td><td></td><td></td><td></td><td></td></tr>
<tr><td>经营分工、权限和责任</td><td></td><td></td><td></td><td></td></tr>
<tr><td>合伙人个人负债的责任</td><td></td><td></td><td></td><td></td></tr>
<tr><td>协议变更和终止</td><td></td><td></td><td></td><td></td></tr>
<tr><td>其他条款</td><td></td><td></td><td></td><td></td></tr>
</table>

自主学习

任务 2　创业团队建设

2.1　引导任务

王刚和同学创办了一家服装加工厂，生意很红火，正急需招营销人员扩大销售。他的堂哥曾在政府工作，后因违反法纪被免职了，某一天，王刚的堂哥找到王刚想应聘这一职务。王刚该如何决策？

分析：为了实现上述任务，需要掌握以下知识：创业团队成员构成；设计团队的组织结构；构建企业团队；管理企业团队；寻找你的企业顾问。

2.2　支撑知识与技能

2.2.1　知识要点

你已经为你的企业确定了目标市场并做了市场容量和销售量预测，选择了企业法律形态，决策了企业组织形式。完成企业的运营、产品生产与销售任务是要靠组织结构内的岗位员工来实现的。汉・刘安《淮南子・主术训》：“乘众人之智，则无不任也；用众人之力，则无不胜也。”习近平总书记在党的二十大报告中也强调：“全党要坚持全心全意为人民服务的根本宗旨，树牢群众观点，贯彻群众路线，尊重人民首创精神，坚持一切为了人民、一切依靠人民，从群众中来、到群众中去，始终保持同人民群众的血肉联系，始终接受人民批评和监督，始终同人民同呼吸、共命运、心连心。利用群众的智慧和力量，始终做到为了群众、相信群众、依靠群众，确保我们党的理论和路线方针政策符合最广大人民的根本利益。”现在，你需要为你的新企业做人员招聘计划，并组织你的企业人员去实现你的企业目标。

合作创业、团队创业是大学生创业常选择的形式。为了使新企业顺利成功地运行起来，你必须很好地安排团队成员，必须知道你的企业有哪些工作要做，并且要安排合适的成员去做。一家有效率的企业必须有一支具备专业知识和技能的团队。

每个团队成员都对企业的成功发挥自身的作用。现在，你将学习有关你的团队成员的挑选、工作安排和组织管理方面的知识。

1. 创业团队成员构成

小微企业规模小，一般企业团队由下列人员组成：业主或经理，即你本人；股东或合伙人；员工。

（1）业主或经理。在大多数小微企业中，业主就是经理，就是团队的领导和管理者。只有业主或经理可以行使以下职责：①开发创意，制定目标和行动计划。②组织和调动员工实施行动计划。③确保计划的执行，使企业达到预期的目标。在计划开办新企业和制订企业计划时，你要考虑自己的经营能力，要明确哪些工作可以由你自己去做，哪些工作是你没有能力或没有时间去做的。如果你需要一个经理分担你的部分工作，就要考虑经理应具备的能力和经历。

你可以向其他有经验的业主或经理请教，看看他们是如何管理企业和员工的，也可以向你的老师请教，看看在管理企业和员工方面有哪些知识和方法可以借鉴。

（2）股东或合伙人。如果你是和你的创业团队成员共同出资创办企业，也就是说企业不止一个业主。那么，这些业主将以合伙人或股东的身份与你共享收益、共担风险。但是，大家参加工作都属于受聘性质，工作中无股东身份，只是员工。所以，股东被聘用成员工时，更要过“任务导图”关。要管理好一家合伙制企业，合伙人之间的交流一定要透明和诚恳。合伙人之间有意见分歧又不能很好地统一，往往是造成内耗的开始。因此，你一定要用书面合作协议，明文规定各自的责任和义务。

（3）员工。如果你和你的创业团队成员全部投入企业工作，那么，你们首先是企业的员工。如果你们没有时间或能力把全部工作包下来，就需要雇人。小微企业可能只需要雇 1—2 个临时工就可以了，有的企业则需要雇用更多全职员工。

2. 创业团队的组织结构

多数大学生刚创业时团队成员不多，组织结构简单。一般来说，设计组织结构时应注意以下问题：企业内部部门和岗位的设置、部门和岗位之间的关系。

（1）小微企业的组织结构。小微企业一般由于人员较少和工作关系较简单，组织结构也相应简单，过于复杂的组织结构不但不实用，反而会给企业的运营增加成本，带来麻烦。

小微企业最常见的组织结构是直线职能式组织结构，也就是把企业的人员按照工作责任分成若干个部门，并为每个部门设立一个领导职务，然后明确各部门之间的关系。这种组织结构使企业内部从上到下实行垂直领导，下属部门只接受一个上级的领导，部门领导对所属部门的一切工作问题负责。小微企业的组织结构如图 4-2-1 所示。

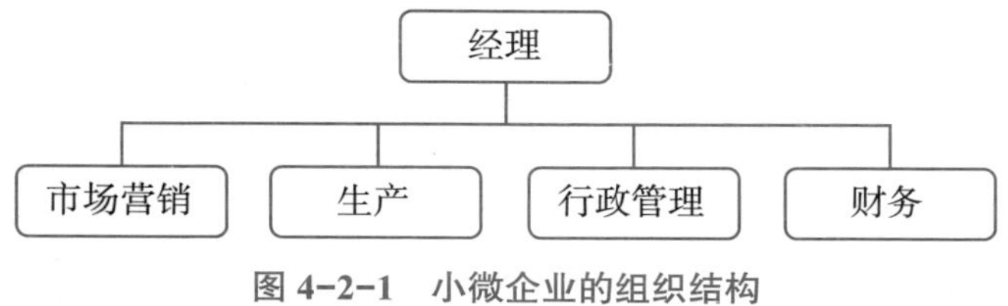

图 4-2-1 小微企业的组织结构

（2）企业的组织结构设计。你可以按照以下步骤设计企业组织结构：

步骤一：弄清你的企业内部都有哪些工作职能，内部应该划分成哪些部门，设置哪些岗位。

步骤二：明确各工作部门和岗位之间的关系，是从属关系还是并列关系，并考虑并列关系的部门和岗位之间如何进行协调配合。

步骤三：明确各部门和岗位的工作职责和内容。

步骤四：考虑各部门和岗位应该设置哪些人员，设置多少人员。良好的组织结构可以帮助企业在人员有限的情况下使你的团队能有更高的执行力和战斗力。

数智研创

OKR：互联网时代的企业战略绩效管理工具

OKR（Objectives and Key Results）——目标与关键成果法，是一套明确和跟踪目标及其完成情况的企业管理工具和方法，特别强调适应互联网时代的外部环境变化。互联网时代的信息互联技术首先彻底打破了沟通壁垒，从而加快了外部市场、消费者需求等环境的演进与变化速度；同时外部环境变化频率的加速，不仅体现于市场信息互换上，还体现于沟通方式甚至科学技术上，例如信息技术与物理技术的融合。外部环境的这一特性，要求互联网时代的战略绩效管理必须能够提高针对外部环境快速变化的适应能力，在战略目标与绩效指标设定中做好长、中、短期的平衡。

OKR 根据公司中长期战略分解年度目标（O），首先实现长期、中期目标的联动，同时为了确保年度目标（O）的实现，OKR 可以结合外部环境的短期变化，以季度为单位调整季度目标（O）并讨论支持季度目标（O）实现关键工作成果（KRs）。O 必须是具有挑战性的，根据不同组织层级设计 OKR。在 OKR 的操作过程中，无论是年度目标（O）还是季度目标（O），目标务必是具体的、可衡量的。OKR 可以在整个组织中共享，这样团队就可以在整个组织中明确目标，帮助协调和集中精力。

2.2.2 技能要点

1. 构建企业团队

（1）构建企业团队的步骤：①确认老板，进行组织结构设计；②根据销售量核算工作量确定岗位数；③设计员工岗位职责简表；④编写岗位说明书；⑤设计员工招聘流程和设计员工面试工具单。

没有员工，任何一家企业都无法经营下去，在大多数情况下，企业需要数名员工才能成功运转。你的企业能否成功取决于你如何引导、激励你的团队成员齐心协力完成工作。

确认老板（一般为企业法人或负责人）之后就进行组织结构设计（按照图 4-2-1 设计），然后根据销售量核算工作量确定岗位数。招聘计划表见表 4-2-1。

表 4-2-1 招聘计划表

序号	岗位	所需技能	工时	谁来做

注：工时数除以 8 为招聘人数。

员工岗位职责及员工配备表（见表 4-2-2）设计及填表说明：

看一看第一栏中列出的工作种类，这些是所有企业通常都必须做的工作。

在这一栏中加上你的企业生产产品或提供服务所必须做的其他工作。

对所有这些工作，你要确定你是否有时间和必需的技能、经验去完成在第二栏中填写的那些工作。

如果你没有时间或技能，就应该聘人来完成你的工作。

表 4-2-2 员工岗位职责及员工配备表

工作内容	完成这项工作所需要的技能、经验和其他要求	你（业主）有没有时间和技能、经验做这项工作 □有 □没有	需要的雇员数	预期的雇员资历
办公室综合管理				
记账算账				
市场营销和促销				
企业成本管理				
制定价格				
购买产品、原材料、服务等				
监督生产				
其他工作（详细说明）				

（2）编写岗位说明书。当你知道你需要雇佣员工后，就要把岗位的工作职责制成岗位说明书。岗位说明书规定了某一特定岗位要做的工作。这样做有以下好处：

员工将确切知道企业需要他们做什么工作。

作为经理，你可以用其衡量员工的工作绩效。

岗位说明书应该包括以下内容：岗位的名称；该岗位的工作说明，即这个岗位所从事的具体工作；该岗位的上、下级；该岗位员工所应具备的素质和技能，见表 4-2-3。

表 4-2-3　岗位说明书

____________岗位说明书　　　编号：
编写说明： 　　根据一项工作的重要程度和复杂程度，说明书的内容可详细或简单，但基本都要有以下重要标题。 职务： 上级主管： 接受该岗位领导的员工： 岗位的一般描述： 具体职责： 1. 2. 3. 4. 5. 6. 7. 8. 9. 所需资格和态度：

（3）设计员工招聘流程和面试工具单。设计员工招聘流程时要考虑以下几项工作：哪些岗位需要招聘员工；这些需要招聘的员工应具备什么样的技能和其他要求；需要招聘的具体人数；要向这些招聘的员工支付多少工资。

你要根据岗位职责来聘用企业员工。聘用带有适当技能、有工作积极性的员工对你来说是很重要的。在录用员工之前，你要面试所有应聘的人选。通过向参加面试的人员提问下面这些问题，就可以掌握应聘人员的基本情况。用下面问题设计面试工具单时最好给出分值，以便评选出优秀的录用人员，见表 4-2-4。

表 4-2-4　问题设计面试工具单

序号	问题	分值
1	你原来在哪儿工作？具体做什么工作？具备什么技能？	
2	你为什么想来本企业工作？	
3	你希望得到什么职位？	
4	你认为你有哪些优点和缺点？	

续表

序号	问题	分值
5	你怎样支配业余时间？有什么兴趣爱好？	
6	你喜欢和别人一起工作吗？如果有人对你态度不友好，你会做出怎样的反应？	

一次成功的招聘需要设计好招聘流程。要多提问一些关键问题，以便了解应聘人员更多的情况。同时，你也可以利用专业的职业测评技术，评价应聘人员的各种素质和应聘岗位的匹配程度，这些都能帮助判断应聘者是否符合需要而且有良好的意愿来企业工作。

对企业来说，并不是能力强就是好员工，经理要亲自参与招聘工作，要在适当的时候招聘合适的人并放在合适的岗位上。在录取环节，你应该向所有参加面试的人员发通知。这是一种良好的职业习惯，不管他们是否被录用。

2. 管理你的员工

员工对于你的企业是至关重要的，管理好你的员工将使你的企业创造更高的效益，实现更多成功的机会。作为业主或经理，管理员工也是你在企业中最重要的工作之一。管理好员工，你可以从以下几个方面着手：向你的每一名员工说明企业的详细情况，明确他们的工作任务。给你的员工提供与其工作相应的工资和奖金。尽可能让你的员工工作稳定，并给他们提供良好的工作条件。让员工融入你的团队之中，让他们对你的团队有归属感。对你的员工进行必要的绩效考评，并根据考评结果实施奖惩。尽可能为你的员工提供培训学习和升职的机会。

同时，你还要正确面对问题员工，积极应对各类问题。要知道，在一定时期，你的员工出现问题并影响到工作是管理中常见的现象。对问题员工的处理切忌简单、草率，发现问题后共同解决能帮助他们成为合适的员工，降低企业用人成本。平时采取一些预防措施，注意调动员工的工作积极性，比如举办培训、定期体检、举办员工活动等。

管理员工是一件非常难的事情，不但需要制度保障，也需要你的个人魅力，别人的方法未必适用于你和你的企业，你必须在经营企业的实践中不断摸索经验。

3. 寻找你的企业顾问

你可以考虑从一些企业、贸易和教育机构那里获得帮助、信息、咨询意见和培训。当然，从谨慎的角度讲，在企业聘请顾问之前，一定要注意验证他们的资质或资格，以免上当受骗。

2.3 同步训练

2.3.1 任务描述

1. 任务名称

构建企业团队

2. 任务要求

（1）认真制定构建团队的步骤。

（2）科学制定管理团队的方法。

（3）坚持企业的用人原则——用人为贤，不能任人唯亲。

2.3.2 实施步骤

第一步：设计一个符合发展的组织结构。

第二步：按工作量核算并优化员工数量以及明确员工职责。

第三步：具体实现，请完成以下创业计划中企业人员组织部分任务，填写表 4-2-5。

（1）画出企业组织结构图。

（2）给出业主（经理）、市场主管、技术主管年薪预算、职责。

（3）给出企业其他各类人员所需数量及年薪预算。

表 4-2-5 企业人员组织

1. 企业组织结构图   2. 业主或经理（年薪）： 职责说明： 3. 市场主管（年薪）： 职责说明： 4. 技术主管（年薪）： 职责说明： 5. 主要工种 1（人数、年薪）： 6. 主要工种 2（人数、年薪）： 7. 主要工种 3（人数、年薪）： 8. 主要工种 4（人数、年薪）： 9. 其他工种 5（人数、年薪）：

自主学习

任务 3 法律环境和责任

3.1 引导任务

法律是一把双刃剑，既有保护你的一面，也有制约你的一面，聪明的企业主总是能拿起法律的武器保护自己的合法权益不受侵犯，同时还会理智决策投保企业商业保险、人身意外伤害保险等险种，合法降低企业经营风险。

分析：为了实现上述任务，需要掌握以下知识。

（1）法律法规知识；

（2）登记注册方法；

（3）公民和企业的义务；

（4）小规模纳税人税费计算；

（5）职工合法权益；

（6）保险知识。

3.2 支撑知识与技能

3.2.1 知识要点

涉企法律法规

你已为企业选择了法律形态并组建了团队，又为企业设计了组织结构，现在需要了解你的企业的法律环境及要承担的法律责任。所有经济组织都要在法律的授权下才能开展合法经营活动并受到法律保护。同样，你开办企业只有通过工商行政登记注册，特殊行业还要获批行政许可，才能开展许可范围内的业务活动。除此之外，企业在开展经营活动中还必须遵守税法、劳动法、环境保护法等相关的法律法规。因此，你必须了解相关法律法规，树立法治观念，做到合法经营。

在市场经济规则越来越完善的环境中，创业者只有树立法治观念才能立足和持续发展，企业才能赢得客户的信任、职工的依赖、供应商的合作、社区的信任、政府的支持，甚至竞争对手的尊重。

法律是规范公民和企业经济行为的准则，具有权威性、强制性、公平性，是所有公民和企业能在公平、和谐的环境中创新创业、竞争和发展的保障。

一般来说，责任是指义务，是指违反法律法规的后果。作为创业者，你必须了解相关法律，才能更好地为企业作出决策。

与企业直接相关的基本法律见表4-3-1。

表4-3-1　与企业直接相关的基本法律一览表

法律名称	相关基本内容
涉企法律法规	《中华人民共和国公司法》《中华人民共和国个人独资企业法》《中华人民共和国合伙企业法》《中华人民共和国外商投资企业法》等关于企业设立、出资、组织机构与管理人员、合并分立、增资减资、入伙退伙、转让股份、发行债券、法律责任、注销等法律法规
民法典	个体工商户、农村承包经营户、个人合伙、企业法人、联营、代理、财产所有权、财产权、债权、知识产权、合同、民事责任等
税法	个人所得税、企业所得税、车船税、税收征收管理等
劳动法	促进就业、劳动合同和集体合同、工作时间和法定休息休假、工资、职业安全卫生、女职工和未成年工特殊保护、职业培训、社会保险和福利、劳动争议、监督检查等

除上述涉企基本法律法规外，还有一些与企业相关的其他法律法规，创业时需适当了解。

勤学善思

完善认缴登记制度，营造诚信有序的营商环境

自2013年《中华人民共和国公司法》实施注册资本认缴登记制以来，有效解决了实缴登记制下市场准入资金门槛过高制约创业创新、注册资金闲置、虚假出资验资等突出问题。注册资本认缴登记制度放宽了市场准入限制，提高了股东资金使用效率，降低了资本登记交易成本，强化了公司主体责任，并在推进公司治理现代化、夯实经济发展微观基础、优化营商环境等方面发挥了积极作用。据统计，我国公司数量从2014年的1 303万户增加至2023年11月底的4 839万户，增长了2.7倍，其中99%属于小微企业。

同时，实践中也产生了盲目认缴、天价认缴、期限过长等突出问题，为数不少的公司出资期限超过50年、出资数额上千亿元，违反真实性原则、有悖于客观常识。上述问题，一方面虚化了注册资本表示公司资金信用的作用，增加了市场交易信用的判断评估成本，致使出现公司多年实际出资为"零"的现象；另一方面在法律制度层面弱化了对公司股东出资的法律约束，客观上影响了投资的真实性和有效性，加大了发生债权股权纠纷的概率。2023年12月29日，第十四届全国人大常委会第七次会议表决通过新修订的《中华人民共和国公司法》，自2024年7月1日起施行。新修订的《中华人民共和国公司法》对有限责任公司认缴登记制进行了完善，明确全体股东认缴的出资额由股东按照公司章程的规定自公司成立之日起五年内缴足。在保留认缴登记制的前提下，强化了对股东出资期限的制度性约束，对于

保障交易安全、保护债权人利益将发挥积极作用。

思考：公司注册资本是越多越好吗？确定出资额应该考虑哪些因素？

分析：注册资本不一定越多越好。注册资金多寡，一定程度上表示该公司的资本是否雄厚，但公司注册资本越高，所承担的民事责任越多。过高的注册资本可能会增加股东的经济压力和潜在风险。因此，在设定注册资本时，公司应根据自身的经济实力、发展规划以及行业要求等因素综合考虑确定出资额；既要确保注册资本能够满足公司运营的需要，又要避免因设定过高的注册资本而带来不必要的经济压力和风险。同时，公司也可以通过合理的股权结构和良好的运营业绩来展示自身的实力，而非单纯依赖高额的注册资本。

3.2.2 技能要点

1. 明确企业的法律责任

（1）登记注册。创办企业就是开设一个新的经营组织。首先要明确它的法律地位，如同办理“户口”一样。根据法律规定，创办企业必须经工商行政管理部门核准登记领取营业执照，并获批经营许可证（如卫生、环保、特种行业许可证等）后才能开展经营活动。营业执照是企业主依照法定程序申请的、规定企业经营范围等的书面凭证。创办企业一般要完成以下事宜后才能正常开展企业活动。登记注册事项表见表 4-3-2。

表 4-3-2　登记注册事项表

办理步骤	事项	地点	提交资料	注意事项
1	注册咨询与领取登记资料	政务大厅	身份证复印件及注册地点产权证复印件及租赁合同	—
2	名称查询	政务大厅	预先拟用三个注册名称	非法人企业可以起字号，例如你的名字。法人企业有规范的格式
3	银行开户	银行	预名单、身份证原件及复印件、存入注册资金	非法人企业可以先不开户； 法人企业存入银行资金要一直冻结至营业执照办理完毕； 虚报注册资本，处以注册资本金5%—10% 罚款
4	办理特殊行业许可证	政府各相关单位	提供技术资质、学历、身份证原件及复印件、报告等	
5	办理开户许可证	银行	会计身份证及复印件、会计证及复印件	银行账户解冻，企业可以开始使用账户内资金
6	办理税务登记证	税务局	营业执照原件及复印件；法人代表或负责人、会计身份证及复印件，会计证原件及复印件	会计任用十分重要，会计是你控制管理发展企业的重要帮手，他可以从融资、现金流、成本核算、价格等多方面为你提供决策依据

续表

办理步骤	事项	地点	提交资料	注意事项
7	办理劳动保障年检登记证和社会保险登记证	人社局	营业执照、银行开户许可、法人或负责人、会计身份证及复印件等	企业为员工缴纳社会保险是法定义务

注：公司章程是公司法律性文件，包含企业名称、股东及出资情况、组织机构等方面，是决策企业经营管理、利益分配和债务责任承担等重大事项所依据的核心性文件。

对于民办非企业单位登记注册，项目操作基本一致，只是办理地点有部分差异。

（2）依法纳税。依法纳税是公民和单位应尽的义务。税收是国家财政收入的主要来源，取之于民，用之于民。根据我国税法规定，所有企业都要依法报税和纳税。

社会经济活动是一个连续运动的生生不息的过程：生产—流通—分配—消费。国家对生产流通环节征收的税种统称流转税，它以销售收入或营业收入为征税对象，包括增值税、营业税和海关关税等。对分配环节征收的税种统称所得税，它以生产经营者取得的利润和个人的收益为征税对象，包括企业所得税、个人所得税等。这是最基本的两个税种。具体而言，与企业和企业主有关的主要税种如下：①增值税、营业税、城市维护建设税、教育费附加等；②企业所得税、个人所得税；③其他税，如资源税（制造业）、消费税（商业）。

税收优惠政策包括多种形式，旨在减轻纳税人的税收负担，支持特定行业、企业或产品的发展。如对小微企业和个体工商户减征所得税，对增值税小规模纳税人免征或减征增值税，研发费用加计扣除，生产、生活性服务业增值税加计抵减等。

我国征税部门是税务局，开办企业时，应向专业人士或税务部门提前咨询。

企业担当

绿色低碳——积极对照政策享受税收优惠

《中央企业社会责任蓝皮书（2021）》收录了中国石油、国家电网和中煤集团等 10 家央企在绿色低碳方面的优秀履责案例，但《中国税务报》记者在采访中发现，部分央企对于相关“绿色税制”的适用提到的却很少，对于享受绿色低碳、环境保护类税收优惠的认识不足。政策对环境保护实施全方位激励，企业应全面检视可享受优惠的点。例如，征收企业所得税方面，有专用设备投资抵免税额、资源综合利用减计收入、项目所得定期减免、从事污染防治的第三方企业适用 15% 优惠税率等优惠；增值税方面，实行资源综合利用、风力发电即征即退等优惠；环保税则是“多排多缴、少排少缴、不排不缴”；还有鼓励新能源汽车、公共交通车辆和节能车船的消费税、车辆购置税和车船税等税种的优惠政策。

启示：依法纳税是企业最基本的社会责任，央企做好涉税管理，能更好地承担社会责任。

（3）尊重合法权益。企业竞争力的一个关键因素是员工的素质和积极性。在劳动力流动加快和竞争加剧的形势下，优秀的劳动者越来越成为劳动力市场上争夺的重要资源。所以，新开办的企业一开始就要特别重视以下三个方面的问题：

一是订立劳动合同。《中华人民共和国劳动合同法》规定，用人单位必须与劳动者签订劳动合同。劳动合同是劳动者与企业签订的确立劳动关系、明确双方权利和义务的协议。订立劳动合同对双方产生约束，不仅保护劳动者利益，也保护企业利益，它是解决劳动争议的法律依据，绝对不能嫌麻烦或者为了眼前的小利而设法逃避。

劳动合同的基本内容有：劳动合同期限（合同期限、试用期）；工作内容和工作地点（职责、定额）；工作时间；劳动报酬（基本工资、奖金、加班工资、特种工作补贴等）；休息时间（周假、节假日、年假、病假、事假、产假、婚丧假等）；社会保险；合同履行（生效、解除、离职、开除）；劳动条件（保护、环境、职业危害保护）。

一般各地都有统一的劳动合同文本，有关信息可以从当地人力资源和社会保障部门获得。

二是劳动保护和安全。尽管创业初期资金紧张，企业也要尽量创造良好的工作条件，防止工伤事故和职业病发生，对危险和有毒物品的使用和储存强制性把好关，改善音、光、气、温、行、居等条件，以保证员工人身安全并保证他们的工作效率和积极性。

三是劳动报酬。企业发放给每一位员工的工资都不能低于当地人力资源和社会保障部门规定的最低工资标准，而且必须按时以现金形式发放给劳动者本人。有关最低工资标准的信息可以从当地人力资源和社会保障部门获得。

2. 选择企业的保险

忧患意识是中华民族源远流长、永不枯竭的一种文化精神。它是一种清醒的危机意识，是对事情的矛盾性、曲折性保有的清醒认识和高度警觉；更是一种深重的责任意识，能激发强烈的责任感和担当精神。孔子曰：“人无远虑，必有近忧”，告诉我们做事要周密考虑，长远谋划，才能防患于未然。《扁鹊见蔡桓公》《曲突徙薪》等寓言故事，从中体会勇于正视现实，直面危机，并善于接受别人良好的建议，及早采取措施，以免酿成大祸的道理。

（1）社会保险。国家的社会保险法规要求企业和员工都要参加社会保险，按时足额缴纳社会保险费，使员工在年老、生病、因公伤残、失业、生育等情况下得到补偿或基本的保障。为员工办理社会保险对企业来说具有强制性。要为你的员工提供基本的社会保障，否则很难吸引和留住人才。目前，我国的社会保险主要有养老保险、医疗保险、失业保险、工伤保险和生育保险。办理社会保险的具体程序和要求可到当地人力资源和社会保障部门咨询。

（2）商业保险。经营一家企业总会有风险。各类企业的风险有差异，并非所有的企业风险都要投保。例如，产品需求下降这种企业最基本的风险，就只能由企业自己承担；而另外一些风险则可以通过办保险来降低，如机器、存货、车辆被盗窃、资产发生火灾或意外等。险种通常包括：资产保险，如机器、库存货物、车辆、厨房的防盗险、水险和火险，商品运输险，特别是进出口商品的这类险种。人身保险，业主本人和员工的商业医疗保险、人身事故保险、人寿保险等。

你要根据自己企业的实际情况决定是否投保或投保哪些险种。不要过度信赖保险公司的推荐。

3.3 同步训练

3.3.1 任务描述

1. 任务名称

企业开办费预算及劳动保护、工作条件预设

2. 任务要求

（1）签订劳动合同具有强制性。

（2）社会保险具有强制性，企业必须缴纳。

（3）认真研究商业保险，作出合理选择。

（4）你要尽量构思创造良好的工作条件，防止工伤事故和职业病发生，确保员工人身安全并提高他们的工作效率和积极性。

3.3.2 实施步骤

第一步：按照知识技能中登记注册表部分内容作出这部分的预算，进行分部门调查。

第二步：根据有关知识，预测企业所办理保险需要的资金。

第三步：具体实现，填写表 4-3-3。

表 4-3-3　企业开办费预算表

科目名称：	预计费用：
各种证照： 开户银行： 阐述选择的原因： 工作条件预设： 责任和保险：	

自主学习

任务 4 “互联网 +”创业货源管理

4.1 引导任务

登录 www.1688.com 平台，尝试搜索自己想要销售的产品或者想要合作的供应商。

分析：注意挑选合适的产品或者供应商名称的关键字。在搜索结果列表中选择并点击搜到的产品或者供应商，仔细查看各项信息。

4.2 支撑知识与技能

货源是开展创业活动的命脉，低成本、高效率地建立货源渠道是网创中必不可少的环节之一，而在线供销平台给网创者提供了一种非常好的选择。

4.2.1 知识要点

“互联网 +”创业的实质是要向社会提供交易的产品或服务，如果你没有自有的产品或服务，就需要从市场上进货。进货渠道可分为线下和线上。

1. 线下批发市场

不管是实体店铺还是网店，大多数的卖家都是从批发市场进货的。因为虽然厂家是一手货，价格较低，但是一般的厂家都有一定的大客户，他们通常不会和小卖家合作。从批发市场进货也有以下好处：

（1）批发市场的商品比较多，品种数量都很充足，大家能有大的挑选余地，而且很容易实现货比三家。

（2）批发市场很适合兼职卖家，这里进货时间和进货量都比较自由。

（3）批发市场的价格相对不高，对于网店来说容易实现薄利多销，也有利于网店交易信用度的累积。

相比较而言，批发市场的确是新手卖家不错的选择，如果你所在城市刚好是大城市，有大的批发市场，不妨去那里看看吧，保证不会让你失望的。

2. 线上批发市场

随着互联网的发展，尤其是电商的普及化，厂家、批发市场也开始在网上做批发业务。例如，1688、网商园网、四季青批发网等电商批发网站中有不少大型批发商，这些批发商大部分愿意发展零售商，支持一件代发和数据包的提供，并且可以通过线上对比商品样式、质量、价格来选取适合自己的供应商和商品，这对于创业者十分适合。

阿里巴巴作为一个网络批发的平台，充分地显示了它的优越性，为很多小地方的卖家提供了较大的选择空间。它不仅查找信息方便，也专门为小卖家提供了相应的服务，且起拍量很小。

（1）阿里巴巴不仅有批发进货，还有小额的拍卖进货，这都是淘宝卖家很喜欢的进货方式。

（2）大家在网站进货时最好选择支持支付宝或是诚信通会员的产品。不过这也只能作为一个参考，具体还是要看沟通结果。

（3）阿里巴巴有强大的搜索功能，进货时可以最大限度地货比三家。

（4）和商家商量时尽量使用贸易通，如果以后有什么纠纷，也好作为证据之一。

（5）第一次进货的时候可以选择本地的厂家或是公司，这样方便上门取货。

网络进货不比批发市场，因为存在一定的虚拟性，所以大家选择商家的时候一定要谨慎再谨慎，要选择比较可靠的公司进行交易。

3. 网络代销

网络代销就是在网上展示商家给的产品图片、产品介绍等资料，向卖家收取订货资金，再给商家一定的资金，让商家发货，然后代销者从中赚取差额。有两种新手适合选择代销，一是自己没有太多本钱的，二是害怕有风险只是想尝试一下的。

近年来，基于人们对美好生活的向往和需求，激发并满足用户潜在购物需求的短视频内容平台发展迅猛，其中有的电商平台已建立起自己的供应链货源平台，逐渐摆脱对第三方平台的依赖。

这种平台基于用户需求，招募优质供应商，推荐最优商品，允许个人无货源模式入驻，创客入驻后利用其供应链平台货源进行电商带货，不用支付预付款，依靠平台与供应商、批发商建立的合作关系实现销售与物流的衔接，大大降低创客成本，对于创业初期资金不足或不愿意承担库存风险的创客来说，这种模式不失为一个好的选择。代销特征有以下几点：

（1）网络代销几乎不需要什么资金投入，很适合新卖家和小卖家。

（2）网络代销也不用准备仓库，不用自己负责物流，商家会在收到定金和资料后给买家直接发货，所以也省了邮寄的麻烦。

（3）网络代销省去了给商品拍照、描述商品介绍的麻烦，通常从商家那里拿到的商品图片一般都比较好，也更容易吸引买家。但也正因为网络代销不能直接接触商品，所以对商品质量、库存和售后服务难有很大的把握，所以在挑选的时候也要找比较正规的公司，根据自身的要求选择最合适的商品。

（4）网络代销虽然有一定的优越性，但是代销商实际看不见商品，所以使得代销有时候是“一朵带刺的玫瑰”。而且网络代销因为牵扯第三方交易，所以它的利润相对偏低，准备做代销的卖家要作好心理准备。

4. 寻找商家余货

这里的商家，指的就是商品的前一两道卖家，比如外贸服饰加工厂或是批发商之类。还有，比较大的批发商一般都会有一定的库存积压，有时甚至还会有品牌商品的积压。虽然款式不会是最新的，但是它的品牌效应还是存在的。所以寻找到好的商家余货，也是很不错的货源。

（1）商家余货一般市场需求量较大，商品的品质也有一定的保证，属于中高档的产品，在网络交易中很容易获得买家的好评。

（2）商家余货的货源相对较少，所以竞争小，竞争力很强。而且，还可以利用网店的地域性差异提高价格。也就是说，这些商品在某个地方的市场不好，造成了积压，但是有可能在另一个地方的市场比较大，也就有可能成为畅销品。

相比较而言，商家余货在几种货源中算是很难找到的，尽管很多的厂家会有库存积压，但是我们找到的难度也很大。如果你住的城市有很多个厂家，那就另当别论了。

5. 进货注意事项

货源一般有两种模式，批发和零售，批发只有大量出货才有利润，而零售则只针对单个商品来说。有很多卖家开始不想积压太多商品，于是会选择每种商品都进一点儿货，以了解市场需求，这个方法其实是对的。网店刚开始没有经验，也不知道顾客需求，只有立足于市场分析数据才能把网店经营好，所以不管进货方式是哪一种，前提是一定得了解市场环境以及客户需求。

在进货数量上，有很多方面需要考虑，像进货金额商品种类、单个商品种类及数目等，当你对顾客有了一定了解后，就可以针对顾客需求去锁定一类商品，在推广上也可以只针对一类产品进行推广，这样花费不会太大。而且，当你锁定某些类别产品时，单个商品种类的数目也可以细分到陈列数目、库存数目和周转数目，针对商品来补货、上架和推广，能得到很好的效益。

当然，进货也需要注意清点好货品谨防被骗，在节约进货成本的同时货品的质量问题也是很重要的，不要一味贪图便宜，这样不利于店铺的发展，质量差的商品是留不住顾客的。另外进货还需记住以下几条：

（1）网站是否经过工业和信息化部正规的ICP（internet content provider，网络内容提供商）备案，如无备案十有八九是骗子。

（2）网站是否支持支付宝，问一下商城的支付宝账号是多少，然后给支付宝客服咨询一下，确保安全。

（3）需要和网站服务人员索要代销的条款。一般网店代销都是按照协议的章程办理业务，应仔细看协议。

（4）忌讳问质量如何。首先看图片，然后再看协议，留意看是否是原单、A货、跟单等，注明条件。

（5）看商城的规模，把商城的名字在搜索引擎上搜索一下，看一下出现的次数以及出现的高质量网站里网店货源的链接数，此条很关键，决定一个网站的口碑如何。

（6）看是否有固定座机电话，服务专业不专业，可以打个电话感受一下。

（7）把代理网站图片的描述下载下来，然后自己写一些相关类的内容，切记不要把人家的内容完全拷贝过来。

（8）网站交易是否支持第三方担保交易，如果不支持担保交易就需要警惕，不要相信不支持担保交易是因为资金周转不过来。

（9）百度搜索一下其他网友对这个网站的评价，也是一项参考信息。

（10）质量好的货不一定就能成为好货源。淘宝买家不是简单追求产品的质量而是追求性价比。只有性价比高的淘宝货源才更能赢得买家的喜欢。

（11）质量好、价格也好的货也不一定就能成为好货源。淘宝买家有时候比较挑剔，在追求性价比的同时，还要考虑到服务。所以说，性价比高的产品，如果服务不行，依然不是好货源。

（12）选择货源不但要看商家的人品，还要看商家的能力。选择货源就等于选择创业项目，也就是选择要参加的团队，所以，一定要选择一个有前途的团队来参加。

现在一些大的电商平台自行组织货源，帮助一些中小卖家解决进货的问题，建立一体化的产供销供应链，关于供应链管理的相关知识介绍如下：

供应链管理指使供应链运作达到最优化，以最小的成本使供应链从采购开始到满足最终客户的所有过程。

供应链管理就是协调企业内外资源来共同满足消费者需求，当我们把供应链上各环节的企业看作一个虚拟企业同盟，而把任何一个企业看作这个虚拟企业同盟中的一个部门时，同盟的内部管理就是供应链管理。只不过同盟的组成是动态的，根据市场需要随时在发生变化。

有效的供应链管理可以帮助实现四项目标：缩短现金周转时间；降低企业面临的风险；实现盈利增长；提供可预测收入。

供应链管理的七项原则：根据客户所需的服务特性来划分客户群；根据客户需求和企业可获利情况，设计企业的后勤网络；倾听市场的需求信息，设计更贴近客户的产品；时间延迟；策略性地确定货源和采购，与供应商建立双赢的合作策略；在整个供应链领域建立信息系统；建立整个供应链的绩效考核准则。

互联网创业从一开始就要面对供应链管理的问题，具体到进货渠道、进货数量、周转资金等各个环节，而寻找一些网上供货平台就是一种适应电子商务所需的新型的在线供应链管理的方式。

数智研创

创新 5G+ 数智赋能产销一体化，促进乡村产业振兴

应用数智技术赋能传统农业，促进产业转型升级。依托 5G、AI、物联网、云计算等技

术优势，建立针对大田、种植、温室、集约化养殖、水产养殖等场景的智慧农业应用平台，具备环境和土壤、水质等信息和图像采集、分析、预警，关联设备自动控制，农事管控及决策辅助，区块链溯源等服务能力，并整合电商平台和多家服务商资源，为农业主体提供覆盖产前、产中、产后的全产业链一体化服务，把“生产智能化、管理数据化、经营网络化、服务在线化”四大行动落到实处，实现生产效率和品质提升，稳定产量，提升溢价，实现农民增收。

依托区块链底层技术，将数字技术赋能实体经济，以地标、非遗等农特产为基础，创作生成数字藏品，整合电商平台宣传渠道进行推广，促进产品的销售，推动数字经济与乡村实体经济的高度融合，助力乡村产业振兴。

4.2.2 技能要点

1. 网上供货平台

目前国内比较知名的网上货源平台有阿里巴巴（www.1688.com），设置了找货源、找工厂和找工业品三大板块，个人和企业用户均可注册成为会员，见图 4-4-1。

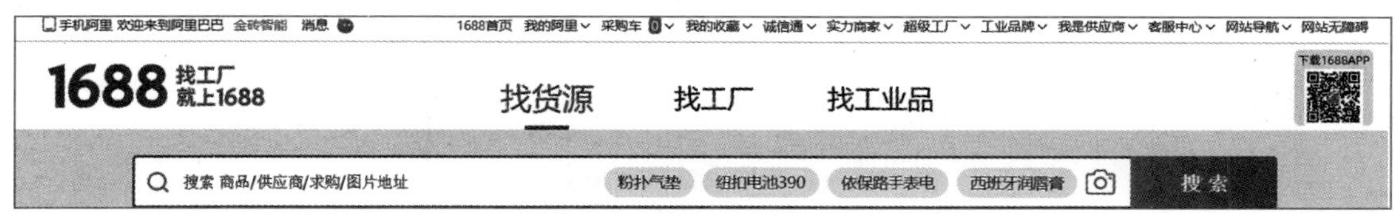

图 4-4-1 阿里巴巴网站

（1）找货源。在搜索框内输入需要采购商品名称的关键词，例如：输入“连衣裙”即可搜索到该产品批量名列前茅的相关的关键词，见图 4-4-2。

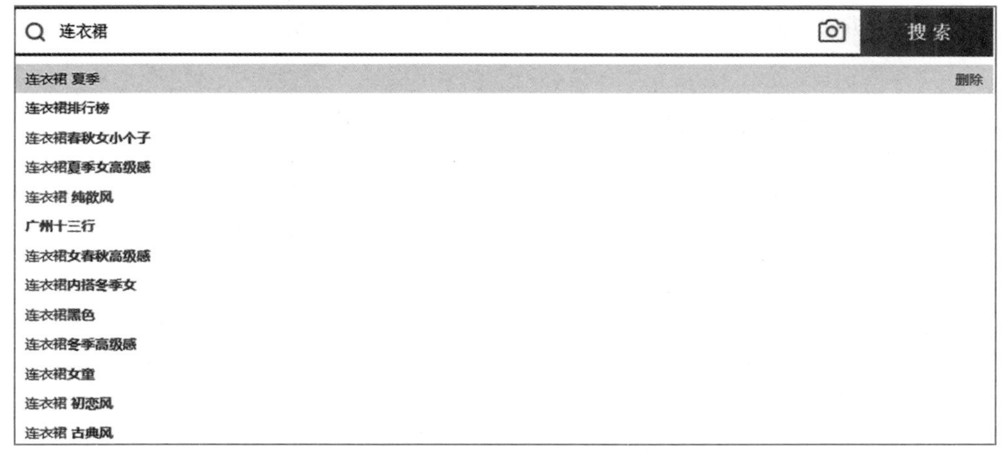

图 4-4-2 搜索关键词选项

此时，可以选择某个关键词组，如选择“连衣裙夏季”关键词，平台即推出与连衣裙有关属性的信息，见图 4-4-3。

图 4-4-3　商品属性信息

同时，给出搜索排序选项，这些选项有综合、成交额、价格、起订量、所在地区、经营模式等，这些选项可以顺序排序也可倒序排序，如图 4-4-4 所示。

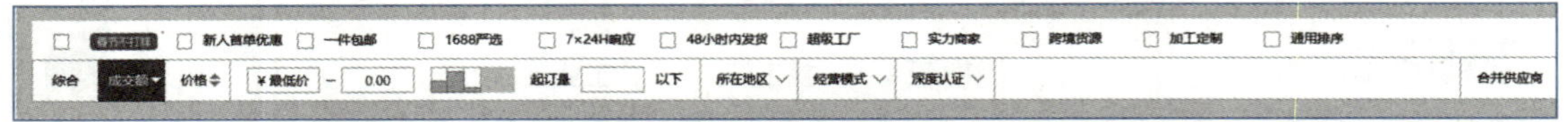

图 4-4-4　商品属性关键词排序选项

选择某款商品进入店铺后，平台会显示该企业交易勋章、综合服务星级等商家信息，见图 4-4-5。

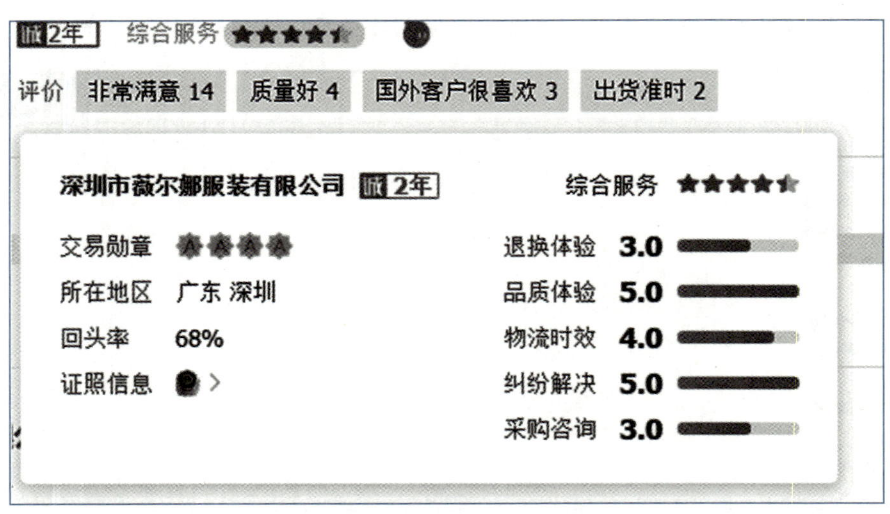

图 4-4-5　企业信息

有的厂家会把商品图片打包提供给采购商，这样采购商可免去拍摄商品照片流程。通过公司档案，可了解公司最近情况及商业诚信档案，见图 4-4-6 和图 4-4-7。

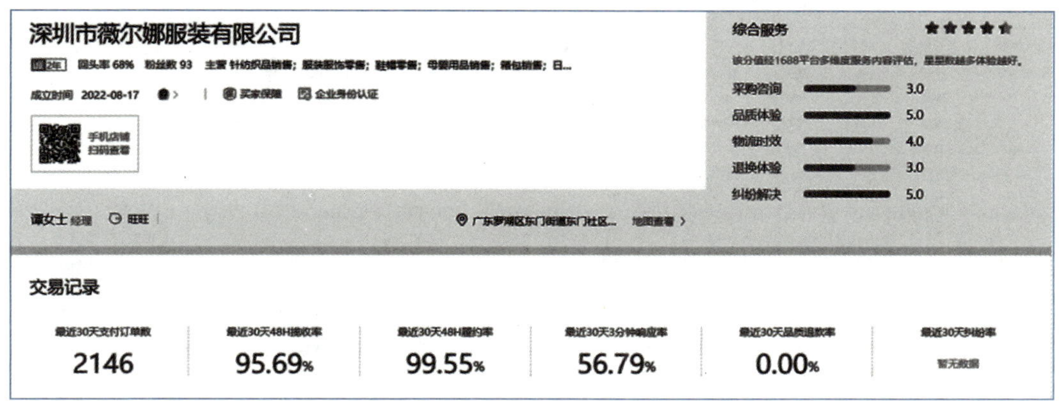

图 4-4-6　企业交易记录

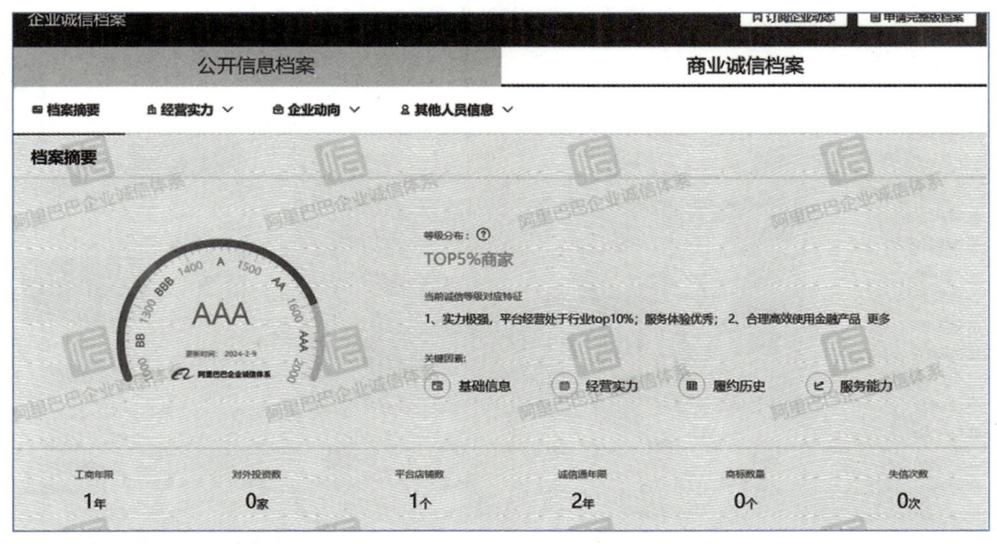

图 4-4-7　企业商业诚信档案

（2）找工厂。有时候，店铺采用定制销售模式，这时需要直接找制造厂家，1688 平台上也提供此功能。找工厂可以通过产品分类、地区分类、工厂服务中的服务类型、代工模式、加工能力选择工厂，工厂列表排序可按综合排序、回头率排序和响应率更高进行，见图 4-4-8。

（3）找工业品。工业品一般是指企业生产过程中需要的原材料、零配件等。在 1688 平台也可以找到此类商品，工业品品类分类见图 4-4-9 和图 4-4-10。

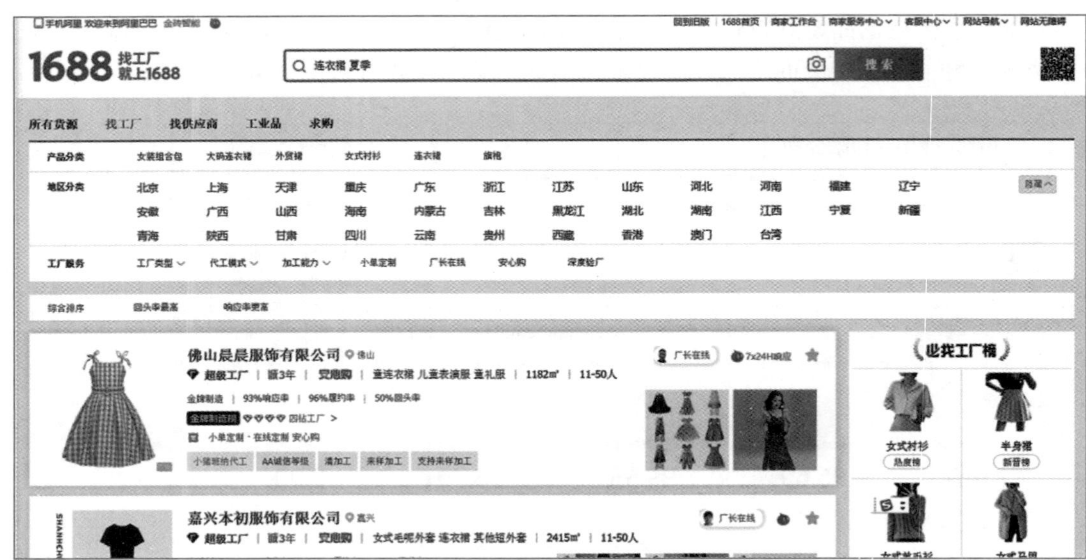

图 4-4-8　1688 平台找工厂

图 4-4-9　1688 找工业品及品类市场分类

2. 短视频内容平台货源

当下，很多内容平台电商业务发展如火如荼，以期满足多样化的需求、社交互动性强和个性化推荐等优势吸引大量用户注册。此用户群体庞大、活跃度高，具有很大的商业潜力，吸引了众多创客入驻。

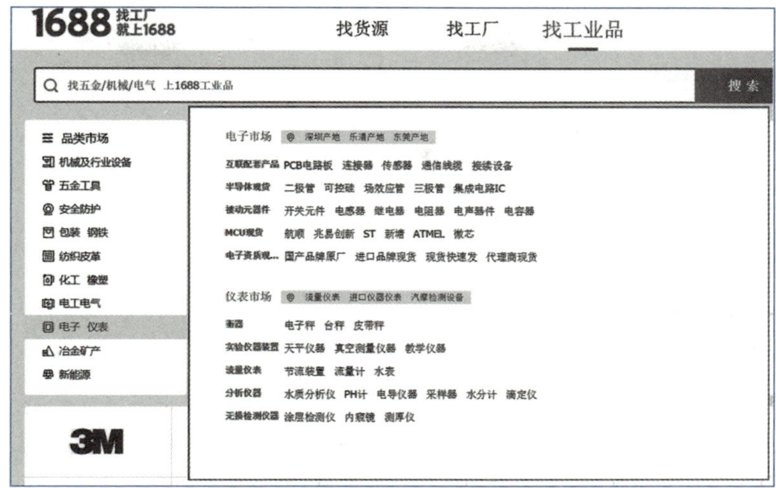

图 4-4-10 1688 工业品电子仪表品类

目前，内容平台的创客们主要是通过注册店铺和短视频挂商品链接带货的方式开展电商业务。下文以抖音平台为例详细介绍两种方式如何进行货源管理。

（1）注册店铺。注册抖店后，登录抖店 PC 端，进入抖店首页，在持续发品模块，为创客提供了有货源和无货源两种分类，见图 4-4-11。

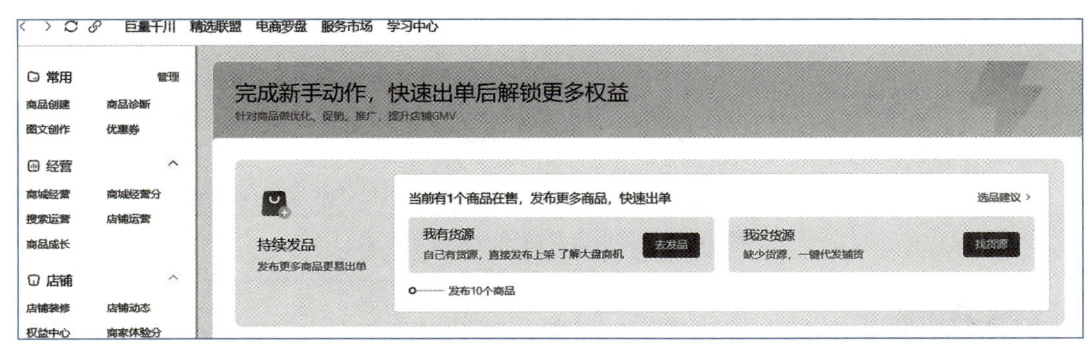

图 4-4-11 抖音货源分类

①我有货源。点击“我有货源”中的“去发品”，将自己的货源商品（如自有商品或来自线下批发市场的商品）分别按照提示设置基础信息、图文信息、价格库存、服务与履约等模块内容后，点击发布商品即可上架，见图 4-4-12 至图 4-4-15。

②我没货源。点击“我没货源”中的“找货源”，利用抖音平台搭建的供应链平台进行铺货上架商品，并能实现一件代发。

在货源中心中，选中要铺货的商品点击“立即铺货”，进入货品详情页面点击“立即铺货”，见图 4-4-16、图 4-4-17。

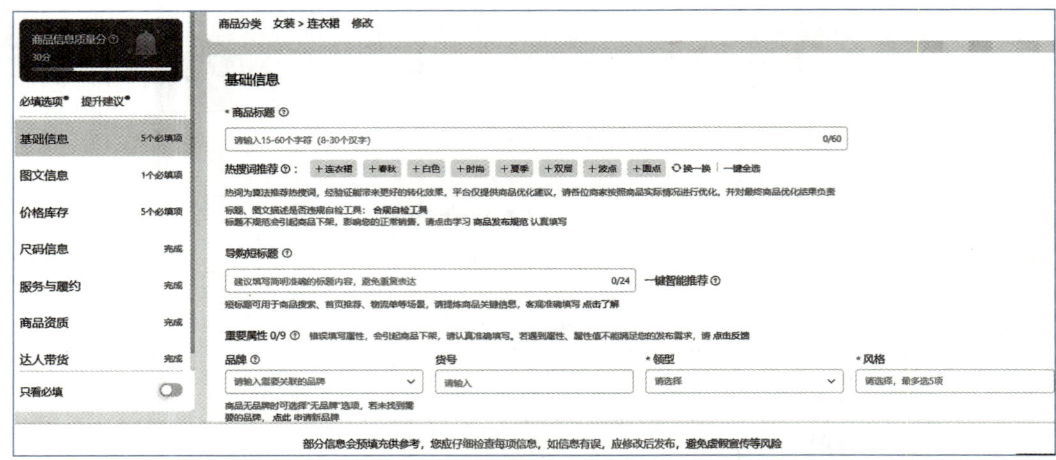

图 4-4-12　抖音有货源基础信息设置

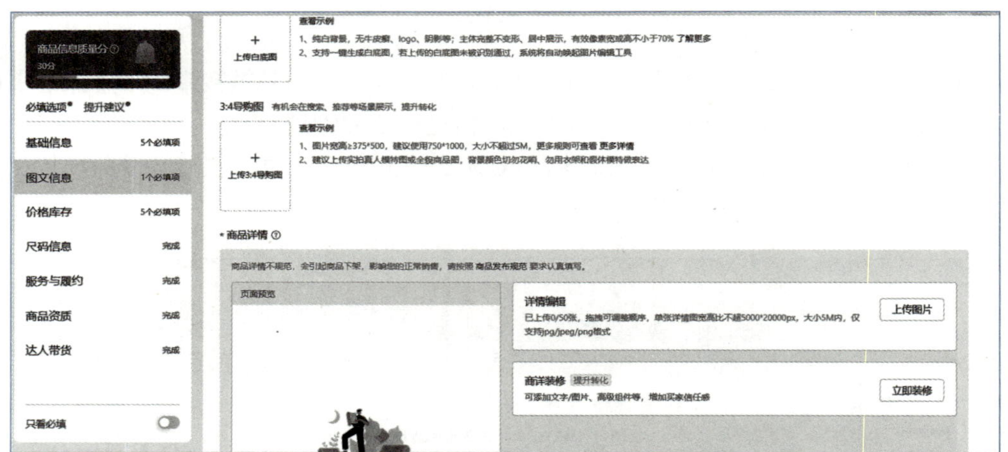

图 4-4-13　抖音有货源图文信息设置

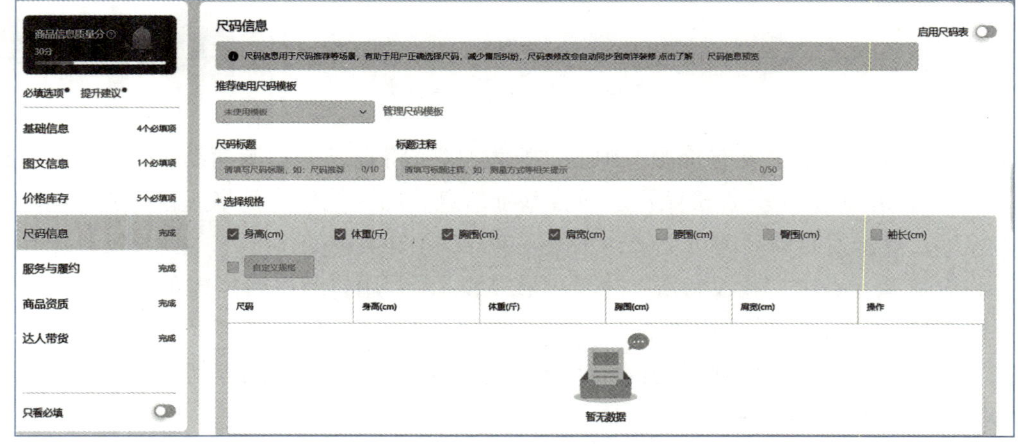

图 4-4-14　抖音有货源尺码信息设置

图 4-4-15 抖音有货源服务与履约设置

图 4-4-16 抖音货源中心

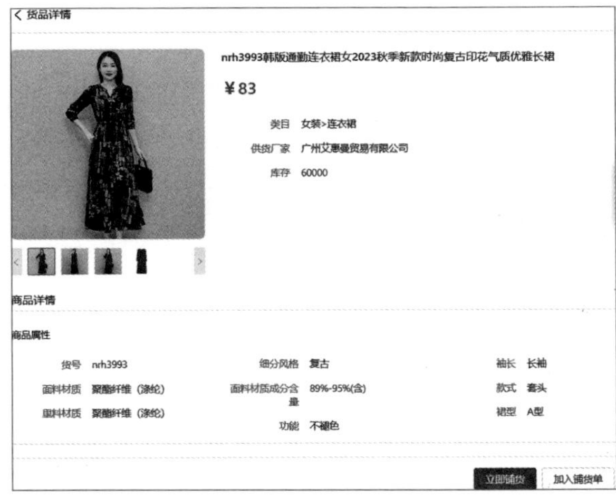

图 4-4-17 抖音铺货货品详情

进入商品创建页面后，创客可以分别设置基础信息、图文信息、服务与履约等内容，最后点击“发布商品”，见图 4-4-18、图 4-4-19。

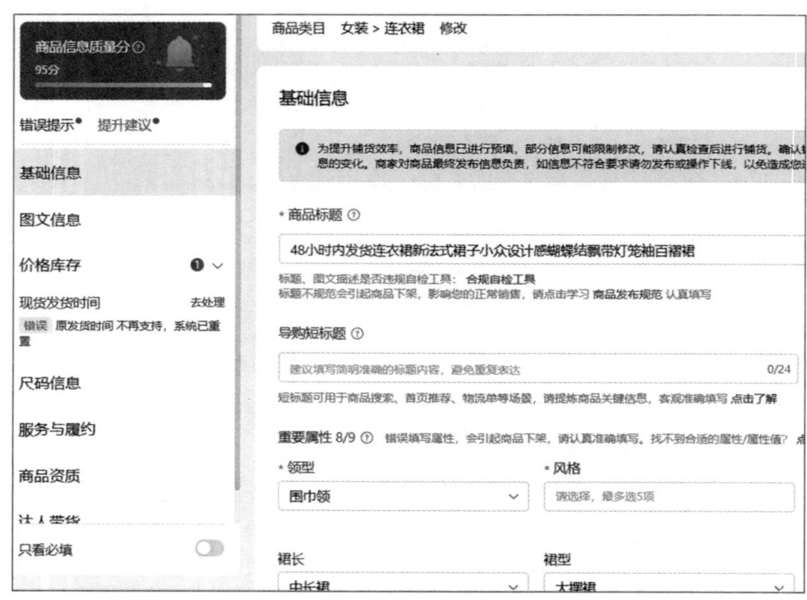

图 4-4-18 抖音商品创建页面

图 4-4-19 发布商品

（2）短视频添加商品带货。通过发布产品相关的短视频来展示商品特点和使用方法吸引用户下单。

基本操作：打开抖音后，在抖音点击 + 拍摄商品的短视频，也可以选择已经拍好的视频，然后点击视频发布页的“添加标签”，点击评论区橱窗链接，在商品橱窗页面选择好商品后，点击“发布”即可（前提是开通商品橱窗），见图 4-4-20、图 4-4-21。

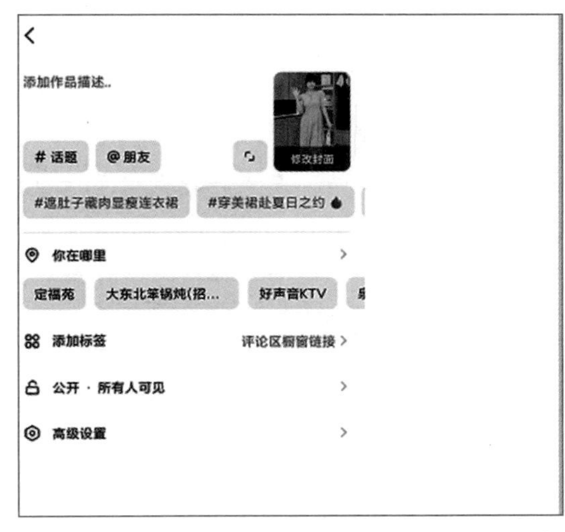

图 4-4-20 抖音短视频商品带货

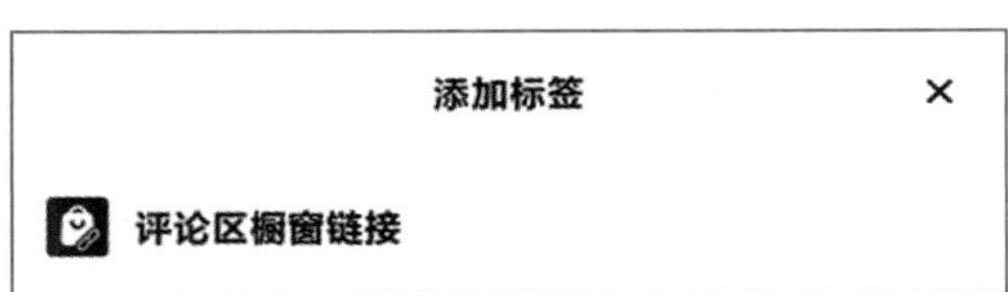

图 4-4-21 抖音短视频商品添加标签

勤学善思

“一件代发”10 天交易额破千元

作为大学生，开网店首先面临的挑战就是资金和货源问题。罗雨桐是四川大二在读学生，学习物流管理专业的她一直想开一家网店。一次偶然机会，她了解到某平台“春晓计划”为商家推出“0 元试运营”政策，并且还为商家提供货源推荐，这正好解决了一直困扰她的开店成本和货源难题。于是，罗雨桐和同学一起于 2023 年 11 月下旬在某平台开设了“青年百货小铺”，从“货源推荐”频道一键上架家庭清洁用品，开店 10 天销售额就破千元。

大学生缺少资源和人脉，较难找到稳定的货源，对此，某平台的“货源推荐”频道能够为商家提供热卖爆品和蓝海优质商品，支持“一件代发”，大学生无须囤货；服务市场的“速当家”等三方工具，还能够为商家提供海量站外优质货源，商家可 0 元试用该工具一个季度。

思考：

（1）无货源模式开网店的实质是什么？

（2）无货源开店有哪些方式？

分析：

无货源开网店是一种电商运作模式，其最大的优势在于商家不用进货、囤货，卖家下单后由供应商、批发商、经销商等商家代为发货，网店商家则类似"中间介绍人"，从中间赚取差价。

定义及属性可参考本单元前面网络代销部分内容，在此不作过多赘述，以下就无货源开店的方式进行简单阐述。一般来说，无货源开店有以下几种方式：

（1）一件代发：与供应商合作，由供应商提供商品图片和详情，卖家在接到订单后直接将客户信息发给供应商，由供应商发货。

（2）代销：卖家与其他商家达成合作，代理销售他们的商品，在有订单时从合作商家处购买并发货。

（3）零售业务模式（Drop shipping）：国外非常流行的交易方式，直接将客户订单转交给供应商，由供应商处理发货和物流。

4.3 同步训练

4.3.1 任务描述

背景一：小蔡是一位在校大学生，读的是电子商务专业，大学生活业余空闲时间比较多，为了更好地提升自己的专业实践能力，在淘宝上开了一家女装店铺，现需要5款夏季款连衣裙，每款数量100件，单价100元以下，7天内需要到货，其余条件不限。现请根据店铺的运营策略，制订一个通过阿里巴巴批发网站（www.1688.com）进行采购的采购计划。

背景二：小蔡根据店铺运营策略制订了店铺采购计划，在对比了线上线下进货的利弊之后，小蔡最终决定在阿里巴巴批发网上进行采购。然而阿里巴巴批发网上有成千上万家供应商，让小蔡一下子眼花缭乱。不同店铺有着不同的信誉等级及产品价格，因此要求小蔡能够在对比多家店铺之后，选择合适的供应商进行采购。现请你以小蔡的身份，在阿里巴巴批发网上，通过对比多家店铺，最终挑选合适的店铺进行采购并询价。

4.3.2 任务分析

分析一：采购管理是从计划下达、采购单生成、采购单执行、到货接收、检验入库、收集采购发票到采购结算的采购活动的全过程，对采购过程中物流运动的各个环节状态进行严密的跟踪、监督，以实现对企业采购活动执行过程的科学管理，特别是通过对供应商的综合实力的分析与合作，能帮助我们在店铺推广上有强有力的供应后盾，为我们在推广上赢得机会。

分析二：供应商的选择是店铺盈利及长久经营的基本保障，合适的供应商能够保证店铺的货源稳定、商品不易断货。进货时，商品的价格更是直接关联到店铺的利润空间。因此，在进行采购时，需要选择合适的供应商并合理控制采购费用。

4.3.3 实施步骤

操作一：根据运营策略执行采购计划。

提取采购需求：5 款夏季款连衣裙，每款数量 100 件，单价 100 元以下，交货期 7 天，其余条件不限。制定步骤：

第一步：登录 www.1688.com，搜索“连衣裙”。

第二步：通过对比，选择合适的 5 款商品，并询问商家到货时间。

第三步：填写采购申请单（见表 4-4-1）。

表 4-4-1 采购申请单

采购申请单								
序号	店铺名	品名	数量	单价	金额	总价	交货期	备注
1								
2								
3								
4								
5								
注意事项： 1. 交货期：如供应商未能如期交货，每日应赔偿 10% 的违约金。若有异议需在当日提出。 2. 交货地点：南京金桥市场仓库。 3. 不良处理：经本店验货不合格，本店有权退还。 4. 付款方式：月结　天。								

供货方确认：　　　审批：　　　采购：

操作二：选择合适的供应商并合理控制采购费用。

第一步：登录阿里巴巴批发网，搜索“连衣裙”。

第二步：浏览商品详情、评价、店铺信誉等。在浏览的过程中，记录下每一家店铺的情况。通过比对，选择合适的店铺进行询价，填写表 4-4-2。

表 4-4-2　询价表

店铺名	DSR 评分	一件代发	退换问题	是否寄样	其他问题

第三步：根据商家的记录，选择其中一个商家深入了解产品的详细情况，并与商家谈判交流最终的价格底线，通过表 4-4-3 记录与商家谈判的结果。

表 4-4-3　谈判结果

<table>
<tr><th>采购产品：连衣裙</th><th colspan="3">采购确认清单</th></tr>
<tr><td rowspan="7">商品主图</td><td colspan="2">货源渠道</td><td>1688 平台</td></tr>
<tr><td rowspan="3">阶梯价格（谈判后）</td><td>1 ～ ** 件</td><td>** 元 / 件</td></tr>
<tr><td>** ～ ** 件</td><td>** 元 / 件</td></tr>
<tr><td>≥ ** 件</td><td>** 元 / 件</td></tr>
<tr><td rowspan="3">获取优惠</td><td>物流优惠</td><td></td></tr>
<tr><td>套餐优惠</td><td></td></tr>
<tr><td>其他优惠</td><td></td></tr>
</table>

自主学习

思维导图

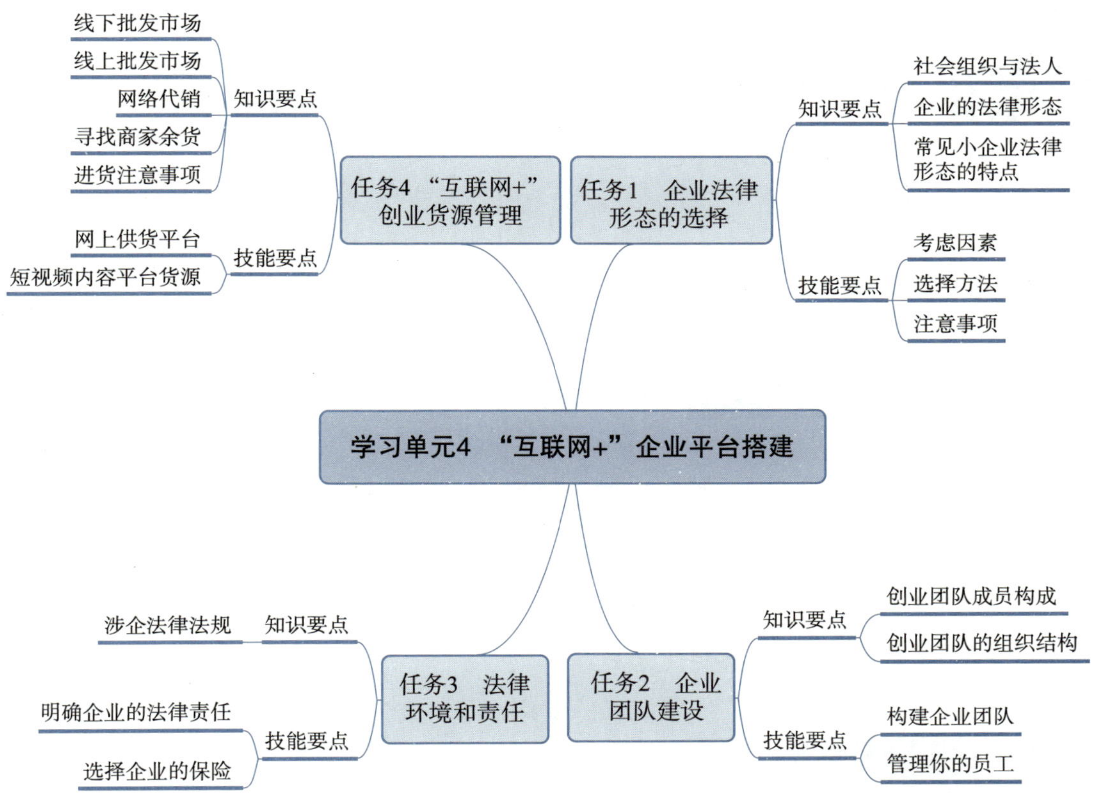
学习单元4 “互联网+”企业平台搭建
任务1 企业法律形态的选择
知识要点
社会组织与法人
企业的法律形态
常见小企业法律形态的特点
技能要点
考虑因素
选择方法
注意事项
任务2 企业团队建设
知识要点
创业团队成员构成
创业团队的组织结构
技能要点
构建企业团队
管理你的员工
任务3 法律环境和责任
知识要点
涉企法律法规
技能要点
明确企业的法律责任
选择企业的保险
任务4 “互联网+”创业货源管理
知识要点
线下批发市场
线上批发市场
网络代销
寻找商家余货
进货注意事项
技能要点
网上供货平台
短视频内容平台货源

5 学习单元 5 “互联网 +”创业运营与管理

单元导学

本学习单元包含 2 个任务：

任务 1　制订企业利润计划

任务 2　“互联网 +”创业交易客服

通过学习，应基本了解和掌握网创定价策略、在线交易方式方法及提高客户对网店黏性的方法。

知识目标

1. 掌握成本、价格与需求、定价导向、影响定价的因素、定价基本规则的含义。
2. 能够识别和分析相关财务数据，包括销售额、成本、利润等。
3. 掌握“互联网 +”创业客服有关基本知识。
4. 掌握网创在线交易原则、做好客户关系管理的知识。

能力目标

1. 能够客观实际地计算出泛产品项目下主题产品的成本。

2. 能够独立制订企业利润计划，并且合理设定销售目标、成本控制措施等。

3. 能够客观选择价格制订方案，结合经营阶段并依据价格政策制定价格。

4. 能够利用电子商务平台提供的工具软件完成在线客服、交易及客户关系管理。

素质目标

1. 培养学生的责任心和执行力，使其能够认真制订和执行利润计划。

2. 培养学生的沟通能力和协调能力，具备团队合作意识，能够与同事合作制订和实施企业利润计划。

任务1 制订企业利润计划

1.1 引导任务

请分析华为推出高价位手机的客观依据。

分析：价格对需求是否有很强的作用力；市场对华为手机的需求有无弹性。

1.2 支撑知识与技能

为了完成商品定价与策略，需要学会成本、价格与需求、定价导向、影响定价的因素、定价基本规则等知识内容，运用以上知识完成泛产品项目下主题产品的成本计算、制定价格等任务，具体阐述如下。

1.2.1 知识要点

1. 产品成本

创业者都十分关注怎样挣钱的问题，当然，这既是创业的目的，也是成败的关键。有一个赚钱的公式：

利润 = 收入 - 成本

如果将上面的公式定位为在单位产品范围内，它就变化为：

单位产品利润 = 单价 - 单位成本

也就是说制定价格的基础是核算单位产品的成本（有产品的情况下）或分析出产品的成本（固定价格的情况下）。

企业的成本都有两种形式。

（1）固定成本。固定成本是指在一定时间范围和业务量范围内不变的成本，如租金、保险费、职工工资、广告费、折旧与摊销和营业执照费等费用。

（2）可变成本。可变成本是指在一定范围内会随着生产或销售的起伏而变化的成本，如原材料的成本、运费和包装费等，这些是可变成本。

当然还存在一些难以区分的成本统称为半变动成本，是同时包含有可变成本和固定成本特性的混合成本，但都可以分解归属为以上两种成本。例如职工工资为固定成本，加班工资或津贴就属于可变成本。正确区分和分解出可变成本和固定成本不仅对制定价格、分析企业盈亏平衡、减少企业经营风险、扩大盈利很重要，还对指导企业经营决策有很大的帮助。例如，在采购与储存原材料方面你就要会选择契机并把握进货量。市场的价格是波动的，把握好原材料的进价就是在降低可变成本。

（3）总成本。总成本是一定生产或销售水平下，固定成本与可变成本之和。

对于制造商或服务商来说，可变成本就是制造产品或提供服务的成本。例如，一个面包师要购买诸如面粉、酵母和牛奶等原料做面包；一个零售商要买进用于再出售的商品；一家食品店要买糖果、饼干等存货。

预测成本时，你必须认真区分可变成本和不变成本。你的原材料成本永远属于可变成本。如果还有其他可变成本，你必须知道这些成本是怎样随着销售量的增减而变化的。在你的不变成本中还有一些是需要分摊的，如保险费、营业执照费等。

折旧与摊销是一种特殊成本。折旧是由于固定资产在使用过程中不断贬值而产生的成本，如设备、工具和车辆等。它虽然不是企业的现金支出，但仍然是一种成本。由于折旧是针对固定资产而言的，因此，你只需要计算固定资产（有较高价值和有较长使用寿命的资产）的折旧价值。根据我国现行税法，以下折旧率适用于大多数小企业，见表 5-1-1。

表 5-1-1　固定资产折旧率一览表

固定资产类型	每年折旧率
机动车辆	10%
与生产经营活动有关的器具、工具、家具	20%
机器、机械和其他生产设备	10%
店铺	5%
工厂建筑	5%

我国现行税法将土地使用权列入无形资产，不计提折旧，按使用年限进行摊销。进行摊销的还有无形资产，其中包括：软件著作权、专利、版权、商标使用权、加盟费等。

算出一个月的总成本，再除以当月的产品数量，就能得出你的产品或服务的单位成本。

勤学善思

制订利润计划

假设你是一家新兴的纺织制造公司的生产总监，公司名称为“EcoThreads”。请根据以下情况制订一个利润计划，并结合数据分析进行评估。

公司介绍：EcoThreads专注于生产环保友好的有机棉纺织品，如T恤、床上用品等，主要销售渠道包括线上电商平台和线下零售商。

公司经营情况：EcoThreads使用有机棉等环保材料生产纺织品，成本相对较高。公司计划通过线上线下销售方式，开拓新市场，并提供定制化服务，满足客户需求。根据过去几个月的销售数据统计，EcoThreads平均每月销售成本为50 000美元，平均营业额为80 000美元，毛利率为37.5%。

思考：请根据以上情况思考如何制订利润计划。

分析：

制订利润计划如下：

（1）成本管理策略：根据数据分析的销售成本和营业额，制定有效的成本管理策略，优化生产流程，降低运营成本，提高利润率。

（2）销售增长策略：根据数据分析的毛利率，设定销售增长目标，制定推广策略，如提高市场曝光度、扩大销售渠道等，增加销售额。

（3）定制化服务提升：根据客户反馈和市场需求，不断改进产品设计，提高产品质量，推出个性化定制服务，吸引更多高端客户。

根据数据分析结果，EcoThreads每月毛利润约为30 000美元（80 000×37.5%=30 000），成本控制和销售增长策略能够在不影响产品质量的情况下提高利润。

2. 价格与需求

价格是购买者所支付的货币数量。它会影响到市场对该产品的需求量变化。通常情况下，市场需求量会按照与价格相反的方向变化。价格升高，需求量下降；价格降低，需求量上升。当然也有量价齐升或齐跌的时候。所以创业定价时必须依据需求下的价格弹性，了解市场需求对价格变动的反应。价格变动对需求影响小，称为需求无弹性；反之称为需求富有弹性。在以下条件下，需求可能缺乏弹性：

（1）替代品很少；
（2）竞争者少；
（3）购买者对价格不敏感；
（4）购买者购买的习惯改变较慢；
（5）购买者寻找较低价格的表现迟缓；
（6）购买者认同高价，如产品质量有所提高、通货膨胀等。

如果产品不具备以上条件，那么产品的需求富有弹性，创业就应该采取商品适当降价，刺激需求，促进销售来增加销售收入。

3. 价格决策

价格决策是指创业者根据自身条件和市场条件，对产品定价方案的选择、优化的过程。对初始型创业者而言，必须明白市场营销计划同时具有战略与策略匹配性。价格决策是市场营销计划的一个方面，同样具有战略与策略性，还具有服从性，即它必须与创业目标计划整体相匹配。例如你为了扩大市场占有率，采用低价策略来配合；为了提高毛利，采取高价策略。

确定的价格方案具有“政策”性，关系着顾客、供应商、竞争者、社区等多方的利益，实施中会触动多方敏感神经，决定着创业经营的成败。所以说，价格决策是创业团队最高层面的经营决策，是高风险决策，必须慎之又慎。

4. 影响定价的因素

广义地说，价格是顾客为获得、拥有或使用产品或服务的利益而支付的价值。从市场营销的角度看，价格始终是决定企业市场份额和盈利的最重要因素之一。

企业的价格介于两种价格水平线之间，即价格水平要在高至没有需求和低至没有利润的两条水平线之间。价格水平和影响定价因素如图 5–1–1 所示。

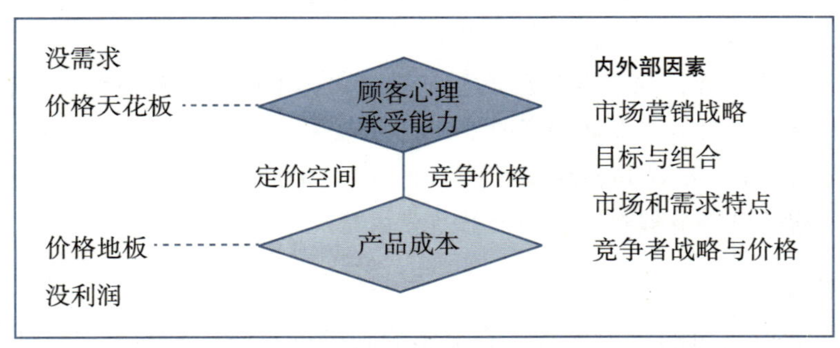

图 5–1–1　价格水平和影响定价因素

影响定价因素中，市场营销战略和目标与组合属于内部因素，市场和需求及竞争者战略与价格属于外部因素。值得格外注意的是“竞争者战略与价格”，他们是“弄潮儿”。当销售旺季来临时，当新的竞争出现时，吸引顾客消费的策略中都少不了价格要素，让顾客感受占到了一些“便宜”，让竞争者茫然。这时，作为初始创业者在市场调查时要会假想面对竞争，透过对手的营销现场认真分析竞争者的营销方案，再深度探究竞争者的市场营销战略，体会万变不离其宗的道理，这对你的经营会很有帮助。

图 5–1–1 中左边的“价格天花板”是指产品或服务价格的上限，是由消费者对你的产品或服务的感知价值决定的。当你的定价超过它时，消费者就会感觉到“物有不值”，需求就归属他处了。“价格地板”是指产品或服务价格的下限，是成本决定的，价格低于它就没有利润了。所以说再高明的企业管理者在制定价格时都会被限制在这两者中间寻求“价格—价值”契机。除非你有独特的目的与客观原因，尝试突破“价格天花板”定价，这时你要时刻提醒自己要适可而止，欺骗消费者就是自毁已业；尝试低于成本出售时，你要明确好自己的目的及把握好自己的减负能力，或者除非迫不得已。另外要注意，经营者以低于成本的价格抛售商品，排挤竞争对手，使其利益严重受损或被迫退出市场，从而在一定市场范围内减少或消除竞争，以达到获取非法高额利润的目的，这种情况会构成不正当低价销售，是触犯法律的行为。

定价的影响中，创业战略和目标是最大的激励因素，创业目标有：

（1）维持生存。

（2）当期利润最大化。

（3）市场占有率最大化。

（4）产品质量最优化。

5. 定价导向

为产品定价有两种导向，一种是产品导向，另一种是价值导向。产品导向下的基于成本的定价方法，是大家比较熟悉的方法。价值导向下的基于价值的定价方法与基于成本的定价方法在定价导向上正好相反，前者是先评价需求和顾客感知价值，再匹配价格，继而分析确定目标成本后设计能传递理想价值的产品，如图 5–1–2 所示。

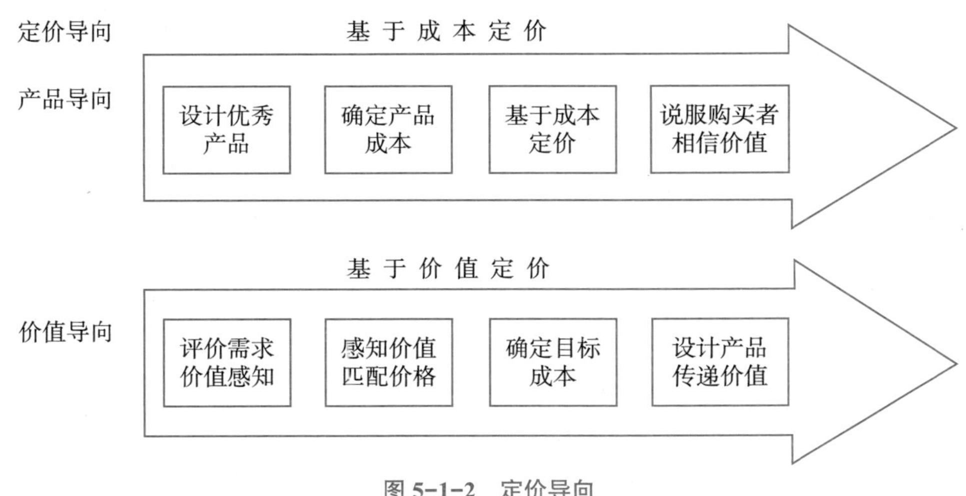

图 5–1–2　定价导向

6. 定价的基本规则

（1）高不能超过"价格天花板"，"价格天花板"是由顾客心理承受能力构成的。

（2）低不能低过"价格地板"，"价格地板"是由产品或服务成本铺成的。

（3）定价是在两者之间寻求"价格—价值"契机。

（4）竞争价格是质价组合的比较因素，关键是与营销计划、创业目标及营销战略进行比较。

创业视角

Green Eats 创业案例

Green Eats 是一家专注于提供有机健康食品的创业公司，主要销售有机蔬菜、水果、谷物和坚果，并提供定制的健康餐饮配送服务。

1. 目标客户

健康意识强、注重饮食均衡、追求有机食品的消费者，主要定位于大城市的白领和健康生活追求者。

2. 市场竞争分析

市场上已经存在一些有机食品品牌，但大多数都价格高昂或者服务不够灵活，Green Eats 有机会在市场中找到自己的定位。

3. 制订企业利润计划

（1）产品定价：为了在竞争激烈的市场中获得竞争力，Green Eats 决定将有机食品价格控制在合理范围内，以吸引更多消费者。同时，根据产品成本和市场需求，制定不同的价格策略，如套餐优惠、会员折扣等。

（2）降低采购成本：Green Eats 通过与有机农场直接合作，以大宗采购的方式获得原材料，从而降低采购成本，增加利润空间。

（3）提高营销效率：Green Eats 将注重在社交媒体平台和健康生活网站上进行营销推广，以降低营销成本，吸引更多目标客户。

（4）创新服务模式：Green Eats 将推出定制健康餐饮配送服务，根据客户的个人口味和健康需求，提供定制化的健康餐单，从而提高客户满意度并增加销售额。

通过以上策略和措施，Green Eats 将根据市场需求和竞争情况，制订一个有针对性的企业利润计划，实现盈利并持续发展。

1.2.2 技能要点

1. 成本计算

创业都会有成本。成本是创业定价战略中的重要因素，必须详细了解自己经营的全部成本。简单、具体地计算成本价格方法如下：

你要掌握自己生产产品或提供服务的成本构成。

你要掌握固定资产折旧，其也是一种成本。

计算出单位产品或服务的成本。

掌握创业的成本构成。对于创业者来说，预测成本绝不是一件容易的事。最好的方法是参照一家同类创业项目，了解该项目计入了哪一项成本。一些常见的成本项目见表 5-1-2。

表 5-1-2 常见成本项目

企业成本项目	企业成本项目
材料费	工资和员工福利
水、电、气费	广告费
折旧与摊销费	咨询费（律师和会计事务）
维修费	银行收费
租金	办公文具和邮费
保险费	电话费
差旅费	营业执照费及开办费
市场营销费	系统运营维护费用
物流费用	数据处理与分析费用
退货与售后成本	其他不可预见费

创业成本都有两种形式，即固定成本和可变成本。

①固定成本是指在一定时间范围内和业务量范围内不变的成本，如租金、保险费和营业执照费等。

②可变成本是指在一定范围内会随着生产或销售量的变化而变化，如材料成本。

当然还存在一些难以区分的成本称为半变动成本，是同时包含可变成本和固定成本的混合成本，但是都可以分解归属以上两种成本。例如，职工工资 2 800 元，其中 2 000 元是固定工资，属于固定成本，800 元为加班工资或津贴，则属于可变成本。正确区分并分解出可变成本与固定成本不仅对制定价格、分析企业盈亏平衡、减少企业经营风险、扩大获利很重要，还对指导企业经营决策有很大的帮助。例如，采购与库存在采购原材料方面就要把握机会并控制进货量。市场价格是有波动的，把握好原材料的进价就是在降低可变成本。

总成本是在一定生产和销售水平下，固定成本与可变成本之和。

预测成本时，必须认真区分可变成本与不变成本。原材料成本一定属于可变成本。企业还有其他可变成本，在制定价格时不能遗漏。

2. 价格制定

（1）价格政策制定原则。

①不能低于产品的成本；

②不能太高于顾客愿意出的价钱（顾客心理承受能力）；

③不能远高于同类产品的市场竞争价格。

价格政策一般都是一个范围，如 2—3 元。它的意义在于不同的经营时期创业者可以运用价格杠杆效应调节市场。如创业初期，可以用偏高或偏低的价格政策。又如在节假日可以挂高折扣等激励顾客购买。

（2）价格制定方法。一种是基于成本的定价即产品导向定价方法，包括成本加价法、盈亏平衡定价法（也称目标利润定价法或量本利法）。另一种是基于价值的定价方法，包括高价值定价法、价值增值定价法。

当产品市场竞争较为明显时，竞争者的战略和价格就成了定价时必须要分析与比较的因素，这种参照竞争者的价格来看自己的价格是否具有竞争力、是否能获得更多的市场份额的方法叫竞争比较价格法。

明智的企业家都将制定价格视为获取顾客价值的重要工具。因此，我们将以上几种定价法进行组合，形成以下四种定价组合方案，供创业者依据定价的影响因素并结合自己的实际进行选择使用。

1）定价方案一：成本加价法、竞争比较价格法与盈亏平衡定价法。

①成本加价法。成本加价法是指将制作产品或提供服务的全部费用加起来，就是成本价格。在成本价格上加一个利润百分比，得出的就是销售价格。成本加价法属于产品导向定价范畴。

其计算公式为：

单位产品价格 = 单位产品成本 + 单位产品成本 × 成本利润率

或

单位成本 = 可变成本 + 固定成本 / 销售数量

成本加价时，确定合理的成本利润率是一个关键问题。成本利润率的确定必须考虑市场环境、竞争程度、行业特点等因素，对调查获得的信息必须进行科学分析。这种方法尤其适用于制造商和服务商。例如，斑竹公司计划月生产销售鼠标垫 1 000 件，单位可变成本 6 元，固定成本总额 2 000 元，单位固定成本为 2 元。他们通过对多种同类产品进行市场调研分析得出鼠标垫的成本利润率基本在 30% 以内。他们通过对同类产品的比较，认为自己的产品设计风格独特、款式新颖，其设计更符合大学生使用鼠标时的习惯。他们也对单位固定成本进行了比较，只是对手的 1/2 以内。他们决定将成本利润率定位为 25%，得到的销售价格为：

单位成本 = 6+2 000 / 1 000 = 8（元）

单位产品价格 = 8+8 × 25% = 10（元）

如果你的企业未来经营有效，成本不高，用这种方法制定的销售价格在当地应该是具有竞争力的。但是，如果经营不好，你的成本就可能会比竞争者的高。这意味着你用成本加价法制定的价格太高，而不具有竞争力。

②竞争比较价格法。竞争比较价格法是指定价时，除考虑成本外，你还要了解当地同类商品或服务的价格，以保证你的定价具有竞争力。如果你定的价格比竞争者的高，你还要保证你能更好地满足顾客的需要。

使用成本加价法与竞争比较价格法制定价格，一方面，你要严格核算产品成本，保证定价高于成本；另一方面，你要随时观察竞争者的价格并分析竞争者的营销战略，与之比较，以保持你的价格有竞争力，获得你期望的市场份额。

注意：要比较同类价格。例如，不要拿制造商的销售价和商店的零售价进行比较。

③盈亏平衡定价法。盈亏平衡定价法属于产品导向定价范畴，也被称作目标利润定价法，是量本利分析的一种最基本的应用。

a. 盈亏平衡法的计算。

盈亏平衡法的计算公式。

量本利的基本公式为：

$$TP = px - (a+bx)$$

式中：TP 为利润；p 为销售价格；x 为销售数量；a 为固定成本；b 为可变成本。

预测保本点，就是利润为零，即 $TP=0$，得

$$0 = px - (a+bx)$$

解得保本点公式：

$$x = a/(p-b)$$

这种定价方法比较适合制造型企业或服务型企业，能将其投资回报率限制在一个较为公平的范围内。盈亏平衡定价法运用了盈亏平衡图（也称保本图），反映了不同销售水平下总成本与总收益的关系。现结合一个例子阐述具体画法。

盈亏平衡分析图的画法如下（见图 5-1-3）：

①建立坐标系。将产量设为横轴，取 100 件给一个基本单位长度 a，在横轴上按顺序画出 100 ～ 1 000 件 10 个整数点。将销售收入设为纵轴，取 1 000 元给一个基本长度 b，在纵轴上按顺序画出 1 000 ～ 10 000 元的 10 个整数点。a 与 b 长度可以不等。

②画总收入线。在坐标系内点出总收入点（1 000，1 000 × 10 = 10 000），将总收入点与原点连线，得到销售收入线。

③画总成本线。在坐标系内点出总成本点（1 000，2 000 + 6 × 1 000 = 8 000），并与点（0，2 000）连线即得总成本线。

④保本点即为总收入线与总成本线相交点。过保本点向下画垂线叫横轴点（500，0），即反映月保本销量为 500 件。过保本点向左画水平线交纵轴点（0，5 000），即反映保本销售额为 5 000 元。

⑤最高销售额处销售收入与成本线段。过纵轴点（0，2 000）画横轴水平线，过

（1 000，0）向上画垂线，即可得总成本（已划分为固定成本与可变成本）及销售收入（图示利润）。

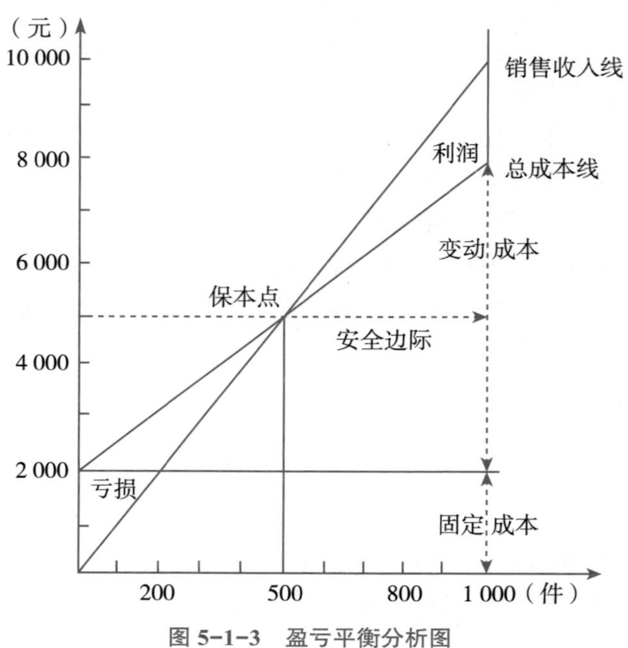

图 5-1-3　盈亏平衡分析图

⑥亏损区即为纵轴与保本点以下销售收入线及总成本线围成的区域。利润即为过最高销量 1 000 件横轴点的垂线与保本点以上销售收入线及总成本线围成的区域。

分析图 5-1-3，可以清楚地看到：

①在保本点不变的情况下，超过保本点的业务量提供了贡献毛利的盈利；相反，销量低于保本点的销售量正在亏损贡献毛利，销量越小，亏损额越大。

②在销量不变的情况下，保本点越低，产品的盈利能力越大。

③在销售收入不变的情况下，单位可变成本与固定成本总额越小，保本点越低，反之保本点越高。

b. 保本点预测。

保本点又称损益平衡点，是指企业的销售收入与销售成本相等，处于不盈不亏的临界状态。保本点是企业管理一个十分重要的信息，是项目投资进行利润预测的基础，是可能产生利润的零点。预测利润，确定利润目标，首先要预测保本点。步骤如下：

第一步：计算贡献毛利和贡献毛利率。

单位贡献毛利又称边际贡献、边际收益或创利额，是指产品销售收入减去其可变成本后的余额。用公式表示如下：

单位贡献毛利 = 销售单价 − 单位可变成本

贡献毛利总额 = 销售收入 − 可变成本总额

贡献毛益率即贡献毛利与销售收入的比值。用公式表示如下：

贡献毛利率 = 单位贡献毛利 / 销售单价

或

贡献毛利率 = 贡献毛利总额 / 销售收入总额

比如，计算一个鼠标垫产品的贡献毛利率，结果是：单位贡献毛利 = 10 − 6 = 4（元），贡献毛利总额 = 4 × 1 000 = 4 000（元），贡献毛利率 = 4/10 = 40%。

第二步：确定保本点销售量和贡献毛利率。

企业销售获得的贡献毛利首先用于弥补企业的固定成本。当贡献毛利值等于弥补需要时，这一值就是保本点。以后增加的销售获得的贡献毛利全部为企业的利润。计算公式如下：

保本点销售量 = 固定成本 / 单位贡献毛利

或

保本点销售量 = 固定成本 / 销售单价

保本点销售额 = 固定成本 / 贡献毛利率

或

保本点销售额 = 固定成本 /（1− 单位可变成本 / 销售价格）

那么，一个鼠标垫的保本点销售量 = 2 000/4 = 500（件），保本点销售额 = 2 000/40%= 5 000（元）。

以上公式计算结果：①用月固定成本计算，结果为月保本点；②用季度固定成本计算，结果为季度保本点；③用年固定成本计算，结果为年度保本点。

第三步：计算安全边际和安全边际率。

一般来说，当一家新企业进入市场时，竞争对手的反应是很激烈的。他们也许会压低价格，使新企业难以立足。所以，即使你的企业计划做得很完备，也难免面临一些意外风险。

这就需要创业者在制定价格时要考虑一个价格范畴，并计算安全边际和安全边际率，以确定业务经营的安全性。

c. 安全边际和安全边际率的计算。

安全边际指企业预计销售量（额）与保本点销售量（额）之差。这个差距反映企业实际销售达不到预计销售多少时，企业才会发生亏损。安全边际用销量表示称为安全边际量，用销售额表示称为安全边际额。安全边际量（额）与预计销售量（额）之比叫安全边际率。公式如下：

安全边际量 = 预计销售量 − 保本销售量

安全边际额 = 预计销售额 − 保本销售额

安全边际率 = 安全边际量 / 预计销售量

= 安全边际额 / 预计销售额

安全边际和安全边际率是分别用绝对数和相对数反映企业经营风险程度的两个指标。很明显，安全边际和安全边际率越大，表明企业的业务经营越安全，反之经营风险越大。按照企业经验性的评价标准，一般认为安全边际率要达到 30% 以上，企业的经营才属于安全。鼠标垫产品的安全边际率为：500/1 000=50%，大于 30%，所以该项目经营是比较安全的。

使用安全边际率的概念时应注意以下几点：

①全部成本都能精确划分为可变成本和固定成本。成本中有些成本属于两者之间，随着业务量扩大，可以将该成本分解成两种成本进行归属计算。

②以可变成本计算为基础，期末库存产品不负担固定成本。

③销售单价、单位可变成本和固定成本在一定的业务范围内保持不变。

④产品成本只受业务量变化的影响。

一般来说，任何忽略需求和竞争者价格的定价方法都不大可能得到最理想的价格。但成本加价法目前非常受欢迎。探究原因如下，与需求相比，卖者对成本信息更有把握，与需求变化相比，成本更加稳定，所以将价格与成本联系起来，卖者就简化了定价。一个行业中如果企业都这样定价，市场价趋向一致了，大大减少了价格竞争的可能性，买方更易判定和接受卖方投资回报率的公平性。

2）定价方案二：高价值定价法。

高价值定价法即将提供的产品或服务按既定价格提供更高的质量或以更低的价格提供相同的质量的方法。这一方法属于价值导向定价的范畴。

很多企业为适应不景气的经济状况和消费者更加节俭的开支习惯，使用高价值定价法，像麦当劳等快餐店纷纷提供超值菜单。零售业高价值定价的做法是采取低价法，以便客户获得高价值。

3）定价方案三：价值增值定价法。

价值增值定价法属于价值导向定价方法。高价值定价是指企业增加价值的属性和服务，以使提供的产品或服务差异化，支持高于平均水平的价格，而不是适应竞争降低价格。正如一位营销专家所说：消费者渴望价值，也愿意为此付钱。明智的企业管理者都根据这一点为自己的产品定价。

4）定价方案四：目标成本定价法。

价值增值定价法，也叫目标成本定价法，是先确定一个以顾客感知价值为基础的理想售价，然后以与价格匹配为目标确定产品成本。这种方法与先设计产品、决定成本再定价格正好相反。目前，很多家具生产厂都采用这种定价方法。

除了以上四种定价方法以外，还有非价格定位、高价格定位等多种方法。不管你选择哪种定价方法，都应研究一下其他的定价方法，形成适合你的组合定价方案。值得注意的是，在很多情况下，定价最佳战略并不是设计最低价格，而是以差异化营销提升顾客感知价值，并获得相匹配的价格。

3. 定价策略

目前，定价策略有多种，如新产品定价策略、产品组合定价策略、价格调整策略、刺激性定价策略等。对于网创而言，新产品定价策略较为重要。新产品定价策略包括撇脂定价策略、渗透定价策略、满意定价策略等。

（1）撇脂定价策略是指在产品生命的最初阶段，将产品价格定得高一些，以获取更多的利润。其定价的条件为：

①市场有足够的购买者并且需求缺乏弹性；

②高价下的量价积大于低价下的量价积；

③竞争者少。

（2）渗透定价策略是指创业者把创新产品的价格定得相对较低，通过激励大量顾客实现购买来提高市场占有率。渗透定价策略的条件：

①消费者对价格极为敏感，低价会刺激市场需求迅速增长；

②成本逐步在下降；

③低价不会引起竞争。

（3）满意定价策略是介于撇脂定价和渗透定价之间的价格策略。其价格比撇脂价格低，而比渗透价格要高，是中间价格。该种定价策略因能使供应商和顾客都比较满意而得名，有时被称为“君子价格”或“温和价格”。

1.3 同步训练

1.3.1 任务描述

1. 任务名称

为“连衣裙”项目主题产品定价

2. 任务导图

为“连衣裙”项目主题产品定价任务导图见图 5-1-4。

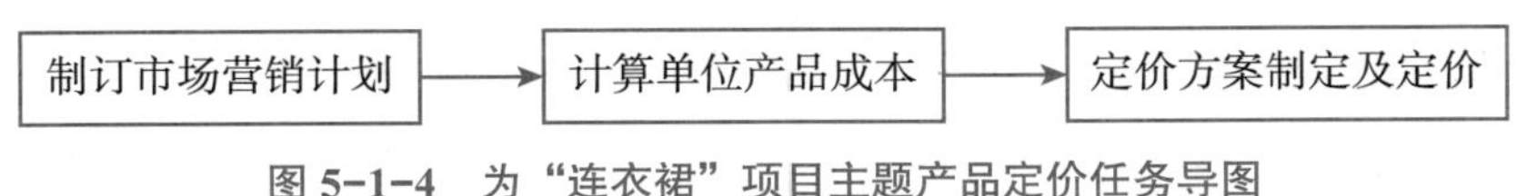

图 5-1-4 为“连衣裙”项目主题产品定价任务导图

3. 任务要求

按照本任务 1.3.2 的实施步骤，收集前四个学习单元你对“连衣裙”项目主题产品作出的任务结果，将制定的价格政策填入表 5-1-3 中。使用表 5-1-3 计算单位产品成本，使用表 5-1-4 制定价格方案并定价。

1.3.2 实施步骤

第一步：计算单位产品成本，见表 5-1-3。

表 5-1-3　单位产品成本计算表

流动支出列项	月支出数额	固定资产数额	月折旧率	月折旧额
月成本小计				
月成本总计				
单位产品成本	成本总计 月产品销售数量			

第二步：制定定价方案。

第三步：使用价格策略方法制定价格。

第四步：具体实现，填写表 5-1-4。

表 5-1-4　价格方案制定表

价格制定政策	价格制定方案列项	方案选择原因	策略要点	定价结果
	成本加价法、竞争比较价格法			
	盈亏平衡定价法			
	高价值定价法			
	价值增值定价法			
	目标成本定价法			

自主学习

任务 2　“互联网+”创业交易客服

2.1　引导任务

请大家回顾自己在网上购买商品的过程，画出购物流程图，并讨论网店客服的作用。

分析：

（1）作为买家，网上购物时既不见人也不见物，你如何信任该网店并在该网店多次购物？

（2）你每次在网店购物完成后，是否还有客服与你联系？

（3）通过比较网店购物与实体店购物的区别，体会网上交易与管理流程。

2.2 支撑知识与技能

在前述四个学习单元及商品定价与策略的学习基础上，网创者还应理解和掌握网创环境下的客服管理、交易管理及客户关系管理相关的知识和技能，为网创者产生较好经济效益做铺垫。为此，本任务将从上述三个方面阐述。

2.2.1 知识要点

1. 客服管理的意义

网创客服管理是指在开展网创这种新型商业活动中，充分利用各种通信工具、并以网上即时通信工具为主的，为客户提供相关服务方面的管理。这种服务形式对网络有较高的依赖性，所提供的服务一般包括客户答疑、促成订单、店铺推广、完成销售、售后服务等几个大的方面。

网店客服在网店推广、产品销售及售后的客户维护方面均起着极其重要的作用，不可忽视。其作用如下：

（1）塑造店铺形象。对于一个网上店铺而言，客户看到的商品都是一张张的图片，既看不到商家本人，也看不到产品本身，无法了解各种实际情况，因此往往会产生距离感和怀疑感。此时，客服就显得尤为重要了。客户通过与客服在网上交流，可以逐步了解商家的服务和态度以及其他方面的信息，客服的一个笑脸（表情符号）或者一个亲切的问候，都能让客户真实地感觉到他不是在跟冷冰冰的电脑和网络打交道，而是跟一个善解人意的人在沟通，这样会帮助客户放弃戒备，使店铺在客户心目中逐步树立起良好形象。

（2）提高成交率。现在很多客户都会在购买之前针对不太清楚的内容询问商家，或者询问优惠措施等。客服在线能够随时回复客户的疑问，可以让客户及时了解需要的内容，从而立即达成交易。有时，客户不一定对产品本身有什么疑问，仅想确认商品是否与事实相符，此时一个在线的客服就可以打消客户的很多顾虑，促成交易。同时，对于一个犹豫不决的客户，一个有着专业知识和良好销售技巧的客服，可以帮助买家选择合适的商品，促成客户的购买行为，从而提高成交率。有时候客户拍下商品，但是并不一定是着急要的，这个时候在线客服可以及时跟进，通过向买家询问汇款方式等督促买家及时付款。

（3）提高客户回头率。当买家在客服的良好服务下完成了一次良好的交易后，买家不仅了解了卖家的服务态度，也对卖家的商品、物流等有了切身的体会。当买家需要再次购买同样商品的时候，就会倾向于选择他所熟悉和了解的卖家，从而提高了客户再次购买的概率。

（4）更好地服务客户。如果把网店客服仅仅定位于和客户的网上交流，那么这仅仅是服务客户的第一步。一个有着专业知识和良好沟通技巧的客服，可以给客户提供更多的购物建议，更完善地解答客户的疑问，更快速地对买家售后问题给予反馈，从而更好地服务客户。只有更好地服务客户，才能获得更多的机会。

2. 客户关系管理的目标

（1）与客户建立长期的联系以减少获取客户的成本；

（2）降低客户流失率；

（3）通过交叉销售和引导销售增加客户的消费；

（4）提高低利润客户的利润率；

（5）重点关注高价值客户。

企业担当

疫情期间的企业客户服务

疫情期间，阿里巴巴面向全球中小企业成立“阿里防疫直采全球寻源平台”，有需求的客户可以通过平台进行高效互动与沟通，国内外关于防疫物资的信息会透明、高效匹配，实现防疫物资的即时调配。无论物资在何处，阿里巴巴都会以最快最安全的方式送到医护人员的手中。

另外，支付宝也面向社会各界开发者发布“十大疫情期最急需服务开发清单”，号召更多开发者投入进来开发更多服务，解决社会问题，清单涵盖了口罩预约、疫情上报、社区出入管理、代跑腿、餐饮外卖等疫情防护及便民生活类客户服务，优质小程序开发者和服务商最高可获 50 万元现金激励。

启示：阿里巴巴作为互联网巨头企业利用自身平台和技术优势，在疫情期间提供免费优质的客户服务，这充分展现了它们的企业责任担当和为国家抗疫奉献力量的坚定决心。

3. 客户关系管理软件的功能

目前，各电子商务平台均推出了一些客户关系管理的软件，为了让大家对此有个初步了解，现介绍这类软件具备的功能：

（1）客户分层管理。以等级规则或积分规则分层管理客户，提升商家对客户的辨识度，为消费者提供购物获取等级和积分。更好地维护客户关系，促进客户二次消费。

①同一客户自动识别。根据手机号码、邮箱地址、QQ、微信、微博账号等特定条件，

系统可以自动提示合并客户信息。全方位识别消费者在不同平台的消费特征。

②客户自定义标签。对客户的不同特征进行标签定义，以利于商家对客户进行精细化管理。商家可以根据自己的营销策略对客户进行细分定位，如泳装店可与客户沟通后将客户分为“冬泳爱好者”“游泳健将”“沙滩戏水族”等。

③客户自定义分组。商家可以使用CRM系统提供详细的客户条件或者自定义标签对消费者按照不同维度分组，快速定位客户、组织营销方式。

④多种客户筛选条件。根据客户所在地区、购买产品种类、消费金额或消费频次进行有机筛选。

⑤潜在客户拓展。由外部获取的潜在客户列表可以通过该功能统一管理，进行后期销售跟进业务。

（2）客户服务管理。呼叫中心（400/800电话服务）界面集成，可以与第三方呼叫中心系统集成，来电可在系统中直接显示客户信息，记录服务关键信息，提高客服专业度，方便跟进销售。

规范服务流程：根据电商行业特点，从商品咨询到退换货处理，帮助商家规范自身服务流程，简化客服工作，缩短问题处理时间，增加客户满意度。

（3）精准营销管理，订单关怀全程护航，提升店铺好评。提供各种自动营销插件，完美实现新客户关怀、订单催付、发货提醒、物流到达城市提醒、签收提醒。通过营销模型和自定义营销活动进行优惠券派发等各种类型的客户互动营销，提升客户服务品质。

①定时自动营销。内置客户营销定时功能，所有互动营销功能定时定制，无须在线等候，最佳商机不再错过。

②内置成熟营销规则。内置成熟规则，来源于行业高手的商业智慧，即使是营销小白，也能紧随脚步，快速把握商机。

③营销效果分析。直观呈现订单催付效果和营销活动效果，A/B对照营销活动评比，为不断优化营销活动提供全新方案思路和改进线索。

（4）微信端集成管理，客户实时互动，微信营销功能全接入。突破传统，紧跟时代，开发出与微信全面对接的CRM功能，商家可以自定义微信菜单，定制微信互动活动，预设自定义回复，实现与客户微信互动问答、签到、在线投票等2.0互动营销功能，轻松打造专业的公众账号，长期维护客户关系。

微信会员中心：消费者在淘宝、京东、当当、线下门店都有不同的ID（identity，身份），当客户申请商家的微信会员绑定后，利用同一客户识别技术，消费者可以在微信会员中心实时查看自己在该商家全部渠道的消费记录，轻松查询并使用消费积分和优惠券。

（5）分销管理：沉淀分销客户。接入天猫供销平台和ShopEx DRP-分销系统，不用担心代理商或第三方渠道平台挟天子以令诸侯，可沉淀属于自己的品牌客户数据。

分销运营分析：可以对分销客户进行多重分析，寻找营销薄弱环节，针对性地招募代理商，提升业绩。

（6）一键报表系统管理。多维度报表为决策提供参考指导：从店铺运营角度对客户成单进行分析；从客户属性和贡献度对客户信息进行分析；从客户的购物偏好洞察消费者行为，为业务决策提供有效的参考指导。

4. 智能客服

智能客服是指利用人工智能技术和自动化系统来提供客户服务和支持的方式。它的应用可以帮助网店管理员自动处理常见问题和任务，通过自然语言处理、语音识别和机器学习等技术，与客户进行实时的交流和互动，提供准确、及时、个性化的解答和解决方案。下面从智能客服的作用及其与传统人工客服的区别两个方面来简单介绍这一最新技术应用。

（1）智能客服的作用。智能化客服能够提供全天候 24 小时不间断服务，并且能不断学习和优化，提升客户体验和满意度。它的作用主要包括：

①提供全天候无间断的服务。与传统的人工客服相比，智能客服系统不受时间和地点限制，可以随时为客户提供支持和帮助。

②提高服务效率。由于智能客服系统可以同时处理多个网店在线客户的请求并且响应速度迅速，所以能够显著提高客户服务的效率。

③降低企业的运营成本。传统人工客服需要大量的人力和资源投入，而智能客服系统可以在自动化和智能化的基础上提供相同甚至更好的服务，大幅减少成本开支。

（2）智能客服与传统人工客服的区别。智能客服与传统人工客服在响应速度、服务时间、语音识别与自然语言处理、多渠道支持、7 × 24 小时服务、多任务处理、自学习能力、一致性和准确性、成本效益以及个性化服务等方面存在明显的不同，见表 5-2-1。

表 5-2-1　智能客服与传统人工客服的区别

智能客服	传统人工客服
即时响应，无须等待	响应速度慢，需要等待
7 × 24 小时服务	服务时间有限
智能化理解问题	人工理解问题
多渠道交互	有限渠道交互
客户充分信任反馈效果	客户对反馈效果存疑
能同时服务多位客户	服务客户有限
技术驱动自动学习	客服人员定期学习
成本低廉	需要人工成本
能提供个性化服务	服务表转化

①响应速度：智能客服系统可以实时响应客户的问题和需求，无须等待人工客服的接听和处理。传统人工客服通常需要通过电话或邮件等渠道进行沟通，需要等待人工客服的回应，因此响应速度相对较慢。

②服务时间：智能客服系统可以全天候、不间断地提供服务，不受时间和地点限制。而传统人工客服则存在工作时间和人员数量限制，无法 7×24 小时提供服务。

③语音识别与自然语言处理：智能客服系统可以通过语音识别技术理解和转化客户的语音输入，再利用自然语言处理技术进行处理和回答。传统人工客服则需要人工操作，可能存在语言理解和处理能力的限制。

④多渠道支持：智能客服系统可以通过多种渠道与客户交互，包括电话、邮件、短信、社交媒体等。传统人工客服通常只能通过有限的渠道提供服务，如电话或邮件。

⑤多任务处理：智能客服系统可以同时处理多个客户请求，快速且准确地提供解答和支持。传统人工客服可能受制于人力资源和工作量，难以同时处理大量请求。

⑥自学习能力：智能客服系统可以通过机器学习和深度学习技术提升自身的服务能力，从而不断学习和改进。传统人工客服则需要培训和人员更新来提升服务能力。

⑦一致性和准确性：智能客服系统可以确保提供一致而准确的服务，不受人为情绪、疲劳等因素影响。传统人工客服可能存在服务的不一致性和准确性问题。

⑧成本效益：智能客服系统可以降低企业的运营成本，因为它不需要雇用大量的人员，并且可以 7×24 小时全年无休地提供服务。传统人工客服则需要大量的人力和资源，成本较高。

⑨个性化服务：智能客服系统可以通过分析客户数据和行为，提供个性化的服务和建议。传统人工客服则通常没有这种个性化服务的能力。

数智研创

中国移动赋能智慧医疗让百姓健康更有“医”靠

随着科技的迭代升级，“数字化”在融入百姓生活的同时，也重塑着医疗健康产业的未来。智慧医疗基于移动通信、物联网、云计算、大数据、人工智能等先进技术，实现患者与医务人员、医疗机构、医疗设备间的互联互通和信息共享。安徽移动持续发挥通信技术优势，凭借在智慧医疗领域的成功探索，让百姓健康更有“医”靠。

为畅通政策咨询渠道，方便群众了解医保相关政策和医保经办流程，中国移动为蚌埠市医保局建设了 AI 智能语音电话客户平台、微信智能客服系统。该项目将智能机器人语音技术引入医保便民服务咨询电话中，市民可通过“互联网智能语音＋人工客服”双通道同时进行多频道咨询，智能语音客服可 24 小时重复拨打收听，更方便、快速地响应群众关于医保政策咨询、业务信息查询等诉求，实现“民有所呼，我有所应”，打通服务参保群众的“最后一公里”。

2.2.2 技能要点

1. 互联网交易客服工作技巧

互联网交易客服除具备一定专业知识、周边知识、行业知识以外，还要具备一些工作方面的技巧，具体如下：

（1）促成交易技巧。

①利用“怕买不到”的心理。人们对越是得不到、买不到的东西，越想得到它、买到它。你可以利用这种“怕买不到”的心理来促成订单。当对方已经有比较明显的购买意向，但还在最后犹豫的时候，可以用以下说法来促成交易，如“这款是我们最畅销的了，经常脱销，现在这批又只剩 2 个了，估计不要一两天又会没了，喜欢的话别错过了哦”，或者“今天是优惠价的截止日，请把握良机，明天你就享受不到这种折扣价了”。

②利用顾客希望快点拿到商品的心理。大多数顾客希望在付款后越快收到商品越好。所以，在顾客已有购买意向但还在最后犹豫的时候，可以说：“如果真的喜欢的话就赶紧拍下吧，快递公司的人再过 10 分钟就要来了，如果现在支付成功的话，马上就能为您寄出了。”这对于可以用网银转账或在线支付的顾客尤为有效。

③当顾客一再出现购买信号，却又犹豫不决拿不定主意时，可采用“二选其一”的技巧来促成交易。譬如，你可以对他说：“请问您需要红色款还是蓝色款?”或是说：“请问要平邮给您还是快递给您?”这种“二选其一”的问话技巧，只要准顾客选中一个，其实就是你帮他拿主意，下决心购买了。

④帮助准顾客挑选，促成交易。许多准顾客即使有意购买，也不喜欢迅速签下订单，他总要东挑西拣，在产品颜色、规格、式样上不停地打转。这时候你就要改变策略，暂时不谈订单的问题，转而热情地帮对方挑选颜色、规格、式样等，一旦上述问题解决，你的订单也就落实了。

⑤巧妙反问，促成订单。当顾客问到的某种产品不巧正好没有时，就得运用反问来促成订单。举例来说，顾客问：“这款有金色的吗?”这时，你不可回答没有，而应该反问道：“不好意思我们没有进货，不过我们有黑色、紫色、蓝色的，在这几种颜色里，您比较喜欢哪一种呢?”

⑥积极推荐，促成交易。当顾客拿不定主意，需要你推荐的时候，你可以尽可能多地推荐符合他的要求的款式，在每个链接后附上推荐的理由，而不要找到一个推荐一个。“这款是刚到的新款，目前市面上还很少见”，“这款是我们最受欢迎的款式之一”，“这款是我们最畅销的了，经常脱销”等等，以此来尽量促成交易。

（2）时间控制技巧。除了回答顾客关于交易上的问题外，还可以适当聊天，这样可以促进双方的关系。但自己要控制好聊天的时间和尺度，毕竟你的工作不是闲聊。你还有很多正经的工作要做。聊到一定时间后可以以“不好意思我有点事要走开一会”为由结束交谈。

（3）说服客户的技巧。

①调节气氛，以退为进。在说服时，你首先应该想方设法调节谈话的气氛。如果你和颜悦色地用提问的方式代替命令，气氛就是友好而和谐的，说服也就容易成功；反之，在说服时不尊重他人，拿出一副盛气凌人的架势，那么说服多半是要失败的。

②争取同情，以弱胜强。同情是人的天性，如果你想说服比较强大的对手时，不妨采用这种争取同情的技巧，从而以弱胜强，达到目的。

③消除防范，以情感化。一般来说，在你和要说服的对象较量时，彼此都会产生一种防范心理，所以要想使说服成功，你就要注意消除对方的防范心理。如何消除防范心理呢？从潜意识来说，防范心理的产生是一种自卫，也就是当人们把对方当作假想敌时产生的一种自卫心理，那么消除防范心理最有效的方法就是反复给予暗示，表示自己是朋友而不是敌人。这种暗示可以采用多种方法，如嘘寒问暖、给予关心、表示愿给帮助等。

④投其所好，以心换心。站在他人的立场上分析问题，能给他人一种为他着想的感觉，这种投其所好的技巧常常具有极强的说服力。要做到这一点，“知己知彼”十分重要，唯先知彼，而后方能从对方立场上考虑问题。

⑤寻求一致，以短补长。习惯于顽固拒绝他人说服的人，经常都处于“不”的心理状态之中，所以自然而然地会呈现僵硬的表情和姿势。对待这种人，如果一开始就提出问题，绝不能打破他“不”的心理。所以，你得努力寻找与对方一致的地方，先让对方赞同你远离主题的意见，从而使之对你的话感兴趣，而后再想法将你的主意引入话题，而最终求得对方的同意。

2. 如何处理客户投诉

要成功地处理客户投诉，先要找到最合适的方式与客户进行交流。很多客服人员都会有这样的感受，客户在投诉时会表现出情绪激动、愤怒，甚至对你破口大骂。

此时，你要明白，这实际上是一种发泄，把自己的怨气、不满发泄出来，客户忧郁或不快的心情便得到了释放和缓解，从而维持了心理平衡。此时，客户最希望得到的是同情、尊重和重视，因此你应立即向其表示歉意，并采取相应的措施。

（1）快速反应。顾客认为商品有问题，一般会比较着急，怕不能得到解决，而且也会不太高兴。这个时候要快速反应，记下他的问题，及时查找问题发生的原因，并帮助顾客解决问题。有些问题不是能够马上解决的，也要告诉顾客我们会尽快给您解决，现在就给您处理。

（2）热情接待。如果顾客收到东西后过来反映有什么问题的话，要热情地对待，要比交易的时候更热情，这样买家就会觉得你这个卖家好，不虚伪，不是刚开始的时候很热情，等钱收到之后就爱理不理的那种。对于爱理不理的卖家，买家就会很失望，即使东西再好，他们也不会再来了。

（3）表示愿意提供帮助。“让我看一下该如何帮助您，我很愿意为您解决问题。”

正如前面所说，当客户正在关注问题的解决时，客服人员应体贴地表示乐于提供帮助，自然会让客户感到安全、有保障，从而进一步消除对立情绪，形成依赖感。

（4）引导客户思绪。我们有时候会在说道歉时感到不舒服，因为这似乎是在承认自己有错。其实，“对不起”或“很抱歉”并不一定表明你或公司犯了错，这主要表明你对客户不愉快的经历的遗憾与同情。不用担心客户因得到你的认可而越发强硬，认同只会将客户的思绪引向解决方案。

①“何时”法提问。一个在火头上的发怒者无法进入“解决问题”的状况，我们首先要做的是逐渐使对方的火气降下来。对于那些非常难听的抱怨，应当用一些“何时”问题来冲淡其中的负面成分。

客户：“你们根本是瞎胡搞，不负责任才导致了今天的烂摊子！”

客服人员：“您什么时候开始感到我们的服务没能及时替您解决这个问题？”

而不当的反应，如同我们司空见惯的：“我们怎么瞎胡搞了？这个烂摊子跟我们有什么关系？”

②转移话题。当对方按照他的思路在不断地发火、指责时，可以抓住一些略为有关的内容扭转方向，缓和气氛。

客户：“你们这么搞把我的日子彻底搅了，你们的日子当然好过，可我还上有老下有小啊！”

客服经理：“我理解您，您的孩子多大啦？”

客户：“嗯……6 岁半。”

③间隙转折。暂时停止对话，特别是你也需要找有决定权的人做一些决定或变通：

“稍后，让我和高层领导请示一下，我们还可以怎样来解决这个问题。”

④给定限制。有时你虽然做了很多尝试，对方依然出言不逊，甚至不尊重你的人格，你可以采用较为坚定的态度给对方一定限制：

“汪先生，我非常想帮助您。但您如果一直这样情绪激动，我只能和您另外约时间了。您看呢？”

（5）认真倾听。顾客投诉商品有问题，不要着急去辩解，而是要耐心听清楚问题所在，然后记录下顾客的用户名，购买的商品，这样便于我们去回忆当时的情形。和顾客一起分析问题出在哪里，才能有针对性地寻找解决问题的办法。

在倾听客户投诉的时候，不但要听他表达的内容，还要注意他的语调与音量，这有助于了解客户语言背后的内在情绪。同时，要通过解释与澄清，确保你真正了解客户的问题。

“王先生，来看一下我的理解是否正确。您是说，您一个月前买了我们的手机，但发现有时会无故死机。您已经到我们的手机维修中心检测过，但测试结果没有任何问题。今天，这种现象再次发生，您很不满意，要求我们给您更换产品。”你要向客户澄清：“我理解了您的意思吗？”

认真倾听客户，向客户解释他所表达的意思并请教客户我们的理解是否正确，是向客户表明了你的真诚和对他的尊重。同时，这也给客户一个重申他没有表达清晰意图的机会。

（6）认同客户的感受。客户在投诉时会表现出烦恼、失望、泄气、愤怒等各种情感，你不应当把这些表现理解成对你个人的不满。特别是当客户发怒时，你可能会想：“我的态度这么好，凭什么对我发火？”要知道，愤怒的情感通常都会在潜意识中通过一个载体来发泄。你一脚踩在石头上，会对石头发火，飞起一脚踢走它，尽管这不是石头的错。因此，客户仅仅是把你当成了发泄对象而已。

客户的情绪是完全有理由的，理应得到极大的重视和最迅速、合理地解决。所以你要让客户知道你非常理解他的心情，关心他的问题：“王先生，对不起，让您感到不愉快了，我非常理解您此时的感受。”

无论客户是否永远是对的，至少他的情绪与要求是真实的，客服经理只有与客户的世界同步，才有可能真正了解他的问题，找到最合适的方式与他交流，从而为成功的投诉处理奠定基础。

（7）安抚和解释。首先我们要站在顾客的角度想问题，顾客一般不会无理取闹的，他来反映一个问题的时候，我们要先想一下，如果是自己遇到这个问题会怎么做，怎么解决，所以要跟顾客说：“我同意您的看法”，“我也是这么想的”。这样顾客会感觉到你是在为他处理问题，也会让顾客对你的信任更多。要和顾客站在同一个角度看待问题，比如说：“是不是这样子的呢”“您觉得呢？”还有，在沟通的时候称呼也是很重要的，一个客服背后肯定有一个团队，团队不是只有一个人，所以对自己这边要以“我们”来称呼，和顾客也可以用“我们”来说，比如“我们分析一下这个问题”，“我们看看”，这样会更亲近一些，对顾客也要以“您”来称呼，不要一口一个“你”，这样既不专业，也没礼貌。

（8）诚恳道歉。不管是因为什么原因造成顾客的不满，都要诚恳地向顾客致歉，对因此给顾客造成的不愉快和损失道歉。如果你已经非常诚恳地认识到自己的不足，顾客一般也不好意思继续不依不饶。

（9）提出补救措施。对于顾客的不满，要能及时提出补救方法，并且明确地告诉顾客，让顾客感觉到你在为他考虑、为他弥补，并且你很重视他。一个及时、有效的补救措施，往往能让顾客的不满化为感谢和满意。

针对客户投诉，每个公司都应有各种预案或解决方案。客服人员在提供解决方案时要注意以下几点：

①为客户提供选择。通常一个问题的解决方案都不是唯一的，给客户提供选择会让客户感到受尊重。同时，客户选择的解决方案在实施的时候也会得到来自客户方更多的认可和配合。

②诚实地向客户承诺。有些问题比较复杂或特殊，客服人员不确信该如何为客户解决。如果你不确信，不要向客户做任何承诺，诚实地告诉客户，你会尽力寻找解决的方法，但需要一点时间，然后约定给客户回话的时间。你一定要确保准时给客户回话，即使到时你仍不

能解决问题，也要向客户解释问题的进展，并再次约定答复时间。你的诚实会更容易得到客户的尊重。

③适当地给客户一些补偿。为弥补公司操作中的一些失误，可以在解决问题之外，给客户一些额外补偿。很多企业都会给客服人员一定授权，以灵活处理此类问题。但要注意的是：将问题解决后，一定要改进工作，以避免今后发生类似的问题。有些处理投诉的部门，一有投诉首先想到用小恩小惠息事宁人，或一定要靠投诉才给客户应得的利益，这样不能从根本上减少此类问题的发生。

④通知顾客并及时跟进。给顾客采取什么样的补救措施，现在进行到哪一步，都应该告诉给顾客，让他了解你的工作，了解你为他付出的努力。当顾客发现商品出现问题后，首先担心能不能得到解决，其次担心需要多长时间才能解决，当顾客发现补救措施及时有效，而且商家也很重视的时候，就会感到放心。

3. 减少客户流失

作为企业，如果无法阻止客户的流失，那就意味着它将永远无法做大。那么如何才能阻止客户的流失呢？首先要弄清楚客户流失的原因，然后对症下药，采取相应的有效措施加以阻止。

（1）导致客户流失的因素。大部分卖家都知道失去一个老顾客会带来巨大损失，需要企业至少再开发十个新客户才能予以弥补。但当问及卖家顾客为什么流失及如何防范时，很多卖家都一脸迷茫。客户的需求不能得到切实有效的满足，往往是导致企业客户流失的最关键因素，一般表现在以下几个方面：

①商品质量不稳定，顾客利益受损。很多企业开始做的时候会选择质量好、价位稍高的商品来销售。但时间久了，卖家发现有些低劣商品只要图片漂亮，一样好卖，于是改换便宜的劣质品来充当高档商品卖高价位，这样一来，顾客肯定会流失很多。

②企业缺乏创新，客户“移情别恋”。任何商品都有自己的生命周期，随着网上购物平台市场的成熟及商品价格透明度的增高，商品带给顾客的选择空间往往越来越大。若企业不能及时进行创新，顾客自然会另寻他路，毕竟买到最实惠、最优质、最新鲜的商品才是顾客所希望的。

③企业内部人员服务意识淡薄。员工傲慢、顾客提出的问题不能得到及时解决、咨询无人理睬、投诉没人处理、回复留言语气生硬、接听电话支支吾吾、回邮件更是草草了事，员工工作效率低下也是直接导致顾客流失的重要因素。一个顾客在一家女装店买了很久的衣服了，但这次收到的货却不对板，和照片上差异很大，在要求退货时却遭遇企业客服生硬的拒绝，客服部和发货部互相推诿，一来二去，耽误了时间，事情却没得到解决，最后这个顾客发誓再也不去这家企业买东西了。

④员工跳槽，带走了顾客。很多企业卖家都是小规模雇人经营，员工流动性相对较大，而企业主在维护顾客关系方面不够细致、规范，顾客与客服之间的桥梁作用就不能被发挥得淋漓尽致，而企业主自身对客户影响相对乏力，一旦客服人员摸清进货渠道，在网上自立门

户，以低价位进行恶性竞争，老客户就随之而去。由此带来的是竞争对手实力的增强。

⑤顾客遭遇新的诱惑。市场竞争激烈，为迅速在市场上获得有利地位，竞争对手往往会不惜代价搞低价促销，顾客“变节”也就不是什么奇怪现象了。

另外，个别顾客自恃购买次数多，为买到网上的最低价格商品，每买一件商品都搜索最低价来对比，否则就以“主动流失”进行要挟，店铺满足不了他们的特殊需求，只好放弃。

（2）如何防范客户流失。先要找到顾客流失的病，至于如何防范，企业主们还应结合自身情况“对症下药”才是根本。一般来讲，企业应从以下几个方面入手来堵住顾客流失的缺口：

①做好质量营销。要明白质量是维护顾客忠诚度最好的保证，是对付竞争者的最有力的武器，是保持增长和盈利的唯一途径。可见，企业只有在产品的质量上保证商品的耐用性、可靠性、精确性等价值属性，才能在市场上取得优势，才能为商品的销售及品牌的推广创造一个良好的运作基础，也才能真正吸引客户、留住客户。

②树立“客户至上”服务意识。举个例子，一年夏天，武汉奇热，一时空调销量大增，由于当地售后服务队伍人数有限，海尔预料自己的售后服务将面临人员危机。于是，武汉海尔负责人很快打电话到总部要求调配东北市场的售后服务人员，东北海尔的售后服务人员就乘机直达武汉。客户得到了海尔全心的支持，感到“真诚到永远”真是名不虚传，这是武汉人都知道的事情。由此可见，任何行业，服务质量好是留住顾客的最重要因素。

③强化与顾客的沟通。首先，企业在得到一位新顾客时，应及时将企业的经营理念和服务宗旨传递给顾客，便于获得新顾客的信任。在与顾客的交易中遇到矛盾时，应及时地与顾客沟通，及时地处理，及时地解决问题，在适当的时候还可以选择放弃自己利益保全顾客利益，顾客自然会感激不尽，在很大程度上增加了顾客对店铺的信任。

④增加顾客对企业的品牌形象价值。这就要求企业一方面通过改进商品、服务、人员和形象，提高自己企业的品牌形象，另一方面通过改善服务和促销网络系统，减少顾客购买产品的时间、体力和精力的消耗，以降低货币和非货币成本。从而影响顾客的满意度和双方深入合作的可能性，为自己的企业打造出良好的品牌形象。

⑤建立良好的客情关系。员工跳槽带走客户很大一个原因就在于企业缺乏与顾客的深入沟通与联系。顾客资料是一个企业最重要的财富，企业主只有详细地收集好顾客资料，建立顾客档案进行归类管理并适时把握客户需求，让顾客从心里信任这个企业而不是单单一件商品，这样才能真正实现“控制”顾客的目的。

⑥做好创新。企业的商品一旦不能根据市场变化作出调整与创新，就容易被市场淘汰。就像女装分类，前几年最火爆的品牌是Burberry，去年最火的牌子就换了，今年又火的是什么呢？市场是在不断变化的，只有不断迎合市场需求，才能真正赢得更多信赖你的顾客，只有那些走在市场前面来引导客户驱动市场发展的经营者，才能取得成功。

⑦防范客户流失。对于那些以“自动流失”相要挟的顾客，尽管放弃吧。对于原则性问

题，任何企业、任何店主都应该遵守。防范顾客流失工作既是一门艺术，又是一门科学，它需要企业不断地去创造、传递和沟通优质顾客对企业的价值，这样才能最终获得、保持和增加老顾客，锻造企业的核心竞争力，使企业拥有立足市场的资本。

4. 交易管理

现在所有电子商务平台一般都有交易管理功能，只是稍有差异。这里介绍阿里巴巴淘宝交易管理的主要模块，它主要包括交易订单、运费模板、批量回款、发货与库存管理、报表管理和淘货源六个部分：

（1）交易订单。自动同步所有淘宝交易、随时了解企业的销售额和交易量，自动计算利润。

（2）运费模板。设置运费模板，不用再重复填写运费，买家交易自动匹配运费模板设置的运费。

（3）批量回款。批量提醒用户确认到货，支持多套服务性说辞，手机短信、旺旺消息双通道提醒，图表显示效果分析一目了然。

（4）发货与库存管理。显示商品的库存、销售状况；增加库存（补货）、减少库存（出货）。一站式批量发货，可打印发货单、快递单。库存变更记录可以显示最近一段时间的库存变动历史，支持按照商品名、商品编号、时间及变动类型查询。设置商品库存的警戒值。

（5）报表管理。按日、按月查看交易报表、交易完成的数据（即用户确认到货），查看最近3个月商品的销售额和销售量。

（6）淘货源。它是阿里巴巴倾力打造的个性化货源推荐系统，根据你在淘宝销售的商品匹配最适合的货源，从下面三个方面给你好货。

①最好的：系统每日匹配跟你相关的30条货源；

②最准的：根据你销售的商品一对一进行匹配；

③最全的：整合趋势、行情、秘籍，让你掌握市场先机。

5. 客户关系管理

CRM系统包括以下模块：

（1）客户资料管理模块。通过对客户的集中管理，实现客户资源的企业化，可以避免因业务调整或人员变动带来客户资源流失和客户管理盲区的产生，更重要的是可以通过信息提供来支持业务角色工作，达到对业务阶段和行动监控指导的效果，这项工作是应用CRM的关键工作。

CRM系统中的“客户信息”管理功能，是围绕客户信息的全面、动态的管理功能。针对任意客户除记录基本信息（如客户名称、地址、电话、邮编、联系人、电子邮件、网址等）之外，还包括联系人管理、负责员工管理、负责部门管理、合作伙伴管理、已购产品（服务）管理、感兴趣产品（服务）管理、销售机会管理、报价单管理、销售订单管理、竞争订单管理、参与的市场活动管理、市场调查、服务调查、反馈管理、任务管理、工作记录管理、关怀建议管理、工作日程管理等。同时企业可以根据对客户管理的要求，自定义各种类型的信息字段，以满足企业管理客户的需要。CRM 系统的客户管理能够基于最新的客户相关信息，为企业了解、掌握客户的需求特征提供了直观、及时、全面和准确的呈现。

CRM 系统的完整客户信息管理可以将客户的基本信息完整记录，并且可以方便地添加自定义属性，根据业务扩展的需要随时增添客户信息的收集广度和深度。

完整的客户信息形成重要的客户管理基础，可以为决策者、部门主管和企业员工所共享，见图 5-2-1。

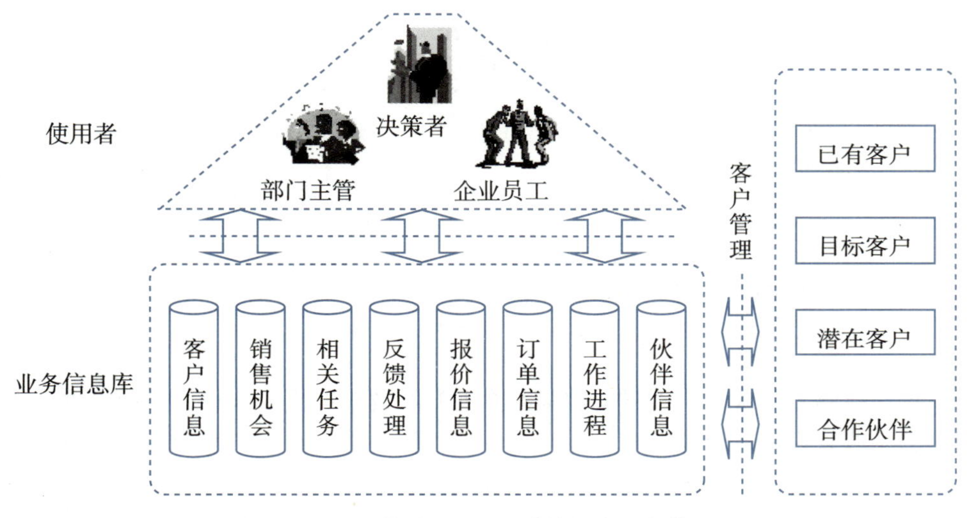

图 5-2-1　完整的 CRM 系统的客户信息管理

（2）客户资源分配及转移管理模块。CRM 系统提供“客户分配”管理功能，提供分配给员工和分配给部门两种方式。例如，可以将任意客户根据业务需要分配给有权限的员工，分配后客户信息将完整移交；也可以将任意客户根据业务需要分配给任意部门，部门主管再根据情况来向员工分配该客户，以保持客户跟进的连续性和有效性。

CRM 系统的客户分配功能可以将任一客户信息分配给系统中的任一用户，实现最精细的客户分配功能，充分满足企业对客户信息的共享要求，同时不会造成客户信息的泄露。

（3）客户联系人管理模块。系统在对客户、合作伙伴进行全面管理的同时，深入到了管理企业联系人层面，如图 5-2-2 所示。

联系人是客户管理中非常重要的一条主线。通过客户、合作伙伴、供应商联系人的管理可以方便地查询到与企业的联络状态；通过对多个联系人的关系树管理，可以清楚地了解同一个客户中联系人之间的职务级别关系、对购买决策的影响度；通过对联系人的个人档案管理、兴趣爱好、职务调动、费用管理可以了解联系人的各种动态信息。在市场活动管理中，还可以直接通过客户联系人的管理，进而选择管理对应企业，并生成销售机会。通过对联系人上下级的指定，系统中会自动产生联系人关系树。

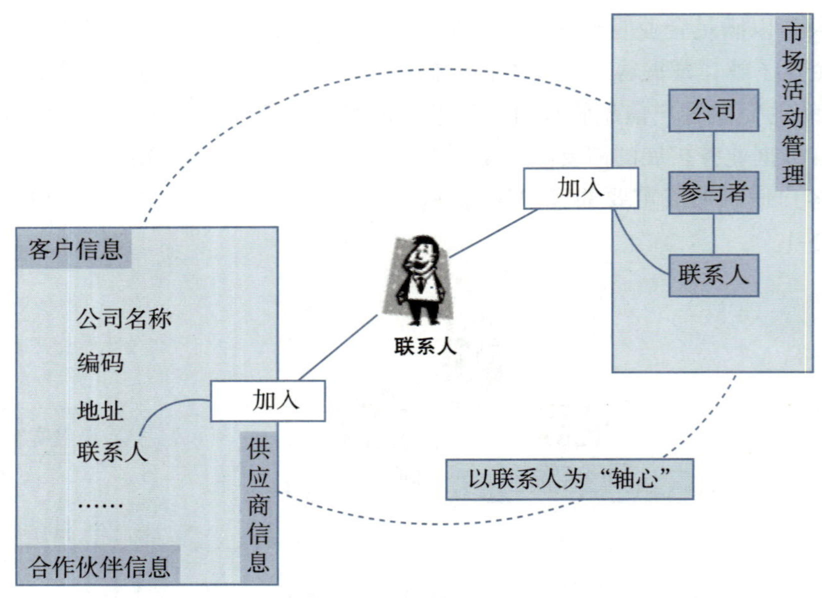

图 5-2-2　客户联系人管理

（4）销售线索管理模块。线索的收集是企业获取商机的重要起点，如何管理线索已经被越来越多的企业管理者所重视。在企业日常的经营活动中，线索的来源是多种多样的，通过系统提供的线索管理，企业可以随时了解当前线索库中有多少线索待确认，线索所转化的客户、联系人、销售机会等，通过这些功能，最终帮助企业实现系统、科学地管理线索，并把这些线索迅速地进行分配，从而为企业带来更大的价值。

（5）销售计划管理模块。CRM 系统以销售计划为起点，可将全公司的销售计划细化到每个部门、员工和产品（服务），并以销售量、销售额、收款额和销售毛利等为指标制订销售计划。可对不同的产品线和区域进行交叉计划分解，可使每个员工了解自身的工作进展状况。

（6）销售管理模块。销售是企业运营的重要环节，销售管理是企业管理的重要部分。系统可提供从销售计划、销售机会开始到合同签订、合同执行的全过程管理，包含销售计划管理、潜在客户管理、销售机会管理、销售预期管理、费用控制、客户关系维护、联系人管理、合同管理等全面的销售自动化管理。利用 CRM 系统管理销售过程如图 5-2-3 所示。

销售人员每天可以将自己的实际工作输入到 CRM 系统中，从而加强了公司领导对销售过程的把握，销售管理将解决问题，实施过程控制，而非只重视销售结果。

公司领导将对各个公司的销售和客户情况、变化情况进行了解，也将提高公司业务管理的质量，具体的销售过程已记录在 CRM 系统中，领导可以随时进入 CRM 系统查看，使销售管理更加直接高效。并且，领导随时掌握最新的销售过程，可以随时发现问题，随时解决问题，提高问题解决的速度。公司将更灵活地适应客户和市场的变化。

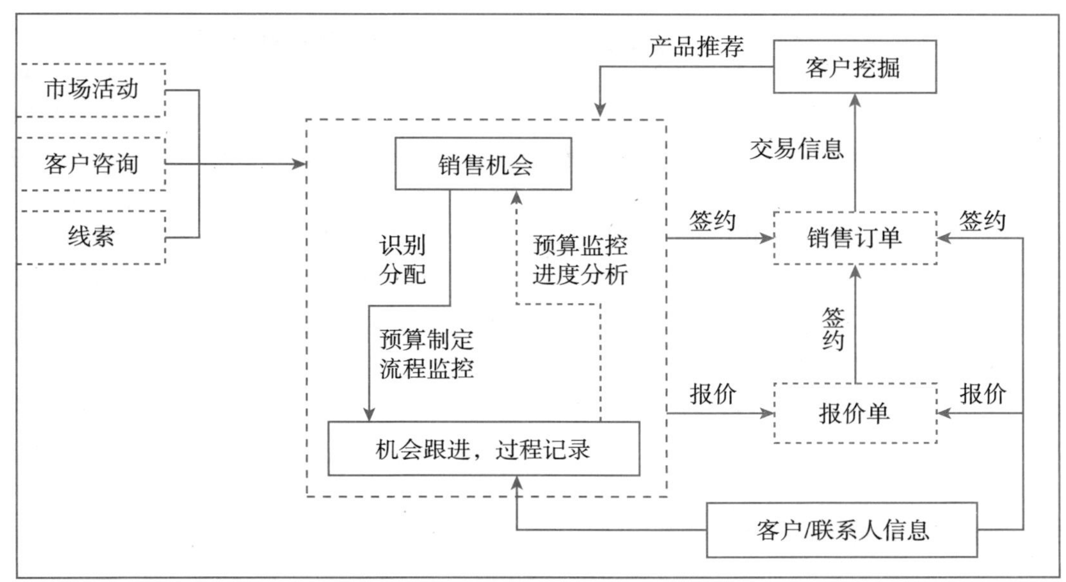

图 5-2-3 利用 CRM 系统管理销售过程

CRM 系统可以帮助公司实现针对目标客户销售进程的状态分析和过程控制，有效地跟踪销售状况。系统还提供了丰富的分析工具如销售漏斗等，帮助企业全面进行 SWOT 分析，用以支持决策。例如，销售分析能够帮助企业了解销售的构成、丢单的原因，以发现问题做出有针对性的调整，准确预测近期的销售收入。

销售过程和销售漏斗的运用帮助公司领导有效地发现销售中的问题所在，及时在简短的销售会议上解决销售问题。

（7）客户关怀管理模块。在竞争日趋激烈的信息时代，如何利用各种渠道全方位接触客户资源已经越来越被企业的管理者所关注。通常情况下，企业可以分别通过电话、电子邮件等方式与客户进行接触，但是通过这些接触方式得到的价值信息相对比较独立，无法真正地整合到一起，如何解决这个问题呢？下面我们一起来看看 CRM 系统提供的全方位接触中心。

①电子邮件方式接触。CRM 系统可以让企业通过电子邮件的形式与自己的客户进行密切的接触。对于需要批量进行接触的客户，为了提高工作效率，系统支持电子邮件模板。在模板中可以方便灵活地设定发送内容、发送的 HTML 文件、邮件优先级、模板所属部门等。为更好地让企业应用邮件，系统除了预置了大量的模板外，还允许企业通过自定义的方式设计更加符合自身需要的个性化模板。模板设定好以后，利用系统提供的 E-mail 接触功能，可以将模板内容以及多个附件群发到指定客户资源收藏夹中的所有邮件地址中，其中收藏夹中的邮件地址可以是公司的，也可以是联系人的。针对邮件处理的特殊的情况，系统支持设定禁发规则及禁发地址列表。

②手机短信 / 微信 /QQ 方式接触。随着移动增值服务市场的不断发展，越来越多的人习惯用手机短信的方式进行沟通。CRM 系统短信模块，可以帮助企业通过手机短信的形式与客户进行接触。对于需要批量进行接触的客户，为了提高工作效率，系统支持短信模板的使用，在模板中可以方便灵活地设定发送内容、选择发送的模板文件、模板所属部门等。为更好地让企业应用短信接触客户，系统除了预置了大量的模板外，还允许通过自定义的方式设计更加符合自身需要的个性化模板。模板设定好以后，利用系统提供的短信接触功能，可以将短信内容或前面制定好的模板内容群发到指定客户资源收藏夹中的所有手机号中。与邮件处理的情况类似，系统支持设定短信禁发规则及禁发号码列表。

③服务质量监控。帮助企业对客户满意度和服务工作量、客户投诉率进行分析，从而客观评价企业的客户满意程度，为总结经验教训并提高企业的客户服务水准提供科学依据。

（8）工作计划及执行管理模块。CRM 系统提供"行动管理"功能，根据实际业务需要，将与业务相关的每日工作采用行动的形式记录下来，提供可定义的自动提醒功能。将计划与实际执行相关联，形成针对客户业务推进的完整管理。

（9）合同及执行管理模块。

①订单执行计划管理。按计划有效地执行订单对于企业来说非常重要，CRM 系统支持订单执行计划管理，通过制订订单执行计划，可以帮助企业进行各种复杂订单处理，如处理分期收款、分批供货、催款、出库等，从而使企业对订单进行有序管理，方便企业有步骤、有计划地完成订单执行工作。

②订单执行过程管理。CRM 系统可以全程监控订单执行过程，如订单签订、订单审核以及出库、发货、验收、收款等，全面记录每个过程的执行情况，如执行人、数量、金额等信息，帮助企业严格控制每笔业务订单的执行条件及执行结果，降低企业风险。

（10）电话录音模块。系统能够自动记录通话号码、通话录音，并根据时间、业务人员等进行相关统计、分析。系统能够根据客户来电自动弹出客户信息。

（11）系统管理模块。系统管理模块包括用户管理、角色管理、权限管理、操作日志等。

6. 移动电子商务类客户关系管理

移动电子商务类客户关系管理是建立以客户为中心的管理架构。使企业全方位、多维度把控客户资源，也使客户资源不再是销售员个人资产，但销售人员可随时查看和编写销售跟进状态。移动电子商务类客户关系管理主要包括以下内容：

（1）市场营销推广。企业可根据市场运营的需求创建市场活动，搜集客户信息并评估活动的投资回报率，具有多媒体营销功能。营销活动的内容可任意分享到微博、微信以及论坛等社交媒体平台，快速拓展客户。

（2）销售线索筛选。建立销售线索时，可快速查询公司内部是否有重复跟进同一客户的情形。系统可设置专属客户标签，实现对客户的分类查询与跟进，精确管理客户资源。

（3）客户资源管理。客户资源管理系统可实现对客户资源的批量转移交接，防止资源流失，指定的客户资源可设置共享给特定的个人或团队，加强团队协作效率。

（4）商机跟进管理。

①销售漏斗功能。系统可根据销售阶段和赢单概率形成销售机会漏斗、直观反映销售机会的升迁状态并发现销售瓶颈，评估业务员能力并预测销售结果。

②销售预测。系统可根据设置的销售目标及正在跟进的商机，按部门或者个人标准显示月度销售预测图表。

（5）合同订单及回款管理。

①合同订单。系统可对合同的新建和查看，还可以将合同一键转移给他人跟进或维护，保证业务流程的顺畅。

②移动审批。移动端和PC端的数据同步维护，合同可以进行移动提交和移动审批，减少审批流程，保证业务时效性。

③回款管理统计。及时掌握个人和团队的回款情况及业绩，进行数据分析和财务票据管理。

（6）辅助企业决策分析。

①销售结果分析。支持业务结果的多维度分析，直观了解团队和个人销售结果，帮助企业及时调整销售扶持计划。

②客户资源分析。直观呈现客户来源、客户分布以及客户类型等数据，帮助管理者了解客户数据构成情况，调整客户开发计划。

③销售结构分析。支持业务结构的多维度分析，包括个人和团队的业绩构成分析，帮助企业及时调整销售扶持计划。

（7）工作圈。

①企业员工分享日常工作。这可以帮助企业提高沟通协作效率、简化工作流程，同时提高团队氛围和凝聚力。

②邮件、审批。收取邮件及新建邮件，并可对邮件进行删除、移动、标记等。规范的审批表单、审批管理。同时可实时查看申请及审批记录。

③企业知识库。信息资源共享、文档集中化管理、优秀销售经验分享等文件资料云端存储，供企业内部人员随时随地学习。

7. 智能客服在线机器人

智能客服是人工智能技术在客户服务领域使用的产物，智能客服在线机器人是一种利用人工智能技术和自然语言处理技术来提供客户服务的工具，它在网店服务中的应用已逐渐普遍起来。

常见智能客服在线机器人的类型主要有：

（1）关键词识别机器人。根据用户发送内容与业务主题中相关联的关键词的判定结果，关键词识别机器人可以自动回复对应的解答话术。微信公众号等社交平台上的关键词回复就是这种类型机器人的典型应用，机器人可以根据知识库中的设置关键词，自动检索出正确的回复内容。

（2）语义识别机器人。语义识别是基于关键词识别的技术改进，下面以顾客退货场景为例：顾客提出“我想要退货，流程是什么”的问题，这是语义识别机器人使用关键核心技术识别出顾客的真正意图是“如何办理退货”。语义识别包括：应用层、NLP技术层和底层数据层三个层次。

2.3 同步训练

2.3.1 任务描述

1. 任务名称

“连衣裙”产品销售过程的客服、交易及客户关系管理

2. 任务导图

“连衣裙”产品销售过程的客服、交易及客户关系管理任务导图如图5-2-4所示。

图5-2-4 “连衣裙”产品销售过程的客服、交易及客户关系管理任务导图

3. 任务要求

按照2.3.2实施步骤，完成“连衣裙”网上销售过程。

2.3.2 实施步骤

第一步：根据买家在千牛工具上交流的信息，提供产品介绍及推荐合适的产品。

第二步：根据买家选中的产品查验是否完成付款，如买家没有付款，提醒买家及时付款，同时向买家推荐店内其他产品。

自主学习

第三步：若买家已经完成一次订单并已付款，则生成订单号。通知库房发货流程，生成运单号、打印运单。

第四步：通过千牛或邮件，通知买家货运公司及运单号，注意查收。

第五步：买家一旦收到货物，及时提醒买家给予确认收货及评价，再次感谢客户。

思维导图

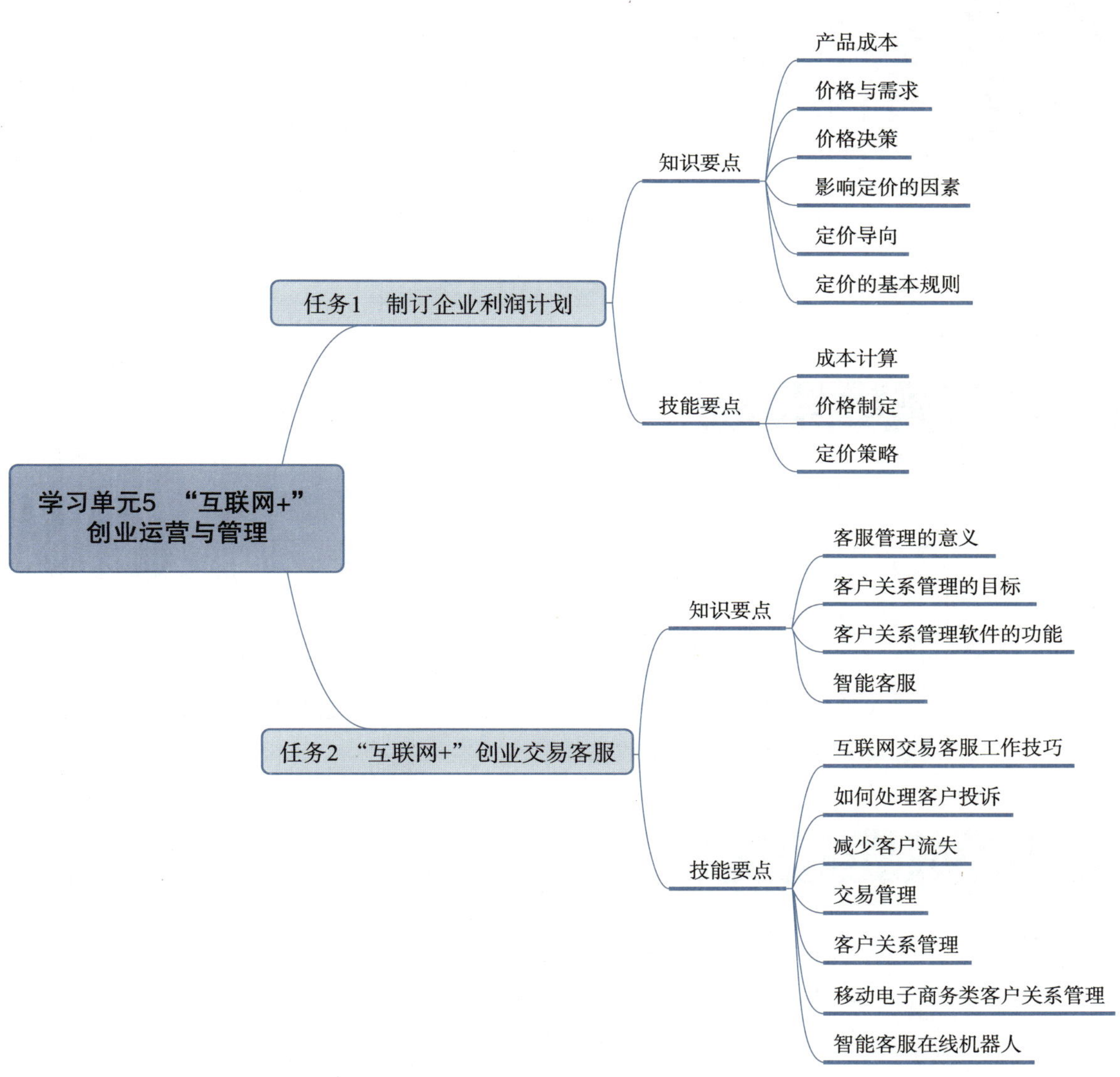
学习单元5 “互联网+”创业运营与管理
任务1 制订企业利润计划
知识要点
产品成本
价格与需求
价格决策
影响定价的因素
定价导向
定价的基本规则
技能要点
成本计算
价格制定
定价策略
任务2 “互联网+”创业交易客服
知识要点
客服管理的意义
客户关系管理的目标
客户关系管理软件的功能
智能客服
技能要点
互联网交易客服工作技巧
如何处理客户投诉
减少客户流失
交易管理
客户关系管理
移动电子商务类客户关系管理
智能客服在线机器人

6 学习单元6
“互联网+”创业营销组合策略与实施

单元导学

本学习单元包含3个任务：

任务1 网创“九·五”定位营销策略

任务2 互联网营销手段及其应用

任务3 企业经营数据分析

通过学习，应完全掌握网创“九·五”定位营销策略，了解当前互联网营销的基本措施和方法，学会利用互联网企业数据分析软件分析企业经营状况并能以此改善企业经营。

知识目标

1. 掌握4P、4C、4PC等理论知识。
2. 掌握店内营销、站内营销和站外营销概念。
3. 掌握数据分析、数据营销、大数据概念。
4. 掌握移动营销数据分析理论及工具。

能力目标

1. 能够科学地制订市场营销组合计划，评估价格制定政策的合理性。
2. 能够利用店内、站内、站外营销技能完成自己网店的这三种营销。
3. 能选择移动营销数据分析工具及应用。

素质目标

1. 确立正确的市场营销观念，爱岗敬业、遵纪守法。
2. 培养诚信友善、团结协助的职业素养。
3. 树立民族品牌自信，增强爱国主义精神和民族自豪感。
4. 关注利益诉求及价值愿望，培育、弘扬并积极践行社会主义核心价值观。

任务 1 网创“九·五”定位营销策略

1.1 引导任务

（1）请大家讨论华为某型号手机的产品、价格、地点及促销组合的依据。

（2）假设一部手提电脑成本价为 5 000 元，市场销售价为 6 000 元，而某家公司销售该产品价格为 7 000 元，请讨论在什么情况下顾客愿意多支付 1 000 元？

分析：

（1）4P 是商家向顾客传递价值的桥梁，是客户得到的结果；制定 4P 的依据是 4C，目标顾客的客观需要是原点，它是营销组合的定盘星。

（2）顾客确信自己一定已获得几千元的溢价，这些溢价对应的产品设计正好解决了自己的问题。

1.2 支撑知识与技能

为了完成网创“九·五”定位营销策略，需要学会 4P、4C、4PC 等知识内容，运用以上知识完成市场营销计划制订及完善、评估价格策略的合理性等任务，具体阐述如下。

1.2.1 知识要点

1. 4P’s 市场营销组合理论

忧患意识是一种清醒的危机意识，是对事情的矛盾性、曲折性保有的清醒认识和高度警觉；更是一种深重的责任意识，能激发强烈的责任感和担当精神。

4P 是市场营销计划的英文缩写，也称整合的市场营销组合。市场营销组合（marketing mix）概念是 20 世纪 50 年代由美国哈佛大学教授鲍敦（Borden）首先提出来的。在此基础上，1960 年杰罗姆·麦卡锡提出了最具名声的 4P’s 组合，具体可分为四类变量：产品（product）、价格（price）、分销（place）、促销（promotion），因为这四个词的英文首字母都是 P，所以简称为“4P’s”。它是创业组织为了使目标市场产生预期反应而整合使用的四个可控的、策略性的营销工具。它架起了企业通往顾客市场的桥梁，更是竞争性的策略，四个桥墩缺一不可。市场营销计划的制订，就是从市场营销计划四个方面（产品、价格、分销、促销）出发，作出整合决策，借此向目标顾客递送价值，实现创业的营销目标，如图 6–1–1 所示。

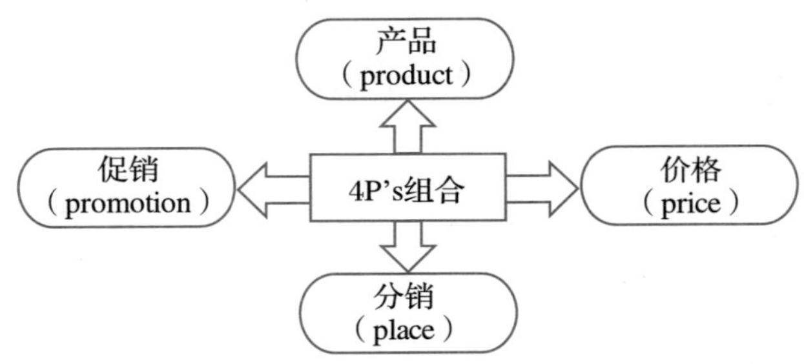

图 6–1–1　4P’s 市场营销组合理论

2. 4C 市场营销组合理论

4P 的概念应该是站在创业者、竞争、顾客的综合角度上。随着经济发展，市场营销环境发生了变化，传统“4P’s”不能适应消费个性化、人文化、多样化趋势。美国市场营销专家劳特朋于 20 世纪 90 年代提出用新的“4C”代替“4P”。4P 强调从企业角度考虑企业可控的 4 个因素，4C 更强调从顾客角度考虑如何更好地满足顾客的需求。图 6–1–2 中顾客（customer）是指顾客的需要和欲望。成本（cost）是指顾客不仅对价格感兴趣，他们关心的是获得、拥有、使用和处理产品所需的全部成本。便利（convenience）是指顾客希望尽可能方便地购买到产品，也就是顾客都有“方便、就近购买”的原则。沟通（communication）是指顾客希望双向沟通。因为这四个词的英文首字母都是 C 开头，所以该市场营销理论简称为 4C 市场营销组合理论。

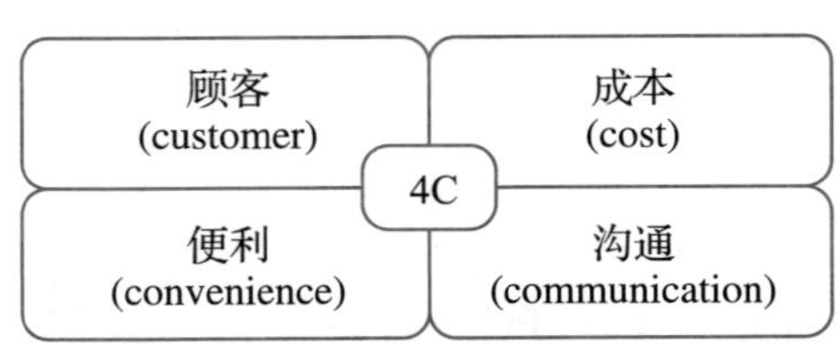

图 6–1–2　4C 市场营销组合理论

目标顾客的需要是创业的原点，制订市场营销计划必须从这里出发并且运营的目的必须还要回到这里，所以我们称为创业的定盘星。可见，4C是制定4P的客观依据。

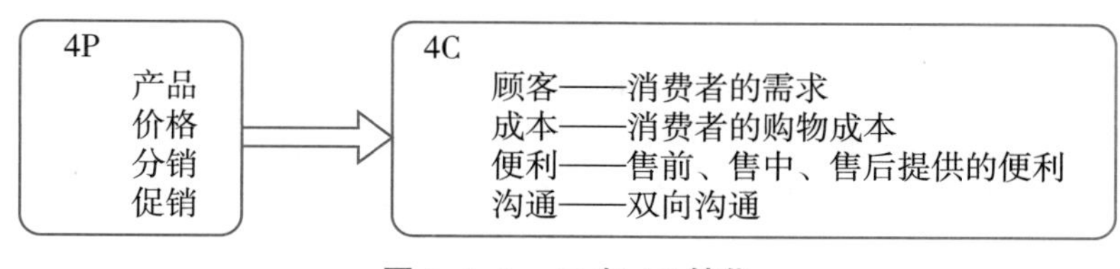

图6-1-3 4P向4C转化

3. 顾客感知价值

市场营销计划是从“顾客需要”为原点出发，细分为四个方面需要，为市场营销计划四个方面提供客观依据，但还是处于战略定位后的计划层面，计划至少解决了“顾客感知问题”后才能有效实施。这也正是本教材深入阐述网创“九·五”定位营销策略的目的。要解决“顾客感知问题”，需要掌握以下知识内容。

（1）顾客价值。从价值的角度说，顾客购买和消费的不是产品，而是价值。随着商品的极大丰富，创业组织只有提供比同类竞争品更多的价值给客户，即更优异的客户价值，才能创造并保留客户的忠诚度而立于不败之地。

（2）顾客让渡价值。顾客让渡价值是指总顾客价值与总顾客成本之差。该理论是由菲利普·科特勒依据“顾客会从那些他们认为提供高认知价值的商家购买产品”这一前提提出，并进行了顾客让渡价值会产生顾客满意的顾客价值论述。

（3）顾客满意度。顾客满意度是一种情感态度，是指用数字来衡量客户的需求被满足后的心理愉悦感，是客户对产品或服务的事前期望与实际使用产品或服务事后所得到的实际感受的相对关系。客户满意是客户忠诚的基本条件。

（4）顾客忠诚度。顾客忠诚度是一种思想行为，是指顾客出于对某家公司或品牌的偏好而经常性重复购买商品的程度。它的产生是由于顾客受商品质量、价格、服务等诸多客观因素的影响，对某一公司的产品或服务产生感情，形成偏爱并长期重复购买。忠诚的顾客将是企业竞争优势的主要来源。可见，获得有忠诚度的顾客群，对企业经营者来说就是获得最有效的经营资源。

（5）顾客感知价值。泽瑟摩尔于1988年从顾客角度提出了顾客感知价值理论，将顾客感知价值定义为：顾客所能感知到的利得与其在获取产品或服务中所付出的成本进行权衡后对产品或服务效用的整体评价。后来，很多学者对顾客感知价值从单个情景的角度和关系角度都作了深入的研究。从单个情景的角度研究得出的结论是，顾客价值是基于感知利得与感知利失的权衡或对产品效用的综合评价；从关系角度出发研究得出的结论是，利得和利失之间的权衡不能仅仅局限在单个情景上，而应该扩展到对整个关系持续过程的价值衡量。

4. 溢价

溢价是指某一具体的产品在市场竞争的条件下，比市场销售价高出的那部分价格。例如，一部手提电脑成本价为 5 000 元，市场销售价为 6 000 元，而某家销售公司销售价为 7 000 元，那么多出的 1 000 元就是溢价部分。这部分溢价属于消费者愿意为这家公司的电脑产品支付的额外的货币。顾客自愿支付这 1 000 元的依据是什么？关于顾客支付额外货币的缘由及如何使用产品溢价的一些方法策略，将在本技能要点中详细阐述。

勤学善思

滴滴占领中国出行服务市场主导地位

滴滴公司成立于 2012 年，最初是一个打车软件，后来发展成为提供包括快车、专车、顺风车、出租车等多种出行服务的综合性平台。滴滴公司深入了解行业市场，创新商业模式，通过技术创新和市场营销策略，迅速占领了中国出行服务市场的主导地位，并成为全球最大的出行服务平台之一。其成功的原因主要有：

（1）技术创新：滴滴公司在打车软件领域引入了智能调度系统、大数据分析等技术，提高了用户体验和服务效率。这种技术创新为公司带来了竞争优势，吸引了更多用户和司机加入平台。技术创新是企业保持竞争力的重要因素，不断引入新技术、优化产品和服务是企业发展的关键。

（2）市场占有：滴滴公司通过大规模的市场推广和广告宣传，迅速扩大了用户规模，形成了强大的网络效应。用户和司机数量的增加为公司带来了更多的交易量和收入，进一步巩固了其市场地位。有效的市场推广和广告宣传能够快速提升品牌知名度和用户规模，形成良好的口碑和品牌效应。

（3）服务优质：滴滴公司精准把握用户需求，注重用户体验，重视用户数据保护和安全问题，提供安全、便捷、舒适的出行服务，赢得了用户的信任和口碑。企业应该以用户为中心，不断优化产品和服务，从而持续吸引用户和保持竞争优势。

思考：结合案例思考市场营销的出发点是什么？

分析：市场营销的出发点是"顾客的需求"。

1.2.2　技能要点

1. 制订市场营销计划

制订市场营销计划时，需要紧紧围绕满足顾客"特定需求"这一核心，考虑以下几个方面：

（1）向你的顾客提供他们需要的产品或服务。

（2）为你的产品或服务制定顾客们愿意支付的价格。

（3）为你的顾客生产和出售产品或提供服务的场所。

（4）用什么样的促销方法来让你的顾客了解并吸引他们购买你的产品或服务。

制订市场营销计划的内容如图 6-1-4 所示。

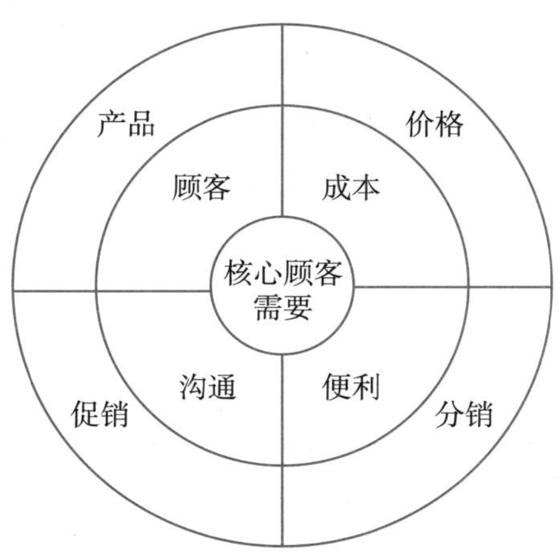

图 6-1-4 制订市场营销计划

根据市场营销计划图 6-1-4，可知网创信息源构造九点定位图上的原点所代表的需要可细分为顾客、成本、便利、沟通在内的四个方面的细分需要因素。

2. 制定网创“九 · 五”定位营销策略

前面你已经完成了价值定位与信息源构造，构建了一个与顾客合作的“云窗”方案。但在执行市场营销计划时，“云窗”内泛产品项目即使价值定位精准、信息源勾画完美，而内容与服务没有让顾客感知价值的动心点，顾客也不会动心。所以，在市场营销计划内深入地解决好“顾客感知价值心动点”问题，让顾客品出溢价就成了网创“九 · 五”定位营销策略的核心任务。

在阐述网创“九 · 五”定位营销策略的核心任务前，先回顾价值定位法模型，见图 6-1-5。

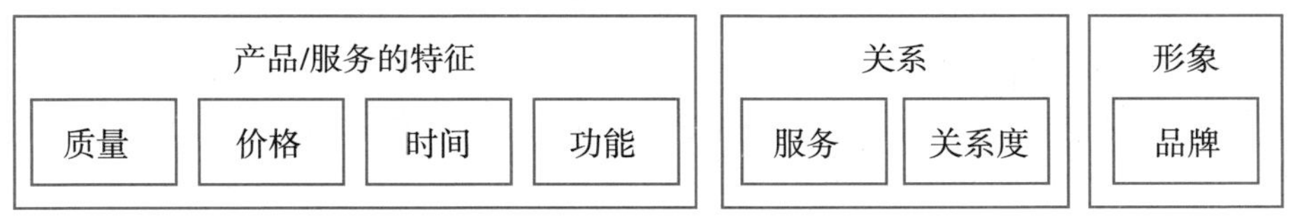

图 6-1-5 价值定位法模型

前面你已经进行了战略决策，对价值定位组合下的因素做了设置。成功经验告诉我们，产品 / 服务的特征因素（质量、价格、时间、功能、时尚、风格、色泽、规格等因素）一般设置四个与同类产品 / 服务产生很强的差异性；关系因素一般要实现两个设置（服务、关系度）；形象因素一般以品牌为核心设置即可。图 6-1-5 中的七个方框就成了“顾客感知价值触目点”。但是，创业者在进行“心动点”设计时，在产品 / 服务的特征方面只要选择两个以上就可以了，关系方面重点设计服务，形象方面以品牌为核心设计，总计五点以上即可。只要五个以上心动点能让顾客品出你的产品确实有溢价，你的营销策略就已经很精准了。

在商品极大丰富、网创交互发展迅猛的今天，能让顾客欣喜的是“溢价”而不是低价。只有把网创“九 · 五”定位营销策略中大特征因素的各触目点溢价实现到位，顾客在网创交互时才会敞开心扉接受品牌形象，才能产生情感忠诚。

（1）品牌溢价策略。品牌溢价是指创业团队及其品牌在客户心里萌生的高尚形象的情感价值。消费心理决定了消费者对某公司具体产品或服务的情感忠心值。因此，创业者必须在消费者心目中将品牌塑造成高于其他品牌的形象，品牌的溢价就成了顺理成章的事情。网创“九・五”定位中关于品牌的营销应遵循以下六个溢价策略：确立品牌在业内领先地位的形象；确保品质优异；创新点实时呈现；质感高档；确保一定的价格地位；系列产品有不同价格。

（2）产品组合溢价策略。成功的产品组合策略可以推动购买频率，更是实现品牌溢价行之有效的方法。产品组合策略一般包括推陈出新与组合高低有序。产品组合策略包括四点：品牌种类多、合理的品牌层次、推陈出新的品牌计划、稳定的品牌结构。

（3）产品或服务的特征溢价策略。产品或服务的特征溢价策略一般包括耐用性、功能、性能、规格、色泽、质感、选择等方面的溢价策略，创业者必须分析同类产品后契合核心顾客的偏好进行新时期溢价设计。

（4）优质服务的溢价。服务质量是指服务能够满足规定和潜在需求的特征和特性的总和，是指服务工作能够满足被服务者需求的程度。它是创业为使目标顾客满意而提供的最低服务水平，也是创业保持这一预定服务水平的连贯性程度。服务溢价的设计与创业选择的战略有关，如采用了“客户领先战略”，创业就必须进行“关系”定位。例如，为客户提供量身定制服务并与客户建立长期关系。

（5）感知价值定价法策略。现在消费者的感知价值已经成为定价策略的基础。在本书学习单元 1 任务 3 中已经详细阐述了感知价值的构成因素，如特征、关系、品牌、核心价值、主题文化等。创业必须实现向顾客所承诺的价值，而这一价值还必须能为顾客感知到，市场营销方案才有必要再去增加传达和强化消费者心中的感知价值的营销组合因素。感知价值定价法的策略是溢价定位，一个再典型不过的例子如下所述：

卡特彼勒就是利用该策略为其设备定价的。尽管对手的拖拉机售价为 9 万美元，他却定价 10 万美元。询问他的经销商可以得到以下答复（见表 6-1-1）。

表 6-1-1　卡特彼勒的定价策略

金额（美元）	价值
90 000	是卡特彼勒如果仅仅是竞争者拖拉机等价物时的价格
7 000	是卡特彼勒拖拉机卓越的耐用性的溢价
6 000	是卡特彼勒高可信度的溢价
5 000	是卡特彼勒优质服务的溢价
2 000	是卡特彼勒长期的零件质量保修的溢价
110 000	是体现卡特彼勒优越价值的正常价格
-1 000	折扣
100 000	最终价格

经销商能很清楚地说出自己的拖拉机比竞争对手的拖拉机更具价值的依据。顾客掏了 9

万美元后，再支付 1 万美元的溢价可以得到 2 万美元的额外价值，这是顾客乐于接受的。其实正是以上四点溢价解决了使用成本较低的问题。

（6）折扣销售策略。一个成功的营销方案除了产品、价格、地点外还有一个促销问题。折扣销售是促销的手段之一，它是以溢价分配为基础的。上面的案例中总溢价设计为 2 万美元，客户实际支付一半，同时无偿获得另一半。

值得创业者注意的是：价值感性认识依赖于顾客进行估价的参照系，即依赖于估价时的背景。如在不同的购买地点、时间，顾客对价值的感知是不一样的。这意味着顾客感知价值是动态的。

1.3 同步训练

1.3.1 任务描述

1. 任务名称

为“连衣裙”项目主题产品制定营销组合策略

2. 任务导图

为“连衣裙”项目主题产品制定营销组合策略任务导图如图 6–1–6 所示。

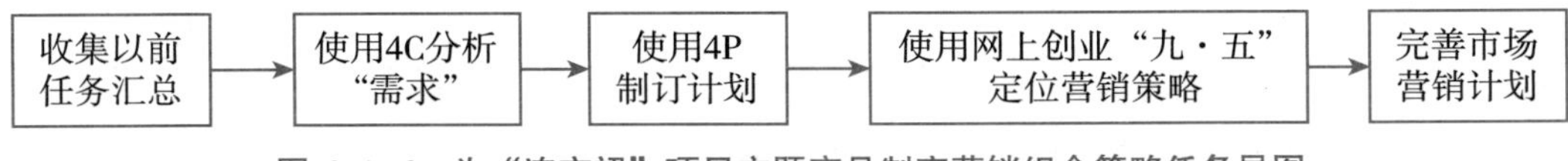

图 6–1–6 为“连衣裙”项目主题产品制定营销组合策略任务导图

3. 任务要求

按照本任务 1.3.2 实施步骤，收集前四个学习单元你对“U 型枕”项目主题产品做出的任务结果（尤其是产品和价格任务结果），运用 4C、4P 理论技能知识及本任务的 4PC 技能知识制订市场营销计划，将计划制约要素填入 1.3.2 实施步骤的表 6–1–2 中。最后使用网创“九·五”定位营销策略完善市场营销计划。

1.3.2 实施步骤

第一步：仔细研究细分市场的四个变量资料、选择目标顾客的描述资料、顾客市场及竞争者的调查资料。

第二步：分析顾客 4C 资料、研究创业环境分析资料。

第三步：优化并确定市场营销四个方面，确保顾客会满意并且自己又能实现的双方制约要素。

第四步：准确地描述你的市场营销计划并修订以前部分任务结果。

第五步：使用网创“九·五”定位营销策略完善市场营销计划。

第六步：具体实现见表 6–1–2。

表 6–1–2　网创“九 · 五”定位营销策略表

企业	创业环境分析	4P ←→ 4C	顾客 4C	顾客市场
产品 种类 质量 设计 特征 品牌名称 包装 服务	**S 优势（内部）** 实现目标的内在能力 企业愿景 核心使命 目标市场 市场营销战略 市场营销计划 核心技能 自主资源 整合资源 环境因素	**产品** （制约要素）	**解决之道** 产品或服务的价值，对问题的解决之道 顾客偏好	产品 ↓ 解决之道
价格 标价 折扣 津贴 付款日期 付款条件	**W 弱点（内部）** 优势中可能损害公司实现目标的能力的内在局限性	**价格** （制约要素）	**成本** 获得、使用和处理产品或服务的全部成本	价格 ↓ 成本
渠道 覆盖面 种类 地点 存货 运输 物流	**O 机会（外部）** 企业可以利用其优势的外部因素	**渠道** （制约要素）	**便利** 尽可能方便地买到所需的产品或服务	渠道 ↓ 便利
促销 广告 人员促销 销售推销 公共关系	**T 威胁（外部）** 可能影响企业业绩的当前或即将出现的外部因素	**促销** （制约要素）	**沟通** 期望双向沟通	促销 ↓ 沟通
————————	————————→		←————————	————————

自主学习

任务 2　互联网营销手段及其应用

2.1　引导任务

根据自己企业的主营产品，基于互联网营销手段和方法，设计一个营销方案。

分析：关注如何更好地向买家展示自己的商品，应该传递哪些与商品相关的商品信息，如何让更多的买家看到自己的商品，如何吸引买家的关注并促成交易。

2.2　支撑知识与技能

在营销策略确定以后，还需要配以适合的营销手段去实现，不仅要关注网店美化布局、产品信息的搜集和发布，还要知道通过哪些渠道和活动、使用什么工具和方法可以让更多的买家看到自己的商品并建立购买信心，促成交易。

2.2.1　知识要点

1. 互联网营销形式

（1）搜索引擎营销。搜索引擎营销是目前最主要的网站推广营销手段之一，受到众多中小网站的重视，搜索引擎营销方法也成为网络营销方法体系的主要组成部分。搜索引擎营销的主要方法包括竞价排名、分类目录、搜索引擎登录、付费搜索引擎广告、关键词广告、搜索引擎优化、地址栏搜索、网站链接策略等。个人可以把搜索引擎与自己所建立的网络门户如博客、微博等相互关联，以增加访问量、知名度和关注度。

（2）即时通信营销。即时通信营销又叫 IM（instant messaging）营销，是通过即时通信工具与客户进行实时沟通和服务，帮助企业推广产品和品牌的一种手段。常用的主要有两种情况：一是网络在线交流，潜在的客户如果对产品或者服务感兴趣自然会主动和在线的营销员或者企业服务人员联系。二是企业可以通过 IM 营销通信工具发布一些产品信息、促销信息，或者企业品牌理念等。

（3）社交媒体营销。社交媒体营销是指结合社交媒体和电子商务，实现商品推广和销售的一体化。通过社交媒体平台的广告功能，精准定位目标受众，提高品牌曝光和点击率；通过社交平台直接销售产品，提升购物体验和销售效果。应用互联网互动便利的特点，经客户或企业营销人员以文字、图片、视频等口碑信息与目标客户之间进行互动交流，对企业的品牌、产品、服务等相关信息进行讨论，从而加深对目标客户的影响，最终达到网络营销的目的。

（4）微博营销。微博营销是指利用微博平台进行品牌推广、产品销售和用户互动的营销活动。微博是中国最具影响力的社交媒体平台之一，拥有庞大的用户群体，包括个人用户、名人、机构和品牌等。通过微博营销，企业可以借助微博平台的影响力和传播力，快速扩大品牌知名度、提升产品销量、增加粉丝互动等。

（5）网络产品知识性营销。网络产品知识性营销是利用百度知道、百度百科，新浪的“爱问”或企业网站自建的疑问解答板块等，通过与广大客户之间提问与解答的方式来传播企业的品牌、产品和服务的信息。网络产品知识性营销主要是因为扩展了客户的产品知识层面，让客户体验公司和营销员个人的专业水平和高质服务，从而对企业和个人产生信赖和认可，最终达到传播企业品牌、产品和服务的目的。

（6）短视频营销。短视频营销是指利用视频内容吸引用户注意力，传达产品信息和品牌故事，提升用户参与度和转化率。网络视频广告的形式类似于电视视频短片，它具有电视短片的种种特征，如感染力强、形式内容多样、创意性强、生动活泼等特点，又具有互联网营销的优势，如互动性、主动传播性、传播速度快、成本低廉等。可以说，网络视频营销是将电视广告与互联网营销两者的优势集于一身的方式。

（7）网络软文营销。网络软文营销又叫网络新闻营销，是通过门户网站或行业网站等平台传播一些具有专业性、新闻性和宣传性的文章，包括新闻通稿、深度报道、产品使用案例分析等，把公司的品牌、人物、产品、服务、活动项目等相关信息以新闻报道的方式，及时、全面、有效地向社会公众广泛传播的新型营销方式。

（8）RSS 营销。RSS（really simple syndication，简易信息聚合）营销又称网络电子订阅杂志营销。RSS 营销的特点决定了它比其他邮件列表营销具有更多的优势，是对邮件列表的替代和补充。使用 RSS 营销的以研发人员、财经人员、企业管理人员等居多，他们会在一些专业性很强的科技型、财经型、管理型等网站，用邮件形式订阅企业的杂志和日志信息，从而达到了解行业信息的目的。

（9）SNS 营销。SNS（social networking services）即社会性网络服务，譬如人人网、开心网、朋友网等都是 SNS 型网站，这些网站帮助人们建立社会性互联网应用服务。SNS 营销就是利用 SNS 网站的分享和共享功能实现的一种营销，是随着网络社区化而兴起的营销方式。

2. 数字营销手段

（1）视觉营销。视觉营销是一种利用视觉元素来吸引顾客、传递信息和促进销售的营销策略。它起源于 20 世纪七八十年代的美国，通过视觉广告进行产品营销，发展到今天已经成为零售销售战略的一部分。视觉营销通过视觉信息传递来引起消费者的共鸣，其设计元素包括视觉色彩、视觉文字、视觉构图等。视觉营销在店铺首页、详情页以及移动端店铺的设计中应用广泛，包括视觉定位、视觉设计、流量引导和转化设计等。视觉营销在品牌推广和销售中起着至关重要的作用，尤其在电子商务领域，视觉营销更是关键。

视觉营销策略包括空间立体视觉效果、平面视觉、传媒推广、陈列和造型等。空间立体视觉效果是利用三维空间创造吸引人的展示环境，设计独特的店铺布局和产品展示，以增强顾客的购物体验，如商场中庭的装置艺术或品牌快闪店；平面视觉是通过精心设计的平面视觉元素来吸引目标顾客的注意力，主要利用平面设计（如海报、宣传册、广告牌）来传达品牌信息和促销活动；传媒推广是利用电视、网络、户外广告等传媒渠道来扩大品牌影响力，结合不同传媒的特点，制定相应的视觉内容策略；陈列是在零售环境中，考虑产品特性、目标顾客以及品牌定位，通过创意陈列产品来吸引顾客目光；造型是通过产品造型和包装设计来提升产品的视觉吸引力。利用模特、橱窗展示等手段来展示产品的实际使用效果。

视觉营销是一个多方面的领域，涉及创意、设计、品牌建设和消费者心理等多个方面。通过有效的视觉营销策略，企业和品牌能够更好地与目标受众沟通，提高品牌知名度，增加销售额，并建立长期的客户忠诚度。

（2）智能营销。智能营销是一种利用人工智能技术来提升营销效率和效果的方法。它通过分析消费者数据、预测市场趋势、个性化推荐和自动化营销流程，为品牌和企业提供更精准、更高效的营销策略，它应用AI技术对数字营销全链路进行智能化升级，以创造新的消费者交互体验。

智能营销通过五大类范式激发品牌力量，包括智能场景、智能沟通、智能洞察、智能投放和智能经营。智能场景利用AI技术（如自然语言处理、AR、VR等）创造沉浸式和个性化的体验；智能沟通通过AI技术创造丰富有趣的互动体验和内容，帮助品牌与消费者沟通；智能洞察利用AI技术进行数据分析，预见消费者行为，优化营销策略；智能投放通过AI赋能广告投放系统，实现全链路智能化投放，提升效率和效果；智能经营通过AI工具或平台链接用户全生命周期，提供长期服务。

智能营销建立在网络技术、大数据、云计算等现代科技之上，代表了营销领域的未来趋势。智能营销强调以消费者为中心，满足其个性化和碎片化需求，它使企业能够更深入地了解消费者，提供更加个性化的服务，并在竞争激烈的市场中获得优势。

（3）数据营销。数据营销是一种基于数据分析的营销策略，它利用大量的消费者数据来优化营销活动，提高营销效果，并实现个性化的顾客体验。数据营销依赖于各种技术工具和平台，如数据仓库、数据挖掘工具、分析软件、CRM系统等。通过分析市场数据，企业可以识别和适应市场趋势，快速响应市场变化。

数据营销步骤（见图6-2-1）：第一步是收集数据，这包括消费者行为数据、交易历史、在线活动、社交媒体互动等；第二步是分析数据，通过分析收集到的数据，企业可以了解消费者的需求、偏好和行为模式；第三步是消费者洞察，通过数据分析，企业获得深入的消费者洞察，从而制定更有针对性的营销策略；第四步是个性化营销，利用数据分析和消费者洞察的结果，企业可以为不同消费者群体甚至个人定制个性化的营销信息和产品推荐。

图 6-2-1　数据营销步骤

此外，通过数据营销，企业可以将客户分成不同的细分市场，针对每个细分市场制定不同的营销策略；还可以使用预测分析技术来预测消费者行为，从而提前布局营销活动；数据营销还可以与营销自动化工具结合使用，自动化执行营销活动，如电子邮件营销、社交媒体广告等；数据营销还可以使企业能够更准确地评估营销活动的回报率，并据此调整策略；数据营销与 CRM 系统紧密集成，帮助企业维护客户信息，跟踪互动，并提供更好的客户服务；数据营销还支持跨多个渠道（如网站、移动应用、社交媒体、实体店等）的营销活动，确保品牌信息的一致性和连贯性。

数据营销使企业能够基于实证数据作出决策，提高营销活动的效率。有效的数据营销可以为企业提供竞争优势，通过更精准的市场定位和更高的客户满意度来增加市场份额。精准营销可以被视为数据营销的一个应用领域，专注于利用数据来实现营销活动的精准定位和执行。两者相辅相成，共同推动营销活动向更高效、更个性化的方向发展。

3. 整合营销

整合营销是一种将企业的所有营销活动和策略整合在一起的方法，以创建一个统一、协调的品牌信息，并提高营销效率。整合营销的核心在于确保所有营销渠道和工具都协同工作，向消费者传达一致的品牌信息。

整合营销涉及多个营销渠道，包括线上（如社交媒体、电子邮件、网站）和线下（如电视、广播、印刷媒体、活动）渠道。整合营销强调在所有营销渠道上保持品牌信息的一致性，无论是广告、公关、社交媒体还是销售推广。不同的营销活动（如广告、公关、促销、直销等）需要相互协调，以确保它们共同支持品牌目标。整合营销要求营销团队内部（如创意、媒体、销售等）之间进行有效沟通和协调。同时与外部合作伙伴（如广告代理商、公关公司、分销商等）合作，确保营销信息和活动的一致性。

整合营销以消费者为中心，关注消费者的需求和偏好，并试图在消费者的购买过程中与他们建立联系。整合营销通过数据分析了解消费者行为，评估营销活动效果，并据此作出决策。社交媒体是整合营销的重要组成部分，用于与消费者互动并传播品牌信息。整合营销的目标是与消费者建立长期的、忠诚的关系。

整合营销通过一致的、多渠道的沟通来建立强大的品牌，提高消费者的参与度，并最终推动销售和市场份额的增长。它需要对市场变化和消费者反馈作出快速反应，并相应地调整策略。因此整合营销会利用最新的营销技术和创新方法来提高营销活动的效率和效果。随着数字营销的发展，整合营销也在不断地演变，以适应新的技术和消费者行为的变化。

企业担当

引领更多人节能减排，推动社会可持续发展

“蚂蚁森林”是支付宝推出的一项公益项目，于2016年8月27日上线。通过用户的节能减排行为获取能量，积累一定能量后，用户可以选择种植树木，实现环保目标。2021年8月27日“蚂蚁森林”5周年。5年中，“蚂蚁森林”带动超6.13亿人认识并参与低碳生活，产生“绿色能量”2 000万吨，参与11个省份的生态修复，已种下3.26亿棵树，种植面积超397万亩（1亩≈666.67平方米），参与了10个省份的生物多样性保护项目，设立了18个公益保护地，面积超2 000平方公里（1平方公里≈1 000 000平方米），守护1 500多种野生动植物，累计创造种植、养护、巡护等238万人次的绿色就业，在改善家乡环境的同时老乡们劳动增收3.5亿元。2022年6月“蚂蚁森林”开启新篇章，投身大海种下生机，培育种植6 600万株鳗草。

蚂蚁森林取得了显著成就，种植了大量树木，减少了碳排放量，提升了公众环保意识。2019年9月27日，联合国环境署宣布，支付宝“蚂蚁森林”项目获得2019年“地球卫士奖”的“激励和行动”奖项。颁奖当天，联合国《气候变化框架公约》秘书处在官网宣布，因在应对全球气候变化方面的创新路径探索和积极示范作用，支付宝“蚂蚁森林”项目获得应对气候变化最高奖项“灯塔奖”。一周内联合国将不同领域的两项大奖都颁给了“蚂蚁森林”，是国际社会对中国数字科技推动绿色发展探索的肯定和激励，也是中国企业家社会市场营销观念的体现。“蚂蚁森林”项目在社会上也产生了积极影响，引领了更多人参与环保行动，推动了社会的可持续发展。许多用户参与“蚂蚁森林”后，感受到了参与环保的快乐和成就感，他们通过简单的行为为环保贡献力量，并在种植树木的过程中体验到了与大自然的联系和关爱。未来，“蚂蚁森林”可以继续扩大影响力，吸引更多用户参与；可以加强宣传推广，提升用户参与的便捷性和乐趣性，同时不断优化项目运作，确保项目的可持续发展。

启示：支付宝通过“蚂蚁森林”公益项目引领了更多人参与节能减排，效果显著，一方面推动社会可持续发展，另一方面也显著提升了企业形象。

2.2.2 技能要点

本任务将具体阐述社交营销技能、数字营销技能和整合营销技能。《荀子·劝学》中“不积跬步，无以至千里；不积小流，无以成江海。”《老子》中“合抱之木，生于毫末；九层之台，起于累土；千里之行，始于足下。”习近平总书记强调“培育和践行社会主义核心价值观，贵在坚持知行合一、坚持行胜于言，在落细、落小、落实上下功夫”，我们应抓好每一个营销工作细节，从点滴做起，常抓不懈，久久为功。

1. 社交营销技能

无论哪种社交营销都要做好以下活动：

（1）商品资料整理。商品资料整理是企业营销活动最基本的工作之一，同时也是开展网络营销的重要基础和前提保障，而初学者往往忽视这个环节的营销活动的开展，导致后续营销活动的效果大打折扣甚至失败。

商品标题、商品图片和商品描述是商品信息整理及发布时的三个关键要素，使用标题关键字增加商品曝光度，适当增加商品的多角度展示图来促进销售，在描述里加入详细的商品介绍来提高转化率等，这些都是我们常用的推广和营销方式，也是一个企业网络营销人员必须了解和掌握的基本技能与技巧。

①商品标题。网站的流量大部分都来自搜索流量，既然是搜索，那么商品标题的匹配度非常重要，因此一个好的商品标题会带来更多的流量，尤其对于小卖家，搜索流量所占比重会更大。

商品标题是由各种关键字构成的，它不是一个完整的句子，不强调语义的完整性。关键字的选择应该从以下几个方面加以考虑：

a. 属性关键字。属性关键字是指商品的名称或俗称，商品的类别、规格、功用等介绍商品基本情况的字或者词。由于消费者的语言表达和搜索习惯不同，可能会使用不同的属性关键字搜索商品。因此，在商品有多种习惯称呼的情况下，可以多设几个属性关键字，符合更多人的搜索需求，例如马铃薯、土豆、洋芋、potato 指的都是一种物体，我们就可以选择里面最常用的 1—2 个习惯称呼作为商品的属性关键字。下面以淘宝网站为例加以说明。

案例一：在淘宝网搜索“马铃薯”，结果如图 6-2-2 所示。

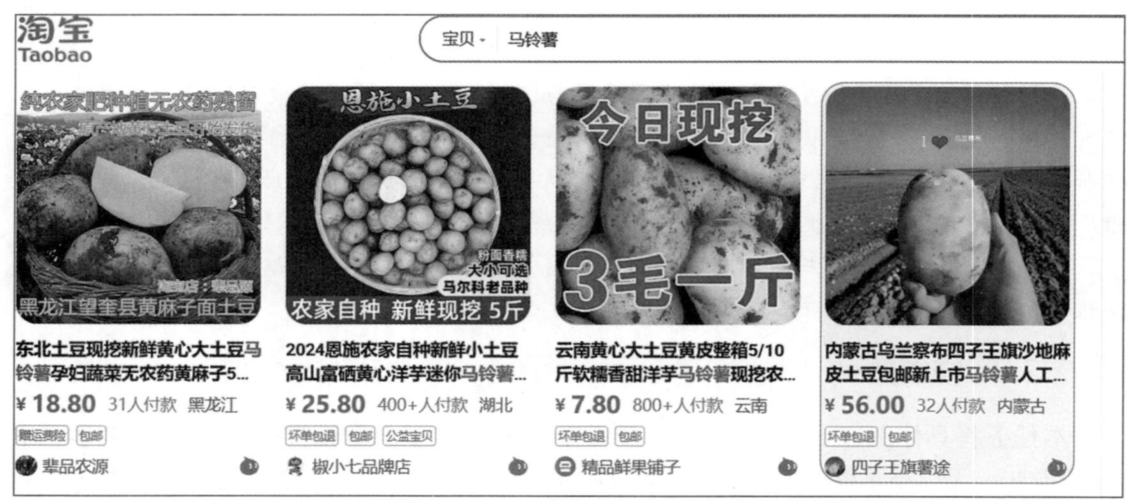

图 6-2-2 搜索“马铃薯”

从图 6-2-2 可以看到，几乎所有卖家都同时把“马铃薯”“土豆”两个常用词列在商品标题里，提高被搜索到的概率。

案例二：在淘宝网搜索“优盘”，结果如图 6-2-3 所示。

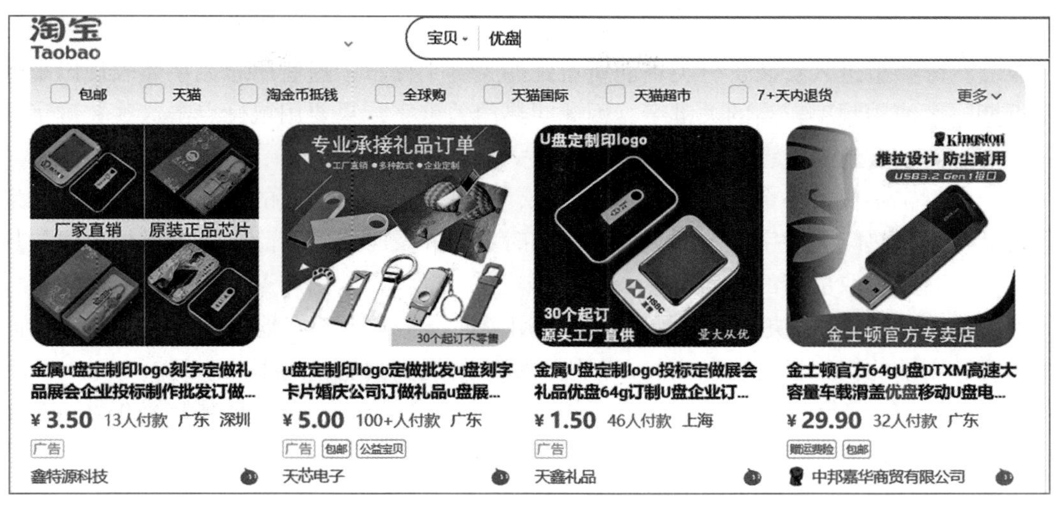

图 6-2-3 搜索“优盘”

从图 6-2-3 可以看到，几乎所有卖家都同时把“优盘”“u 盘”两个常用词列在商品标题里，提高被搜索到的概率。

b. 促销关键字。促销关键字是指关于清仓、折扣、甩卖、赠礼等信息的字或者词，这类词往往是最容易吸引和打动消费者的信息，网络零售和传统零售只是表现形式不同，但其商业的本质是共通的。传统零售商场经常用各种打折促销信息来吸引和刺激消费者，网络零售同样可以采用这种方式来招徕顾客。因此，经常推出各种促销活动，并将“特价”“清仓”“× 折”“大降价”等关键字体现在商品名称中，可以有效地吸引到更多人的关注，提高商品和店铺的浏览量。

c. 品牌关键字。品牌关键字包括商品本身的品牌和店铺的品牌两种，比如耐克、海尔、金士顿等属于商品本身的品牌关键字，韩都衣舍、布衣天使等就属于店铺的品牌关键字。增加商品品牌关键字可以给消费者提供更精确的搜索信息，增加店铺品牌关键字可以在店主 ID 之外多提供一个具体的、可记忆的、便于查找和有利于口头宣传的店铺形象，对于提高店铺知名度和打造网货品牌都有很现实的意义和显著的效果。

d. 评价关键字。评价关键字的主要作用是对看的人产生一种心理暗示，一般都是正面的、褒义的形容词，如：× 钻信用、皇冠信誉、百分百好评、市场热销等，这类关键字其实也是一种口碑关键字，增加这类关键字不仅能够满足消费者寻找可靠的产品质量、可信的商家的心理需求，这更容易获得消费者的好感和认同，打消他们的顾虑，不知不觉中让消费者作出成交的决定。

e. 热门关键字的选取。淘宝网定期会筛选出一些近期消费者关注和常用的关键字来作为热门关键字推荐，在商品属性类目里用醒目的颜色标识出来以吸引消费者的关注，帮助他们更快地找到需要的商品信息。

从淘宝网首页的一个商品分类进去，就能看到这个分类下面更详细的商品属性类别，如从“服装”分类里进入女装子分类里面所看到的关键字提示，这些用彩色字体表现出来的字即是近期顾客使用频率较高的关键字，因此叫热门关键字，只要用鼠标点击这些关键字，就能看到淘宝网包含这个关键字的所有商品。

热门关键字不仅是一个消费者搜索的捷径，也是商家提高流量的快车道。因此，如果店内的商品与这些热门关键字有关的话，可以随时关注并及时修改商品名称，增加相应的热门关键字，为商品争取更多的露面机会。

商品标题的 30 个字决定浏览量，是否使用了关键字或者很好地利用了关键字，与商品的曝光度和店铺的销售机会息息相关，善用关键字是提高浏览量的不二法门。

案例三：在淘宝的“商品分类”中选择“女式上装”或“女装”，如图 6-2-4 和图 6-2-5 所示，所列出的均为热门关键字（局部）。

图 6-2-4　选择商品分类

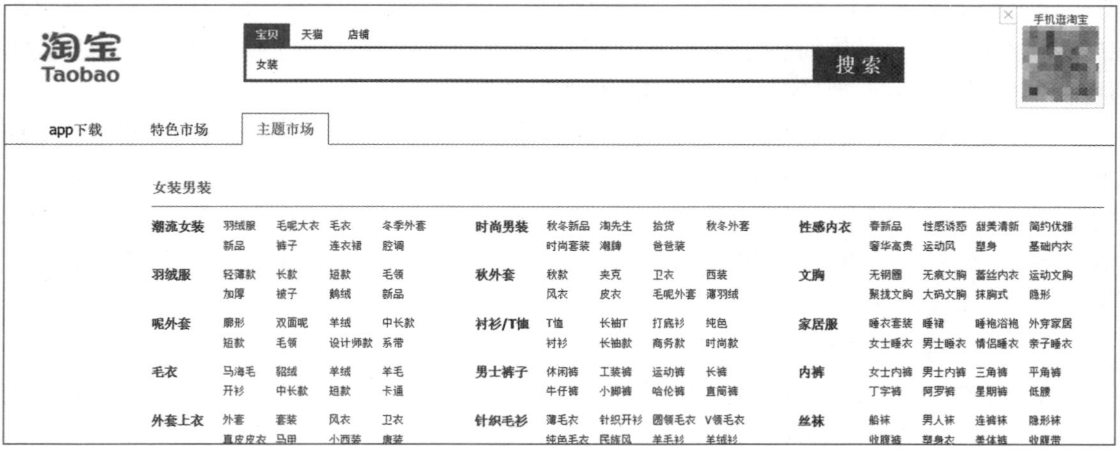

图 6-2-5　查看商品关键字

②商品图片和短视频。网络零售的商品陈列是以网页的形式展现的，无法亲眼看到实物是它的一个条件限制，顾客对商品的第一印象就来自于商家上传的照片，因此商品图片对于商家来说至关重要，能否使商品呈现出其商业价值也是衡量商家经营能力和敬业态度的标准之一。

商品照片和产品照片不同，产品图片通常只要求如实拍出产品的原貌，色彩还原准确、图片清晰、构图合理。但是，商品图片因为需要刺激消费者的购买欲望，达到销售的目的，因此，在此基础上还要求画面美观，有视觉冲击力，既能看出商品的本来价值，又能提高商品的性价比，挖掘出顾客潜在的消费需求。

商品图片主要以展示商品特性为主，过于花哨的背景或装饰反而会削弱商品原本想传达的信息，所以，网络零售的商品图片主要是由简洁明快的背景和清晰的主体构成，这不仅可以清晰明了地展示商品，还使店铺看上去整齐划一，增加了视觉上的舒适感，也容易给消费者留下良好的印象。

如某连衣裙的商品视频和图片，如图 6-2-6 所示，只要充分运用布景、构图、灯光、配饰，也能拍出符合要求、对消费者有吸引力的商品图片。

图 6-2-6　商品主图示例

基本上一张合格的商品照片需要达到以下几个要求：

画面、用光和构图要有视觉上的美感，不然没有人会有兴趣看。抓住商品的形、色、质，如实反映商品的本来特征，否则可能会埋下“实物与图片不符”的纠纷隐患。

形即商品的外形特征，重点在于角度的选择和构图处理，要求不能失真，最好同时附有参照物，便于消费者直观地理解商品的实际尺寸。

色即商品的原来色彩，重点在于色彩的还原一定要真实，而且尽可能和背景有较大的反差，白色背景基本上适合除白色以外所有的物体，服装类商品对色彩的要求更高，因此拍摄后要及时核对样片，防止出现色差引起售后纠纷。

质即商品的质量、质地和质感，这是对商品拍摄的深层次要求，也是突出商品价值的绝好手段，体现质感的纹路必须细腻清晰，细节处更是纤毫毕现，所以，体现质感需要使用相机的微距功能，同时还应配合灯光、三脚架来拍摄。

搭配协调的配饰和展示更多的商品细节给消费者是一种很好的方式，除了可以顺便推荐相关商品以外，还可以有效地减少消费者的顾虑，降低他们对风险的担忧。在消费者看不到实物的时候，商家可以用相机镜头来代替顾客的眼睛观看商品，必要的时候还可以选用视频展示的付费类增值服务，而提供服饰的搭配建议本身也可以作为店铺的一种增值服务来宣传和推出。

商品短视频大多为混剪视频或解说视频。混剪视频画面没有连贯性，对拍摄技巧要求不高，可以使用多段不连贯的素材，围绕一个主题根据音乐节奏卡点剪辑，能取得比较好的呈现效果。解说视频结合画面呈现，围绕一个主题进行解说，不需要人物出镜，可以使用网络素材或拍摄素材，可以写好文案后再配音剪辑。

商品短视频对画面、声音、字幕、封面、格式等都有一定的要求。画面要求是画面完整、清晰、稳定、美观；明暗度、色彩感适中，可清晰展示商品主体；高清画质，至少为 720p 及以上。声音要求是必须有声音（旁白或配乐），声音清晰无噪声；若有解说，应口语化、真实，吸引人有感染力。

字幕要求是规避违规词、敏感词；字体颜色统一；字幕核对准确。可以加入背景音乐，但要确保有同期声唱词，即视频中有说话声音时，需要同时配上字幕。需包含商品卖点介绍的标题字幕，或者声音清晰的卖点介绍口播，口播需配置字幕。字幕使用规范简体汉字，不影响理解的情况下可以使用花字和符号代替。

格式要求是成片时长通常在 1 分钟以内，不少于 6 秒，建议时长为 9—30 秒，商品介绍时长占总视频时长≥ 70%；支持的视频格式包括 mp4、mov、flv、f4v 等；视频的画面比例可以是 16：9、1：1、3：4 或 9：16，其中，3：4 的画面比例可能会获得更多的展示机会。视频文件大小支持 300MB 以内的视频上传，上传的视频大小尽量控制在 200MB 以内。横版视频的分辨率应为 1 280 × 720 以上（比例 16：9），竖版视频的分辨率应为 720 × 1 280 以上（比例 9：16）。

内容要求是必须与商品相关，突出商品的卖点和特性；多镜头动态展示商品；不可上传图片拼凑类视频，以及长时间商品静态展示类视频；视频风格不限，根据软性规则选择有创意、吸引眼球的视频类型。不可上传无商品介绍的纯品牌宣传 TVC 类视频。视频中商品须与关联商品严格对应，除颜色花纹、尺码规格可不同。视频整体节奏应明快，画面明亮清新，避免无意义或虚假夸大效果的内容。

其他要求有产品须完整出现在可见区域内，保持水平视角，严禁歪斜、抖动、频闪、失真等滤镜效果；视频不得出现画面拖尾、跳帧、越轴、虚焦等明显技术问题；视频中达人、商家店铺或品牌的 Logo 只允许在视频结尾 3 秒内出现；不可出现第三方 Logo、相册类图片拼接、二维码、水印、大面积马赛克、黑边、微信等内容，不可出现过期失效的促销 Logo 和字幕，否则可能不会被公域渠道抓取。

③商品描述。商品描述示例如图 6-2-7 所示。

图片给人留下的视觉印象较为深刻，但却不是万能的，一些有关商品的数据和说明等还需要用文字来加以说明，商品名称的 30 个汉字也不足以充分说明商品的优势和价值。因此，要在商品描述里补充名称及图片没能完整表达出来的内容，让消费者在购买之前对商品有更全面和客观的了解。

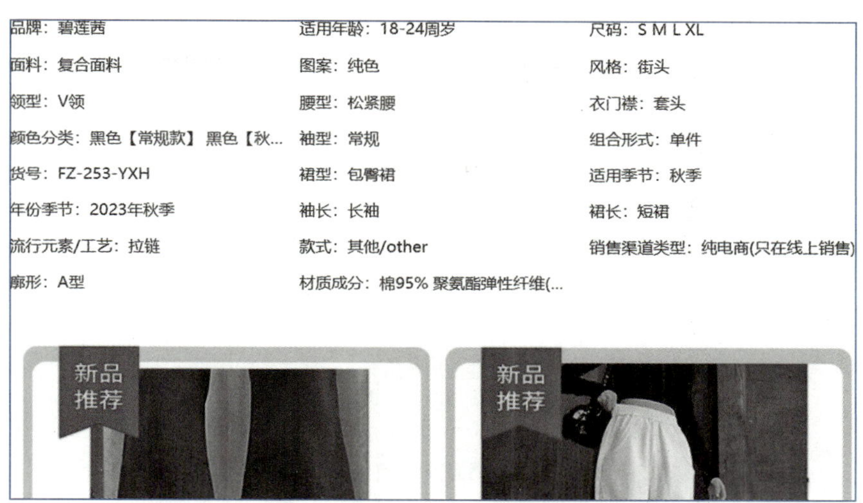

图 6-2-7 商品描述示例

淘宝的商品描述容量是 25 000 个字节（自建平台则不受此限制，其他平台不详），足以添加更为详细的商品介绍和相关说明，通常一件商品的描述由以下几部分内容组成：

第一，型号规格。这部分内容一般包括商品的品牌、型号、材质、规格、功能、功效、包装、价格等商品基本信息，以及生产加工工艺、产品优势等有利于销售的商品信息。

第二，功能配置。除了用文字说明的方式以外，还可以用图文结合的方式来说明功能配置，如产品的功能介绍、技术和设计优势等，用图文结合的方式展现不仅清爽醒目，容易加深顾客的印象，而且页面也更加美观和专业，如图 6-2-8 所示。

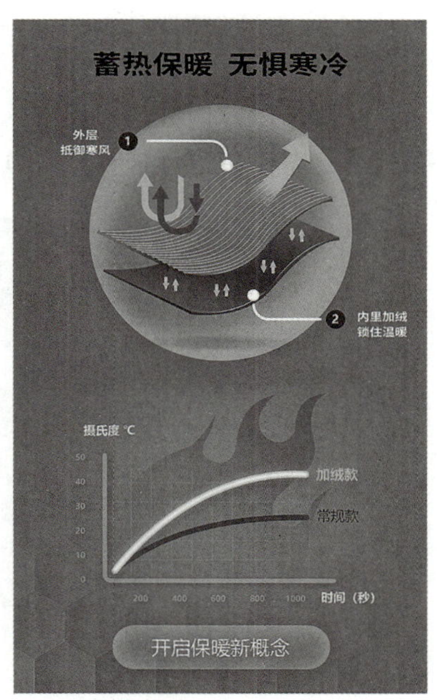

图 6-2-8 功能配置示例

第三，交易说明。交易说明可以用买家必读、重要提示等方式来体现，相当于交易双方的君子协议，今后在交易过程中一旦出现某种状况，双方有一个可以参考的依据，这也是独立于平台规则以外的一种双边协议，顾客一旦拍下即代表对该条款的认可。同时，把合作条件放进交易说明里也是一种有效的纠纷规避方式。

在售前先对退换货的要求做详细的说明，消费者在购买之前就已经对此情况有所了解，一旦出现争议，双方可以在遵照平台规则的基础上，根据上述协议酌情处理，其实也是起到规避纠纷的作用。商品交易说明如图 6-2-9 所示。

价格说明

- **划线价格**

  商品的专柜价、吊牌价、正品零售价、厂商指导价或该商品的曾经展示过的销售价等，**并非原价**，仅供参考。

- **未划线价格**

  商品的**实时标价**，不因表述的差异改变性质。具体成交价格根据商品参加活动，或会员使用优惠券、积分等发生变化，最终以订单结算页价格为准。

- 商家详情页（含主图）以图片或文字形式标注的一口价、促销价、优惠价等价格可能是在使用优惠券、满减或特定优惠活动和时段等情形下的价格，具体请以结算页面的标价、优惠条件或活动规则为准。

- 此说明仅当出现价格比较时有效，具体请参见《淘宝价格发布规范》。若商家单独对划线价格进行说明的，以商家的表述为准。

图 6-2-9 商品交易说明

第四，配送说明。关于邮寄的费用和物流配送周期的说明，因为顾客毕竟不是专业的卖家，可能对发往各地的运费标准和到货周期不甚清楚，做到预先告知既是商家的职责，也是优质服务的一种体现。

如图 6-2-10 所示，该卖家对邮费有很详细的说明，除了到货周期和超重要增加费用以外，还提醒顾客店铺是一周发一次平邮，而且平邮的到货周期也较长，善意地提醒急着收货的顾客最好不要选择这种邮寄方式，也可以避免因物流问题出现争议和纠纷。

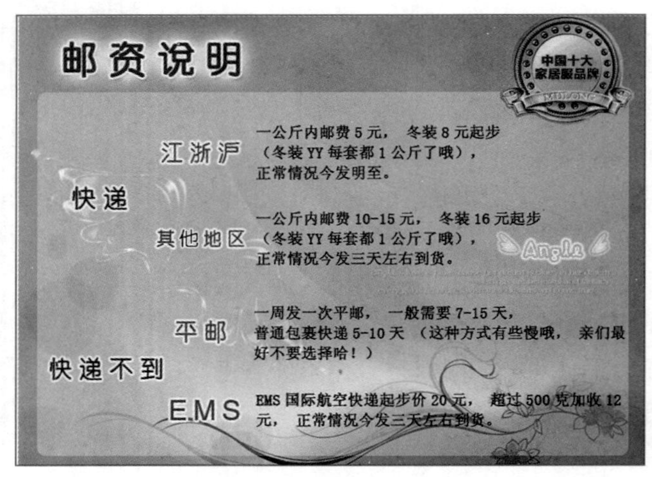

图 6-2-10 商品配送说明

第五，服务保障。服务保障包括质量承诺、售后维修、会员优惠等信息，这些信息既给顾客带来安全感，也是用返利的方式来增加企业的黏性。图 6-2-11 就是商家对商品和服务的承诺，不管是商品质量还是物流配送过程，或者是售后维修，只要顾客购买他们的商品出现了上述的问题，基本上都能够得以解决，这就给到顾客很大的安全感，促使他们下决心购买和尝试。

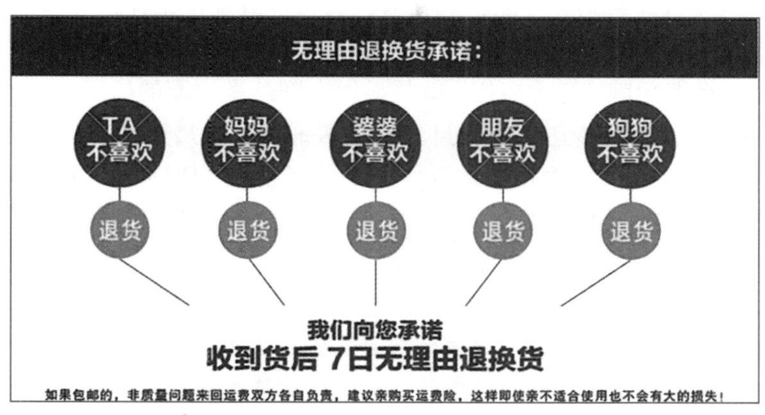

图 6-2-11　交易保障说明

第六，相关信息。相关信息里面的内容可以非常丰富，一切有利于销售的、有利于体现商家专业性的内容都可以放在商品描述的这部分内容里。

除了可以在商品描述里插入促销活动介绍、品牌文化等内容以外，专业的商品包装显然有助于树立企业的专业形象，有利于销售和推广网货品牌。因此，聪明的企业会把这部分表现商品附加值的信息放到商品描述里。

将商品的细节展示得更加详细，提供自助购物指导、常见问答、保养知识、使用方法、联系方式等更为专业和周到的服务，展示以往顾客的评价，打消消费者的担心和疑虑等都是很好的促销手段。

以上介绍的都是商品描述里可以呈现的内容，我们一定要好好地利用这 25 000 个字节的空间，让商品描述更加丰富、更加专业，充分地发挥营销的魅力和威力，让顾客进来以后流连忘返，不断挖掘他们的潜在需求，激发出他们的购买欲。

（2）网站装修。网站装修中最主要是视觉营销的运用，这也是产生能引起顾客兴趣和购买欲望的有效流量的关键，也就是说在网站装修和产品描述时应充分运用视觉营销来迎合客户消费心理，吸引客户注意，激发客户的兴趣和购买欲，从而促成购买。

网站不同于实体店铺，从目前的网络技术发展水平来看，客户对网上商品主要还是通过文字描述和图片展示来了解，而不能像在实体店铺一样与商品进行“亲密接触”。因此网站的引力“磁场”主要通过色彩、图像、文字、布局在店铺“装修”和商品描述中的合理运用来打造。而网站“装修”主要涉及色彩、招牌、商品分类、促销设置等重要内容，商品描述主要是关于内容和布局。

①色彩。色彩在网站视觉形象传递中起着关键作用。因为色彩是广义的语言，能唤起人

类的心灵感知，例如红色代表着热情奔放，粉色代表着温柔甜美，绿色代表着清新活力，所以在确定网站主题色调时，应该要与商品特性相符合，或者与目标消费群体的特性相符合。如果网店主营女性时尚产品，那么比较适合的主题色就应选偏粉色等柔和浪漫色系。如果网店主营手机、数码相机等数码类产品，那么蓝色、黑色或灰色系往往会给顾客理智、高贵、沉稳的感觉。

②企业招牌。企业招牌（简称店招）就是显示在网站最上面的横幅，它通常也会显示在每个商品页面的最上面，是传达店铺信息、展示店铺形象的最重要部分。如果招牌设置合理，既能“传情达意”，又能让客户“赏心悦目”，就会给客户留下美好的第一印象，这样才有可能让客户继续停留在网店里浏览、选择商品。反之，可能会给客户不专业的感觉，从而降低客户对店铺和商品的信任度，导致客户不敢轻易下单。因此，网店店招要真正发挥招揽顾客的作用，在设置时需要遵循明了、美观、统一的原则。明了就是要把主营商品用文字、图像明确地告知给顾客，而不是过于含蓄或故弄玄虚；美观主要指图片、色彩、文字的搭配要合理，要符合大众审美观；统一就是招牌要与整个网店的风格一致。

③商品分类导航区。分类导航，顾名思义就是把网店里的商品按一定标准进行分类，就像超市里有食品区、日用品区、家电区一样，在网店首页以及其他页面通过模块区域展现出来。

对网店来说，合理的分类一方面便于顾客查找，另一方面有利于卖家促销。合理分类的主要原则是标准统一，例如女性饰品店，可按商品属性如发夹、项链、戒指等来分类；化妆品店可按使用效果如美白系列、祛痘系列、抗皱系列等来分类。此外，在分类排列时，可把新品、特价等较易引起顾客兴趣的重要信息放在相对靠上的位置，这样容易受到顾客的关注。

④网店促销区。网店促销区是指以免费、低价或包邮等形式出现的商品促销活动，对有效提升人气、推广商品、拉动销售有一定促进作用。但在现实中，卖家的商品促销活动没有有效投射给客户的现象却并不少见。究其原因，主要还是在于“卖点”不够凸显，没有吸引客户的眼球。因此，为了让客户即时了解到网店的促销活动，我们可以运用强烈的对比色或突出的字体，采取图片轮播、小动画等形式在网店首页最引人注目的区域把客户的潜在需求“呐喊”出来。

案例一：联合利华立顿旗舰店，如图 6-2-12 所示。

案例二：麦包包箱包官方旗舰店，如图 6-2-13 所示。

（3）营销工具。除了做好商品发布、装修外，还应在平台上发布有关促销信息，以吸引客户。如果是在第三方平台上，则需根据该平台的管理规则进行。

例如，淘宝平台给卖家准备了几款官方店内营销工具，可以通过“我是卖家”板块里的“营销中心”菜单中的“促销管理”菜单查看并付费选用，如图 6-2-14 所示。

下面，对其中最常见的三种工具做以下介绍：

①满就送（减），如图 6-2-15 所示。

图 6-2-12　联合利华立顿旗舰店

图 6-2-13　麦包包箱包官方旗舰店

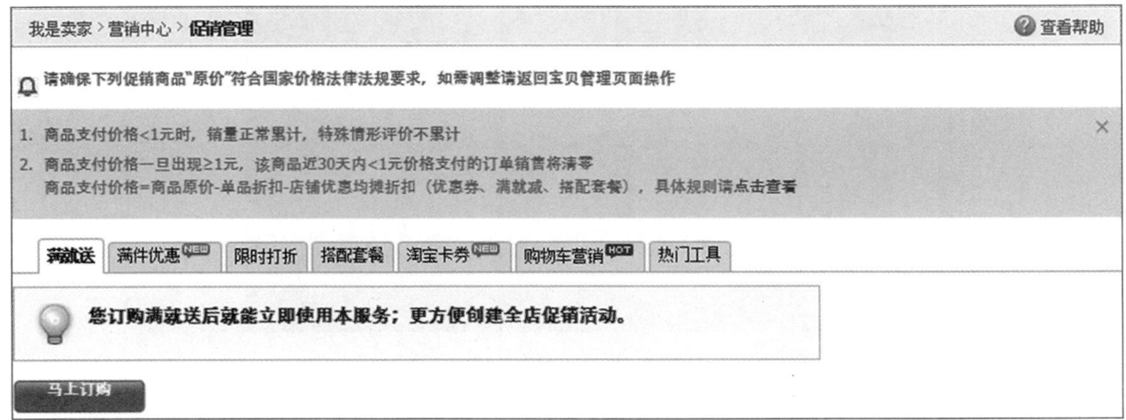

图 6-2-14　店内营销工具

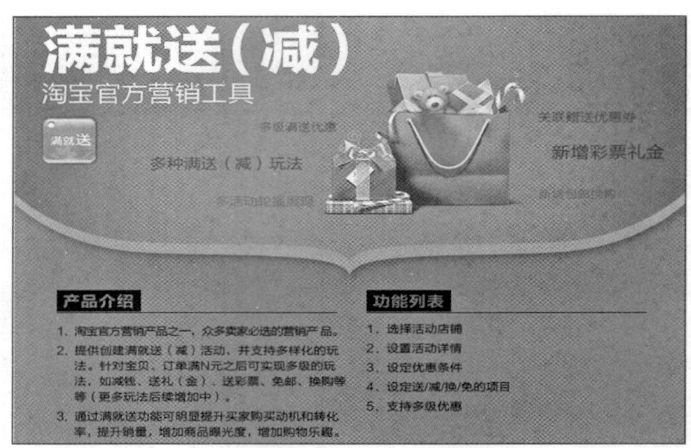

图 6-2-15　满就送（减）

满就送是淘宝官方营销产品之一，可提供创建满就送（减）活动，并支持多样化玩法。主要包括满就减、满就送礼、满就包邮、满就送优惠券、满就送彩票、满就换购、满就送电子书。

使用满就送工具，促销广告会在每一个宝贝的介绍页面都显示出来；当消费者浏览到你的商品看到促销广告时，可提高买家的客单价，达成促销的目的；在淘宝网的宝贝搜索结果页面中，可以选择只看参加“满就送”促销的商品。如果买家只搜索参加了促销的商品，将提高宝贝的曝光率。

通过卖家服务平台即可订购该款店铺营销工具。

②限时打折，如图 6-2-16 所示。

图 6-2-16　限时打折

限时打折是淘宝提供给卖家的一种店铺促销工具，订购了此工具的卖家可以在自己店铺中选择一定数量的商品在一定时间内以低于市场价的价格进行促销活动。活动期间，买家可以在商品搜索页面根据“限时打折”这个筛选条件找到所有正在打折中的商品。

限时打折工具能够提升店铺流量，参加淘宝促销活动，上促销频道推荐，上店铺街推荐；提高转化率，把更多流量转化成有价值的流量，让更多进店的人购买；提升客单价，通过满就送，提高店铺整体交易额。

卖家通过“卖家服务平台”即可订购该款店铺营销工具或者进入“卖家中心”—“软件服务”—“我要订购”页面在搜索框中输入“限时打折”即可查看到该服务，点击进入服务详情页，点击“立即订购”即可。

③搭配套餐，如图 6-2-17 所示。

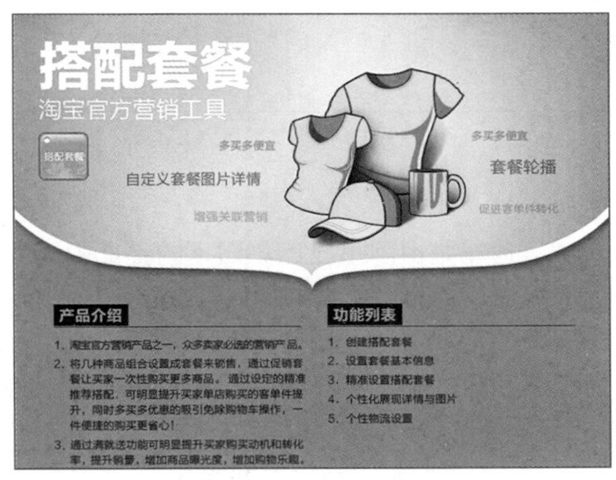

图 6-2-17　搭配套餐

搭配套餐是将几种商品组合在一起设置成套餐来销售，通过促销套餐可以让买家一次性购买更多的商品。提升店铺销售业绩，提高店铺购买转化率，提升销售笔数，增加商品曝光力度，节约人力成本。此工具目前不支持虚拟类商品。

搭配套餐的作用：利用搭配套餐让您的订单量和店铺人气双重增加，事半功倍；用搭配套餐组合商品的价格优势让更多进店的人购买店铺商品；将搭配套餐用于店铺推广，进而提高整体交易额。

价格及订购：卖家通过“卖家服务平台”即可订购该款店铺营销工具。

2. 数字营销手段

店内的推广和促销信息只有当别人进入店铺后才能接收到，因此，属于利用自身流量的方式，这种方式有一定的局限性，如果想让我们的商品信息走出店铺，被更多的潜在顾客发现和接收，并产生新的销售机会，这就需要使用到淘宝站内的推广和营销方法了。

淘宝站内营销最主要的两个入口在“我是卖家”板块里的“营销中心”菜单中的“我要推广”和“活动报名”两个子菜单中，“我要推广”菜单中列出了常见的淘宝站内推广活动的入口，比如“淘宝直通车”“钻石展位”“报名聚划算”“淘代码”，如图 6-2-18 所示。

图 6-2-18　推广工具入口

常见淘宝站内活动简介：

（1）淘宝直通车。淘宝直通车是由阿里巴巴集团下的雅虎中国和淘宝网进行资源整合，推出的一种全新的搜索竞价模式。它的竞价结果不只可以在雅虎搜索引擎上显示，还可以在淘宝网（以全新的图片 + 文字的形式显示）上充分展示。每件商品可以设置 200 个关键字，卖家可以针对每个竞价词自由定价，并且可以看到在雅虎和淘宝网上的排名位置，排名位置可用“淘大搜”查询，并按实际被点击次数付费。

（2）钻石展位。钻石展位（简称钻展）是淘宝网图片类广告位竞价投放平台，是为淘宝卖家提供的一种营销工具。钻石展位依靠图片创意吸引买家点击，获取巨大流量。钻石展位是按照流量竞价售卖的广告位。计费单位为 CPM（cost per mille，每千次浏览单价），按照出价从高到低进行展现。卖家可以根据群体（地域和人群）、访客、兴趣点三个维度设置定向展现。钻石展位还提供数据分析报表和优化指导。

（3）聚划算。淘宝聚划算是阿里巴巴集团旗下的团购网站，淘宝聚划算是淘宝网的二级域名。该二级域名正式启用时间是在 2010 年 9 月。淘宝聚划算依托淘宝网巨大的消费群体，2011 年，淘宝聚划算启用聚划算顶级域名，官方公布的数据显示其成交金额达 100 亿元，帮助千万网友节省超过 110 亿元，已经成为展现淘宝优质卖家服务的互联网消费者首选团购平台，确立国内最大团购网站地位。

（4）淘代码。淘代码被誉为电商全新营销工具。淘代码由一个字母加若干数字组成（如 D1124431）D 开头是店铺代码，B 和 T 一般是宝贝代码，可在淘宝网搜索直达店铺或宝贝的页面。商家通过生成淘代码为买家提供淘代码专属折扣，买家通过淘代码搜索可以直达店铺或商品页面时使用，实现轻松购物。

3. 整合营销手段

除了社交营销和参与第三方平台营销活动外，还可以适当采用一些外部营销推广方式来增加店铺的曝光度。例如，可以利用自身的人脉关系推广，也可以吸引陌生的淘客来帮我们推广，还可以通过博客文章拉高人气或者到论坛拓展更多推广资源。

这些推广方式只是我们日常推广工作中很小的一部分，不管是站内的宣传还是站外的推广，目的只有一个，就是把潜在顾客吸引到我们的店铺中来。但是，要想把这些人流量转化为我们的销售量，就需要我们在店内营销上狠下一番功夫。

常见站外推广的工具或者方式有搜索引擎营销 SEM、SNS 营销、博客营销、微信营销、App 营销等。这些营销手段在移动电子商务应用中十分普遍。

2.3 同步训练

2.3.1 任务描述

1. 任务名称

优化主营商品的相关资料

2. 任务流程

优化主营商品的相关资料任务导图如图 6-2-19 所示。

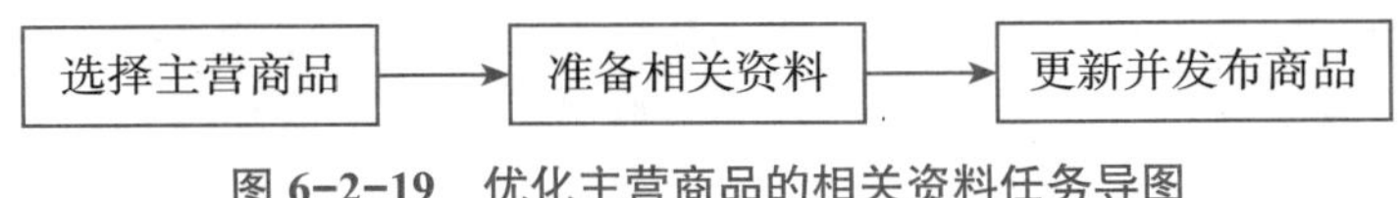

图 6-2-19　优化主营商品的相关资料任务导图

3. 任务要求

从店内找到 3 个商品作为店内的主营商品，根据本任务所学知识从商品标题、商品图片和商品描述三个方面入手优化商品的资料信息。

2.3.2 实施步骤

第一步：登录淘宝网店的卖家中心。

第二步：找到需要优化的商品。

第三步：编辑该商品的宝贝标题。

第四步：准备 5 张商品图用于宝贝图片的发布，再根据实际需要（比如颜色、款式不同）准备多张图片用于宝贝描述的发布。

自主学习

第五步：根据本任务所学知识，查看商品描述是否结构合理、内容完整，对于不合理、不完整的地方进行修改和优化。

第六步：所有优化做好，将商品发布到前台开始销售。

任务 3　企业经营数据分析

3.1　引导任务

根据自己网店推广结果，统计数据并分析推广效果。

分析：可以从来访买家数量、停留时间、有购买行为的买家数量等项目开展分析，提出自己对这些数据的理解，并做出下一步的营销改进计划。

3.2　支撑知识与技能

数据是对客观事件进行记录并可以鉴别的符号，是对客观事物的性质、状态以及相互关系等进行记载的物理符号或这些物理符号的组合。它是可识别的、抽象的符号。数据是通过实验、检验、统计等所获得的并可用于科学研究、技术、查证、决策等的数值。

数据是生产和营销的基础依据，根据数据我们可以决策库存的增减，决策是加大推广力度还是更换推广手段，让创业者在开展经营的时候减少猜测，避免盲目，规避经营风险，挖掘商机，提升经营水平和盈利能力。

3.2.1　知识要点

1. 商务数据的概念

商务数据是指企业在运营过程中，通过不同渠道和方式收集到的关于业务活动的数据。这些数据包括但不限于销售数据、客户数据、供应链数据、财务数据等，它们可以来自企业内部的系统（如 ERP、CRM 等），也可以来自外部市场、社交媒体等。

商务数据对企业的价值是多方面的，它不仅是企业运营和决策的重要参考，也是推动企业创新和增长的关键因素。商务数据对企业的主要价值如下：

决策支持：商务数据能够为企业的决策提供强有力的支持。通过深入分析各种业务数据，企业可以更准确地把握市场动态、客户需求和竞争态势，从而制定出更加符合实际和有效的商业策略。

优化运营：商务数据可以帮助企业优化运营流程，提高运营效率。通过分析销售数据，企业可以了解哪些产品更受欢迎，哪些销售渠道更有效，从而调整生产计划和销售策略。通过实时监控库存、物流等数据，企业可以确保供应链的顺畅运行，降低运营成本。

提升客户体验：客户数据是商务数据的重要组成部分。通过收集和分析客户数据，企业可以深入了解客户的需求和偏好，提供更加个性化的产品和服务。这不仅可以提高客户满意度和忠诚度，还可以为企业带来更多的回头客和口碑传播。

风险管理：商务数据在风险管理方面也发挥着重要作用。通过实时监测和分析各种业务数据，企业可以及时发现潜在的风险因素，如供应链中断、市场需求变化等，并采取相应的措施进行应对，确保企业的稳健运营。

驱动创新：商务数据可以为企业创新提供灵感和方向。通过对大量数据的分析，企业可以发现新的商业机会、挖掘新的市场需求、开发新的产品和服务。这种基于数据的创新方式不仅可以降低创新成本，还可以提高创新的成功率和效果。

评估绩效：商务数据可以用于评估企业的绩效。通过对比不同时间段、不同部门或不同项目的业务数据，企业可以了解自身的优势和不足，找出问题所在并采取相应的改进措施。同时，商务数据还可以为企业的绩效考核提供客观、公正的依据。

2. 店铺数据化运营

（1）市场分析。大数据在市场分析领域，能够处理和分析海量的数据，从中提取有价值的信息，为企业提供精准的市场洞察，帮助企业更好地了解市场动态和消费者需求。同时，大数据技术可以快速分析市场数据，发现市场趋势的变化，帮助企业及时调整市场策略，提高市场反应速度，抓住市场机遇。

（2）用户分析。大数据在用户分析中的应用极为广泛，其深度与广度都为用户洞察和决策制定提供了强大的支持。利用大数据，企业可以收集并分析用户的各类信息，如基础信息（年龄、性别、地域）、消费习惯、兴趣偏好等，以构建精准的用户画像。另外，大数据分析可以帮助企业了解用户的访问路径、停留时间、跳出率等，从而分析用户的行为模式。此外，通过对用户在社交网络上的行为、互动、关系等数据的分析，企业可以了解用户的社交习惯和影响力。

（3）商品分析。商品分析能够帮助企业提高销售额，从商品的市场需求、消费者接受程度、收入与利润的关系等维度对商品进行分析，能够更好地优化产品营销策略，有利于企业在商业决策过程中作出正确的决策。

（4）供应链分析。商品的流通离不开供应链，其中涉及的工作内容包括需求计划、库存计划、供应计划、分仓分析、订单满足成本分析和订单时效分析。相应地，为了使供应链更有效率、更有成本效益，日常进行的分析也相应至少包含需求分析、库存分析、供应分析、分仓分析、订单满足成本分析和订单时效分析。

数智研创

云南白药的数据分析与线上营销

2017 年 6 月，云南白药牙膏官方旗舰店在某宝网上开业，为了提高品牌知名度，云南白药和阿里开展了大数据技术、明星效应和跨界宣传的开放营销。云南白药致力于通过线上营销来打开销路，并以“长期市场优势的沉淀”作为目标，因此与阿里的合作主要集中在品牌形象的创造和传播上，以获得长期的品牌效应。为了实现这一目标，云南白药基于品牌特征和产品优势，利用阿里的生态平台和大数据技术来收集和分析某宝用户，包括用户搜索、浏览、点击、购买和共享。深入了解某宝用户的使用习惯和偏好，并根据用户年轻化的主要特征，结合云南白药的特点，策划了将明星粉丝转变为店铺粉丝的营销策略，取得了非常好的成绩。在短短的几天内，迅速将超过 30 万的粉丝带到了旗舰店，并在短时间内获得了很高的评价以及品牌知名度。此后，云南白药还与广受欢迎的网络剧作者进行了跨界知识产权营销，推出了主题套装。除了与某宝网用户进行契合程度的数据收集和分析外，还在其他平台上进行了相应的重合度抓取，整合了资源，并设计了一套 IP 媒体矩阵。这样，云南白药牙膏成功实现了销售额的大幅增长。

3. 商务数据采集

（1）网络挖掘。商务数据通过网络挖掘来编译，要使用自动化工具从网络文件、服务器发现并提取信息。此外，公司可以从服务器日志、浏览器活动、网页内容、网站、链接结构和其他来源获取结构化和非结构化的数据。

（2）社交网络。社交媒体在全世界范围内猛增。互联网用户平均每天在社交网络上花费至少两个半小时。社交网络使得市场营销者可以通过追踪发帖、评论、分享、点赞、签到和其他信息，获取从个人偏好到品牌提及再到个人品位的大范围数据。

（3）搜索数据。这是从浏览器活动收集来的信息，通过使用特殊工具，追踪搜索信息，了解消费者的意图和行为。同时，可以通过一种叫作“信息载入”的方法将消费者匹配到线上虚拟身份，企业就可以建立线上目标受众群了。

（4）交易追踪。每笔公司经营或经手的交易都能提供有用的用户数据，无论是财务的、物流的，还是其他相关流程的。组织可以使用购买、保险索赔、存取款、订单与请求、预订预约和信用卡交易等业务信息来获取对目标受众的活动洞察。

（5）众包。这是一个集中大众智慧的过程，通过网络更容易实现。通过对用户在媒体上留下的信息进行调研和投票，对因兴趣爱好而集中的人群进行研究和数据收集。

数据分析在数字营销上具有极大的作用。数据分析是目前的大趋势之一，持续受到关注。与此同时，越来越多的互联网公司和用户试图将信息转化为消费者收益。对数据分析进行扩展运用的公司，会在竞争中获取巨大的收益增长。基于数据对企业发展或企业营销的重要性，许多大型企业都在开发大数据分析系统。

3.2.2 技能要点

电商企业的数据分析可以从多个维度进行分析，通常会从市场、商品、用户、供应链四个角度来对数据进行分析，从而形成电商企业的市场分析、商品分析、用户分析及供应链分析。

1. 市场分析

（1）市场分析内容。市场分析的内容包括整体环境分析、店铺排名、品牌分析、同行营销分析、竞品分析。

①整体环境分析。整体环境分析是企业进行创业、投资、制定战略方向的基础。通过整体环境分析，可以了解行业所处发展阶段、市场容量、垄断程度等情况。进行整体环境分析先要进行行业数据采集，行业数据可以通过指数工具、平台提供的分析工具、政府部门、权威网站等渠道进行采集。权威机构发布的行业发展报告是进行市场发展趋势分析常用的依据之一。因为行业发展报告一般会收集行业较长历史阶段的数据，通过对这些数据的分析整理，能比较科学地反映行业的发展变化趋势和行业所处阶段。行业所处阶段也就是行业的生命周期，行业的生命周期是指行业从出现到完全退出社会经济活动所经历的时间，行业生命周期分为萌芽期、成长期、成熟期和衰退期 4 个阶段。

例如，对生鲜电商市场进行行业趋势分析，可以借助网经社电子商务研究中心发布的《2023 年度中国生鲜电商 & 社区团购市场数据报告》，从中可以看出中国生鲜电商市场规模稳步增长，生鲜产品作为我国的基础消费品之一，随着人均可支配收入和消费支出的提高，预计未来生鲜零售市场仍将保持增长态势。网经社电商大数据显示，2023 年生鲜电商交易规模达到 6 424.9 亿元，同比增长 14.7%。2023 年城镇居民食品消费支出为 21 878 亿元，生鲜电商交易额占城镇居民食品消费支出的比例为 29.4%，在近三年实现波动增长。生鲜电商行业在 2023 年的渗透率为 12.5%，同比增长 21.59%，在近五年实现波动增长。2023 年生鲜电商行业用户规模为 5.13 亿，同比增长 11.52%，在近三年实现稳速增长，表明越来越多的消费者开始接受并信任线上购买生鲜商品的方式。随着生鲜电商的发展及模式的成熟、网购生鲜习惯的养成、生鲜电商用户覆盖数量越发广泛，以及技术越发成熟，预计未来一段时间生鲜电商仍保持高速增长。

②店铺排名。店铺排名，就是将店铺卖家的商品优化上去，商品通过搜索更容易被消费者发现，从而增加店铺的流量，达到商品转化的目的。以某宝为例，任何一名某宝店主，都想把自己的商品在搜索页面里排到靠前的位置，而影响排名的因素中又分为店铺权重与宝贝权重。影响店铺权重的因素有：

a. 店铺的作弊违规：店铺的作弊行为和扣分，就是通常所说的虚拟交易行为。按照某宝的官方规定，给各位卖家一年 12 分，若卖家们在一年内，由于涉及虚拟交易或者触犯某些规则而被扣分处理的话，某宝对其信任度就会降低，店铺宝贝的排名自然也不会高，当 12 分都被扣掉的话，店铺则马上关闭。因此，不管在哪个网购平台开店，卖家都必须熟悉平台的规则。

b. 退款和投诉率：卖家缺货、物流速度以及宝贝的质量是导致买家退款的三个主要因素。买家的退款一般伴随着投诉，进而影响店铺的排名。

c. 好评率及客服回复：买家对店铺评分的高低，不仅严重影响店铺动态评分（Detail Seller Rating，DSR），还会对宝贝权重的高低产生重要的影响。因此，好评率是卖家极为重视的因素。客服回复的时间、客服的态度和谈吐等在一定程度上影响了买家对宝贝的评价。

影响宝贝权重的因素有：

a. 宝贝的月销售量：宝贝的销售量与排名成正比关系。对于刚开始经营店铺的新卖家来说可能刚开始没什么销量，但是做好网店的推广，销售也自然上升了。一般来讲，宝贝的销售量是影响买家购买该商品的重要因素。每个买家在输入自己想买宝贝的关键词时，都有一个销量的排序。该宝贝销量越高，表明大多数买家对该宝贝的认可度越高。

b. 店铺的收藏率：店铺的收藏率高了，店铺的排名自然也就提高了。买家收藏了卖家的店铺，一是对店铺宝贝综合评价比较高，二是有回购的意愿。当其他用户进入该店铺的时候，看到那么高的收藏率，自然对该店铺的信誉和品牌产生好的印象。

c. 宝贝的价格：在所有影响消费者购买商品的因素中，价格因素所占比率最大，而在前面提到的某宝索引中，买家也会通过价格的高低排序或者价格区间来选择商品。

d. 店铺的消费者保障服务：店铺的消费者保障服务在店铺排名中起着至关重要的作用，而且店铺如果没有开通消费者保障服务，就不能发布全新的宝贝，只能发布二手和闲置的商品，那么这两种对正常的排名是不利的。如果要快速提升宝贝的排名，就一定要给店铺开通消费者保障服务。

③品牌分析。影响消费者购买商品的第二个重要因素就是该商品的品牌，优秀的品牌意味着高质量、高信誉、高效益、低成本，品牌对产品有特定的指示作用并能通过广告等方式来对外释放该品牌的特点，从而降低消费者的感知风险。除此之外，以在某电商平台上搜索服装为例，在其索引页上会额外罗列一些知名品牌供消费者选择，除了一些知名品牌旗舰店，某些 C2C 知名店主也能打响自己店铺的品牌，主要依靠以下几个因素。

a. 网店的视觉印象：第一印象很重要，一个好的店铺网页设计有利于提高店铺品牌的形象，改善买家的用户体验，从而增加用户在店铺的停留时间，访问更换的页面产品，提高转化率等。

b. 流量因素：通过搜索引擎、直通车、优惠活动等提高店铺的知名度。

c. 提高服务质量：对于老客户，可适当给予折扣或者赠送小礼品，对于新客户，更需要服务到位，将新客户逐步发展为老客户。新老客户都服务到位了，店铺就积累了一定的口碑，依靠口碑相传，一传十，十传百，店铺的品牌效应就会逐步建立起来了。

d. 商品定位：对比同行相似商品的价格，最好能做到不要价格太贵，过高的价格会让很多消费者望而却步；也不要太便宜，那样客户会感觉商品没品质。

e. 寻求靠谱厂家：商品质量依赖厂家的生产质量及支持，最好该厂家能给予店铺支持，有厂家的支持，商品利润自然相对会提高。

④同行营销分析。在网购平台上开店，一定面临很多同行的激烈竞争。以在某宝上搜索面膜为例，按销量由高到低排序，排名第一位的商家月销量接近 18 万张，遥遥领先于第二位 5 万多张的销量。点击进入该商家店铺首页，店铺给人一种专业的印象，有店铺的核心

价值观、产品介绍、优惠力度等。除了提升店铺本身的硬件条件，还需要对整体环境进行调查。仍以面膜为例，搜索销售面膜的店铺，可发现某宝上销售面膜的店铺超过 24 万家，这对于很多计划开店的卖家来说，必须得好好考虑相对激烈的竞争环境。

⑤竞品分析。竞品，即竞争对手的产品，是那些能与你解决用户一样痛点的产品，或能帮助你更好地指导自己运营方向的产品，或部分维度比你做得好的产品。竞品分析，全称“竞争产品分析”，是指对同一类产品或服务的竞争对手进行研究和评估的过程。竞品分析旨在通过对比自家产品和竞争产品在各个维度上的指标，明确自身的优势、劣势、机会和威胁。通过观察和分析竞品，能够帮助企业快速了解市场动态，发现创新和改进机会，提升竞争力。

竞品分析的内容可以包括客观和主观两个方面：客观方面主要是从竞争对手或市场相关产品中，圈定一些需要考察的角度，得出真实的情况，如产品特点、价格、品质等；主观方面则包括从用户视角（如小白用户、忠实用户）和产品设计视角来完整地体验竞品，对产品有个基本的认知，从而列出竞品的优势或自己产品的不足。

竞品分析对电商企业具有重要的意义。它有助于企业了解市场和行业趋势，评估自身优势与劣势，发现创新和改进机会。通过对竞争对手的产品和服务进行对比，企业可以客观地评估自身的竞争地位，从而制定有效的战略来提升竞争力。

（2）市场分析指标。常用市场分析指标见表 6-3-1。

表 6-3-1 常用市场分析指标的含义、计算公式和评估内容

指标	含义	计算公式和评估内容
市场容量	衡量目标市场的大小和潜力	日搜索人气：通过搜索引擎关键词搜索量来估算，如日搜索人气≥ 10 000 可能代表大市场； 头部商家月收货人数：结合头部商家的销售数据，评估市场整体销量
市场趋势	反映市场的增长或下滑态势	搜索人气变化趋势：通过对比不同时间段的搜索人气数据，判断市场趋势； 销量增长率：计算连续时间段内销量的增长百分比，评估市场的增长情况
市场占有率	衡量企业在市场中的份额和地位	市场占有率 = 本企业销售额 / 市场总销售额 ×100%
竞品数量	反映市场竞争的激烈程度	通过搜索引擎或第三方数据平台，统计同一品类下的竞品数量
渠道竞争度	衡量不同销售渠道的竞争情况	分析不同销售渠道（如天猫、京东等）的占比和增长趋势
品牌竞争度	评估品牌间的竞争程度	统计并比较不同品牌的市场占有率、用户评价等指标
对手强弱度	评估竞争对手实力强弱的一个指标，通常通过商品所处价格带下的头部商家收货人数来判断	使用 Similarweb、Ahrefs 等专业工具，搜集并分析竞争对手在不同营销渠道中的表现、流量和参与度等数据

2. 商品分析

（1）商品分析内容。对商品的研究，自然离不开对商品进行相关分析。人们所处的市场是充满竞争的市场，通过对商品的市场需求、消费者对商品的接受程度、收入与利润情况等指标进行研究，非常有利于企业在商业决策过程中作出正确的决策。

电商店铺对商品的分析主要可以分为商品类目分析和商品 SKU [stock keeping unit（库存量单位）] 分析两个维度。

①商品类目分析。商品类目是在零售业中出于管理目的，对所有商品进行了分类。如按消费者的衣、食、住、用、行划分，有食品类、服装类、鞋帽类、日用品类、家具类、家用电器类、纺织品类、五金电料类、厨具类等；按照消费者的需要层次划分，有基本生活品类、享受品类和发展品类等；按照消费者购买行为划分，有日用品类、选购品类和特殊品类；按照消费者的年龄和性别划分，有老年人用品类、中年用品类、青年用品类、儿童及婴儿用品类，以及女士用品类、男士用品类等。

在电商运营中，更是对类目按照了分等级的系统划分，比如说在一级类目鞋帽类下面，会分设二级类目鞋、帽，在二级类目下还会分出三级类目，比如鞋下面分了男鞋女鞋，依次还会继续细分。在电商平台上，商品必须在后台被设置在某个类目下面，这将影响商品的流量大小、流量转化率高低、资源获取多少等诸多后期运营的因素。因此，商品类目分析是非常重要的工作。

②商品 SKU 分析。SKU 分析是通过对商品的不同属性（如颜色、尺码、款式等）进行组合分析，来评估商品在市场上的表现，包括销售情况、库存状况、客户偏好等。通过 SKU 分析，电商企业可以更加精准地掌握市场需求，制定有效的销售策略，提高库存周转率，降低库存积压风险。商品 SKU 分析是最重要的分析之一，因为最核心的分析内容就是商品对于市场的一系列直接指标，比如商品的需求、商品的接受度、商品的品牌形象等。这一类指标有很多，通常跟其他分析内容有机结合起来。商品的 SKU 分析研究维度既然如此多，在研究的时候也不可能一蹴而就，因此，这是一个长期积累的过程。

（2）商品分析指标。常用商品分析指标见表 6-3-2。

表 6-3-2　常用商品分析指标的含义、计算公式和评估内容

指标	含义	计算公式和评估内容
支付金额	指用户在电商平台上购买商品或服务后，实际支付的总金额	支付金额无须使用特定公式计算，通常是通过电商平台或支付系统的交易记录直接获取
支付转化率	指访问网站、网店或应用的用户中最终完成支付的用户所占的比例	支付转化率 =（完成支付的用户数 / 总访问数）× 100% 完成支付的用户数：在特定期间内成功完成支付的用户数量 总访问数：在相同的时间段内的总访问用户数

续表

指标	含义	计算公式和评估内容
加购转化率	指用户在浏览商品页面后将商品添加至购物车的比例	加购转化率 =（添加至购物车的商品数 / 浏览商品的总次数）×100% 添加至购物车的商品数：用户在特定时间内将商品添加至购物车的次数 浏览商品的总次数：用户在相同时间内浏览商品页面的总次数
收藏转化率	指用户在浏览商品或店铺后将商品或店铺添加至收藏夹的比例	收藏转化率 =（收藏次数 / 访问次数）×100% 收藏次数：在特定时间内商品或店铺被用户收藏的次数 访问次数：在相同时间内商品或店铺被用户访问的总次数

3. 用户分析

（1）用户分析内容。有很多指标可以用来衡量客户方面的绩效，在电商领域，主要围绕着客户访问量、访客获取成本、客户转化率、访客地域和访客类型等几方面进行评估。

①客户访问量分析。客户访问量就是在一定时间范围内，某个网站被访客访问的总次数。但是，一个访问用户在一定时间内可能会访问多个页面，对网站发起多次访问，因此常用的访问量统计指标又分为页面浏览量和访客数、独立 IP、会话数等。

②访客获取成本分析。在获客成本上有两个指标，即单个付费客户的成本（customer acquisition cost，CAC）和单个活跃客户的成本（cost per acquisition，CPA）。两者中间差一个转化率，一家企业花费 CPC 获得注册活跃用户，需要经过诱导转化才能使客户付费，因此，CPA+ 诱导转化的费用 = CAC。在拉新等营销活动中，获客成本是极为重要的指标，该指标能反映本次活动的效果，尽可能地以最小的投入获得最大的价值。在获客上，流量为王。哪个平台渠道流量大，哪个平台就有更多的获客机会，但同时也必须考虑转化率，想要提高转化率就需要有优质的客户群，因此在选择推广平台时也必须要考虑该平台积累的用户属性是否与商家目标用户一致，这样才能尽可能地降低获客成本，将产出最大化。

③客户转化率分析。客户转化率是指商户在实施推广行动后，访客如期地参与其中并完成商户所期望的某种行为。根据各自推广的目的，转化可以是访问者在网站上停留一定的时间、浏览区站上的特定页面等行为，或者是在网站上注册或者提交订单、付款等行为。转化率指在一个统计周期内，完成推广商户期望的行动的访客数（访问量）占总客数（总访问量）的比率。人们经常会听说某个渠道的流量非常大，这是因为这个渠道在资源投入上下了非常大的功夫。在这种逻辑下，流量就成了衡量经营效果非常重要的标准之一。当然，流量大并不代表着经营的效果就一定好，如果转化率非常低的话，实际上很难带来商业价值。只有访问量大与转化率高这两个因素并存，才能认为经营效果好。

④访客地域分析。访客地域是指访客所在的地理位置，传统的划分可以以方位、省份，甚至城市或者以更细的颗粒度来划分。在电子商务领域，最常用省份来划分地域。通过对访客不同地域来源的分析，可以看出不同地域的访客的综合偏好、消费水平等重要指标。这对于精准营销来说非常重要，关乎总体的推广效果和成本。

⑤访客类型分析。在客户分类中，根据用户的基本信息和行为特征，可以将用户分为许多类别，从而衍生出各种各样的用户指标，对于用户总体的统计可以让商家明确用户的整体变化情况，而对于用户各分类的统计，可以让商家看到用户每个细分群体的变化情况。

（2）用户分析指标。常用用户分析指标见表 6-3-3。

表 6-3-3　常用用户分析指标的含义、计算公式和评估内容

指标	含义	计算公式和评估内容
页面浏览量	指电商平台或 App 页面被访问的次数	PV（页面浏览器）与 UV（独立访客）和 AVP（平均访问页面数）有关，其计算公式为： PV=UV × AVP 即页面浏览量等于独立访客数量乘以每个访客平均访问的页面数
访客数	通过互联网访问、浏览电商平台的独立访客数量	UV 是通过对访问电商平台的用户进行去重后得到的数值，即同一用户从多个渠道多次访问只被计算一次
会话数	指用户与电商平台进行交互的一系列操作所构成的一个完整会话过程	电商平台通过其数据统计系统来跟踪和记录用户的访问行为，并自动计算会话数
单个付费客户成本	指电商企业为获取一个付费客户所需要支付的平均成本	单个付费客户成本 = 获客总成本 / 付费客户数量 其中，获客总成本包括了电商企业在吸引新客户过程中所花费的所有费用，如广告费用、促销费用、市场调研费用、营销人员的人力成本、营销工具的成本等；付费客户数量则是指在特定时间段内，通过企业的营销活动成功转化为付费客户的数量
单个活跃客户成本	指电商企业为获取一个活跃客户所需要支付的平均成本	单个活跃客户成本 = 获客总成本 / 付费客户数量 其中，获客总成本包括了电商企业在吸引新客户过程中所花费的所有费用，如广告费用、促销费用、市场调研费用、营销人员的人力成本、营销工具的成本等；付费客户数量则是指在特定时间段内，通过企业的营销活动成功地转化为付费客户的数量

续表

指标	含义	计算公式和评估内容
客户转化率	指在电商平台上，实际完成购买或其他特定目标的客户数量与访问该平台的总客户数量之间的比率	客户转化率 =（转化数量 / 访客数量）× 100% 转化数量：指实际完成购买或其他特定目标的客户数量 访客数量：指访问电商平台的总客户数量
新访问用户	指的是在一定时间范围内，首次访问电商平台的独立用户	通常没有直接计算新访问用户的数学公式，因为新访问用户的识别主要依赖于数据跟踪和记录系统
活跃用户	指在一定时间范围内，频繁使用电商平台进行购买、评论、互动或其他用户行为的用户	通常没有直接计算新访问用户的数学公式，因为新访问用户的识别主要依赖于数据跟踪和记录系统
流失用户数	是指在一定时间段内，曾经访问或注册过电商平台，但之后由于种种原因逐渐失去兴趣并停止访问或使用的用户数量	指在特定时间段内（如一个月、一个季度或一年）所有注册或访问过电商平台的用户数量，“活跃用户数”则是在同一时间段内仍然保持活跃的用户数量
回访用户数	指的是在一定时间段内，那些之前曾经流失（即一段时间内未访问或未使用电商平台）但现在又重新访问或使用的用户数量	回访用户数 = 在特定时间段内重新访问的用户数（这些用户之前被认定为流失用户）

4. 供应链分析

（1）供应链分析内容。从电商的角度来说，只要跟货物有关系的，都属于供应链的范畴，其中涉及的工作内容包括需求计划、库存计划、供应计划、分仓计划和订单满足。相应的，为了使供应链更具有效率，更有成本效益，日常进行的分析也至少包含需求分析、库存分析、供应分析、分仓分析、订单满足成本分析和订单时效分析。

①需求分析。需求有很多种定义，但是，为了逻辑统一，在供应链领域，可以将需求定义为“销售需求”，在计划的环节，也可以将之称为“销售预测”。既然需求被定义为销售，那么，供应链的一切出发点便由此发生。只有发生了销售需求，才会有后面的库存计划、供应计划、分仓计划和最后的订单满足等环节。

②库存分析。库存管理是供应链管理中最关键的一个环节，通常说的库存主要分为周期库存、安全库存、在途库存、预期库存、不良库存、冻结库存。对库存的分析，主要分为库存需求分析和库存健康度分析两个维度。首先是库存需求分析。正常情况下进行库存需求分析需要先明确两个概念——目标库存和期初库存。目标库存，即计算周期内期末的库存目标

（目标库存 = 安全库存 + 期初库存 ×2）；期初库存，即计算周期内期初的库存数量。除此之外，还有库存健康度分析：即针对库存的实际情况，以一定的指标进行测验，以判断库存是否处于健康水平，是否存在经济损失的风险。库存健康度分析主要包括以下内容：库存周转（通过周转判断缓流或紧缺）、近效期库存（存在失效报废风险）、残次品库存、其他不良库存。

③供应分析。供应分析是基于销售预测和库存目标，经过一系列的换算后，就生产或者采购提出的要求。从供应链的链路上来看，供应是一切交易发生的基本前提，没有供应就没有库存，没有库存就无法支撑任何销售。因此，供应是供应链管理需要重点把关的一环。供应分析主要基于供应计划分析和供应效率分析两个方面进行。供应计划分析：在进行供应计划分析的过程中，需要引入一个基本逻辑：PSI（purchase/production sales inventory）逻辑，通常所说的供应，实质上就是 PSI 里面的 P，并可以使用以下公式计算：P=I（目标）−I（期初）+S。供应效率分析的意义在于衡量供应是否如期、如量、如质、到位，这直接影响供应链后端紧接着的实际库存水平及可用销售数量。通常店铺会在前面做的供应计划的基础上，进行进一步优化，以追踪供应的效率。

④分仓分析。随着企业规模越来越大，成熟的品牌或者公司都会设多个仓库。这时候，在哪个仓库备多少库存这个问题就摆在企业的面前。分仓分析是供应链管理过程中非常具有技术含量的一个工作，这直接关系到销售的满足和订单的效率，因此越来越引起企业的重视。

⑤订单满足成本分析。在商品市场的交易中，总会有各种各样的成本。成本的组成包括商品生产成本、市场营销成本、人工成本、物流成本、仓储成本、其他成本等。从电子商务的交易性质上来看，主要研究的订单成本一般包括商品成本、人力成本、包材成本、物流成本、仓储成本。其中，从供应链的角度来看，一般不对商品本身的制造成本进行研究，而主要研究其他四项成本。

⑥订单时效分析。订单时效是指消费者从下单的那一刻开始，到商品送达消费者的那一刻结束的时间跨度。在追求用户体验极致的今天，订单时效是体现用户体验的其中一个基本要求之一。订单时效分析的主要目的是通过分析找出影响订单时效的因素及差距，从而有针对性地进行流程优化，以达到更优的效率。

（2）供应链分析指标。常用供应链分析指标见表 6-3-4。

表 6-3-4　常用供应链分析指标的含义、计算公式和评估内容

指标	含义	计算公式和评估内容
需求总预测	特定的一系列条件下，对未来某个时间段内客户对产品（或服务）的总需求量进行的预估或推测	需求总预测 = 日常需求预测 + 活动需求预测

续表

指标	含义	计算公式和评估内容
目标库存	指企业根据历史销售数据、市场需求预测、补货周期、安全库存等多种因素综合考虑后，设定的一个理想的库存水平	目标库存 = 安全库存 + 周期库存 ×2
分仓数量	将一个大型的仓库或库存分成多个小型仓库或库存单元的数量	某仓的分仓数量 = 下月库存目标 − 预期期末库存 式中：预期期末库存 = 实时库存 −（预计全月销售 − 销售 MTD） 预计全月销售 = 销售 MTD+ 预计剩余销售
库存周转率	在某一时间段内库存货物周转的次数，反映了企业库存管理的效率	库存周转率 = 期内出库金额或数量 / 期内平均库存金额或数量
订单库存满足率	当顾客发出某个订单需求时，库存系统中有该订单中的所有产品，能够立刻满足顾客需求的百分率	订单库存满足率 =（满足需求的订单数量 / 总订单数量）×100%

创业视角

大数据赋能新产品开发

"叶黄素的摄入对眼睛有益，但叶黄素是脂溶性的，通过平常的饮食途径较难吸收。"在某次京东趋势品分享会上，浙江医药来益相关负责人刘麒表示，为应对消费品功能化的趋势，企业通过科技创新将"叶黄素水溶性粉末及其制备方法"这一专利转化为新产品，以固体饮料的方式让脂溶性的叶黄素更加可吸收、更易被利用。

电商平台从消费者群体中获得的反馈是最直接明确的市场需求。当大数据分析结果被用于指导产品开发的前端，可以有效避免产品创新的"错位"，提高消费者的满意度，进而满足社会的消费需求。

随着消费提档升级，当前网络消费呈现出新的特点。京东超市相关负责人表示："通过算法平台对消费者问卷调查等数据的分析，我们发现产品消费趋势的新特点，包括食品功能化、成分简单化、零食特产化、口味个性化等。这些新特点正是产品创新的着力点，也是消费提档升级的新契机。"

"顺应年轻人'口味个性化'的需求，我们的汽水开发不仅复原了 20 世纪 50 年代的菠萝、橘子味，也开发了车厘子、柠檬海盐等新口味。"武汉二厂汽水有限公司总经理郑宇表示，顺应“成分简单化”的趋势，产品还减少了食品添加剂、配料简单。

据介绍，京东大数据分析平台将数以亿计的用户成交数据和评论数据在脱敏的前提下开展大数据分析，获得此前需要进行大量市场调研才可获得的行业研发线索，用于帮助相关行业开展新产品的创新研发。京东相关负责人表示，在功能性产品的临床试验研究、非遗产品的文化传播等方面，平台也持续提供相应的技术服务支持。大数据赋能将极大提升新产品的开发效率，节约开发成本。

3.3 同步训练

3.3.1 任务描述

选择某电商平台中某店铺作为对象，对其供应链进行规划。

3.3.2 任务流程

店铺供应链规划任务导图见图 6-3-1。

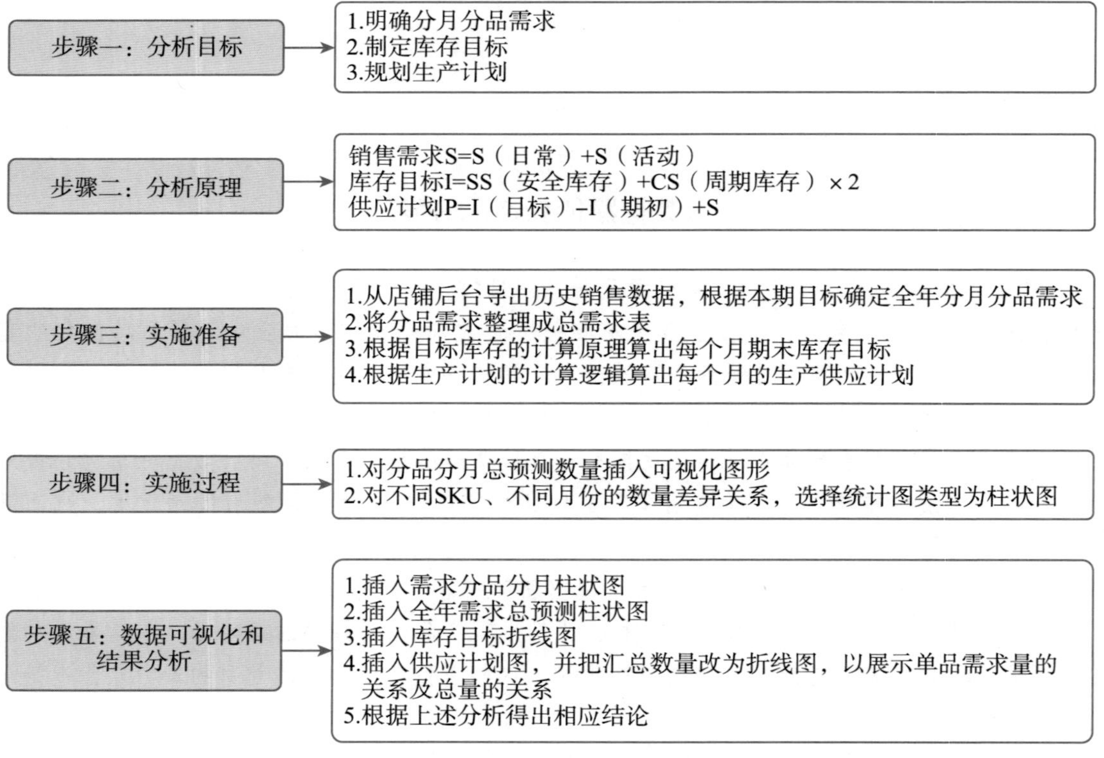

图 6-3-1　店铺供应链规划任务导图

3.3.3 任务要求

根据上述步骤，完成表6-3-5所示的同步训练任务书。

表6-3-5 同步训练任务书

项目	对某店铺的供应链进行规划
步骤划分	
各部分主要内容	
撰写训练报告	
小组成员	

自主学习

思维导图

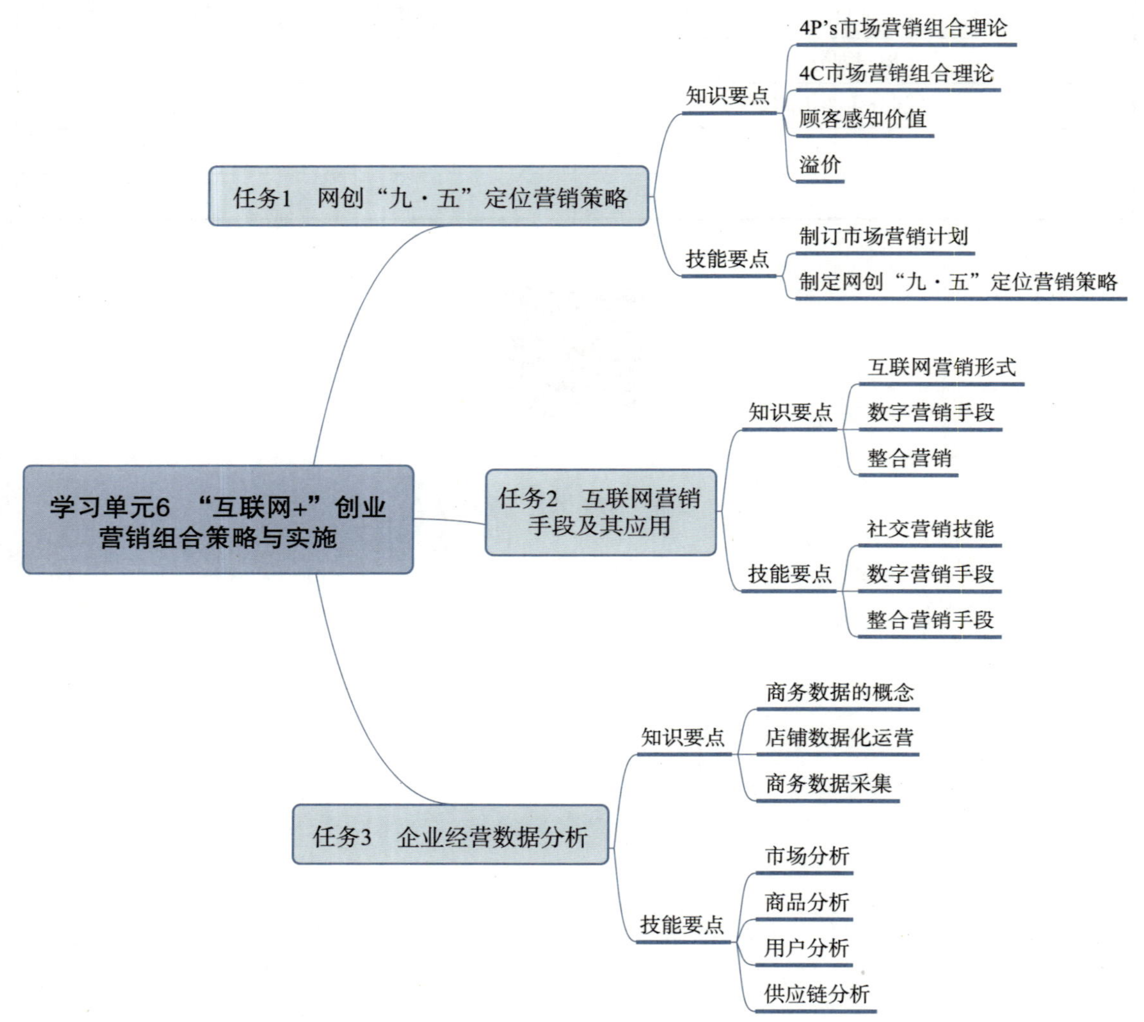
学习单元6 “互联网+”创业营销组合策略与实施
任务1 网创“九·五”定位营销策略
知识要点
4P’s市场营销组合理论
4C市场营销组合理论
顾客感知价值
溢价
技能要点
制订市场营销计划
制定网创“九·五”定位营销策略
任务2 互联网营销手段及其应用
知识要点
互联网营销形式
数字营销手段
整合营销
技能要点
社交营销技能
数字营销手段
整合营销手段
任务3 企业经营数据分析
知识要点
商务数据的概念
店铺数据化运营
商务数据采集
技能要点
市场分析
商品分析
用户分析
供应链分析

学习单元 7
创业计划与评估

7

单元导学

本学习单元包含 2 个任务：

任务 1 “互联网 +”创业计划书

任务 2 创业计划书评估

通过学习，应能完整撰写创业计划书，并知道如何评估计划书。

知识目标

1. 掌握网创销售收入、销售和成本计划、启动资金、固定投资、现金流量计划等概念。

2. 掌握利润计划公式的含义。

能力目标

1. 能够依据前六个学习单元同步训练任务，按照创业计划书模板撰写自己的创业计划书。

2. 能够分析、补充和完善自己的泛产品项目创业计划书。

素质目标

1. 树立凡事预则立、不预则废的思想。
2. 学会勤俭节约的创业技能。
3. 培养团队协作精神和工匠精神。
4. 提高创新精神和创业能力。
5. 培养脚踏实地、勤奋执着的精神。

任务 1 “互联网 +”创业计划书

1.1 引导任务

指出“互联网 +”创业计划与纯线下创业计划在数据计算中最大的不同之处是什么。

分析：

（1）上网下载一个比较简单的商业计划书；

（2）回顾以前的同步训练；

（3）销售量的计算方式区别较大。

1.2 支撑知识与技能

1.2.1 知识要点

启动资金需求预测

（1）启动资金的概念。启动资金是用来投资一个合理的生产经营平台的资金及支付运营至盈亏保本时所产生的日常开支的所有资金，包括场地（土地和建筑）、办公家具和设备、机器、原材料和商品库存、营业执照和许可证、开业前广告和促销、工资以及水电费和电话费等费用。这些支出可以归为两类：

一是固定投资，是指你为企业购买的固定资产以及为开办企业而支出的一次性费用。固定资产是指价值较高、使用寿命较长的资产，如设备、房屋等。一次性费用指开办费、前期市场调查费用、装修费等。有的企业用很少的投资就能开办，而有的企业却需要大量的投资才能开办。明智的做法是把必要的投资降到最低限度，让企业少担些风险。

二是流动资金投入，是指企业日常运转所需要支出的资金。

（2）固定投资预测。投资需要资金，开办企业时，你必须有这笔资金。因此，在开办企业之前，有必要预先计算一下你的企业的固定资产和一次性费用支出到底需要多少资金。预测投资需求时不要盲目求大、求全，应兼顾今后的发展科学规划。固定投资一般可分为三类：企业用地和建筑、设备、一次性费用。

①企业用地和建筑。办企业都需要有适合的场地和建筑。也许是用来开工厂的整个建筑，也许只需要租一个铺面。在选择创业地点（线上 / 线下）时，你已经决定在哪里设置你的企业。现在要进一步看你的企业具体需要什么样的场地和建筑。

当你清楚了需要什么样的场地建筑时，要做出以下选择：建造新的建筑、购买新的建筑、租房、在家开业。“互联网 +”创业一般都是轻资产创业，加之现在当地政府、学校等都支持创业，在企业初创期，可以入驻创业园、孵化器等，寻求社会支持，降低开办费。

②设备。设备是指你的企业需要的所有机器、工具、工作设施、车辆、办公家具等。对于制造和一些服务行业，最大的需要往往是设备。一些企业需要在设备上投入大量资金，这样一来，弄清楚需要什么设备和选择正确的设备类型就显得非常重要。即便是只需要少量设备的企业，也要慎重考虑你确实需要的设备，并把它们写入创业计划。

③一次性费用。你的企业还需要支付开业前发生的一些费用支出，如开办费、装修费等。开办费还包括前期市场调查费、培训费、差旅费、印刷费、注册登记费等。

（3）流动资金需求预测。企业流动资金的重要性就如同人的血液之于人一样。企业流动资金投入主要考虑满足以下三种企业日常开支：产品销售之前的日常资金投入；第一笔销售开始至销售量达到盈亏平衡保本点（量）且销售额全额进账前期间的所有支出；风险承受、赊销没按时足额进账、扩大销量等资金需求。

企业开始经营后才能有销售收入，并且销售收入从零销售上升到盈亏平衡的保本点时的销售量是需要一段时间的。制造型企业在销售之前必须先把产品生产出来；贸易型企业（包括零售、批发商企业）在销售之前必须先进货。服务型企业在提供服务之前要买材料、用品等开支，尤其是所有企业在招揽顾客初期都要花费时间和资金进行促销。因此，你的流动资金要计划富余些。

流动资金支付的方向：购买并存储原材料和成品，促销，工资、社会保险、福利，租金，保险，税金及政府其他收费，其他费用（包括风险资金、扩大销量投入资金等）。

①购买并存储原材料和成品：制造商生产产品需要原材料；服务行业的经营者也需要一些材料；零售商和批发商需要储存商品来出售。预计的库存越多，你需要用于采购的流动资金就越大。既然购买存货需要资金，你就应该将库存降到最低限度。

如果你是一个制造商，你就必须预测你的生产需要多少原材料库存，这样你才可以计算出在获得销售收入之前需要多少流动资金。如果你是一个服务商，你必须预测在顾客付款之前提供服务需要多少材料库存。零售商和批发商则必须预测他们在开始营业之前需要多少商品存货。

如果你的企业允许赊账，资金回收的时间就更长，你就需要动用流动资金再次充实库存。

②促销：新企业开张，需要促销自己的产品或服务，无论采用微博、微信、小程序、口碑、社区哪种渠道营销，都需要流动资金。在前边的学习中你已经做了促销计划并预算了促销费用。

③工资、社会保险、福利：如果你雇佣员工，在起步阶段你就得给他们付工资，同时你也要给自己支付工资。这样一来，计算流动资金时，你就要计算用于发放工资的资金。用每月工资总额乘以还没达到收支平衡的月数就可以计算出要准备的资金总额。

④租金：正常情况下，企业开始运转就要支付企业用地用房的租金。计算流动资金用于房租的金额，用月租金额乘以还没达到收支平衡的月数就可以得出来。而且，你还要考虑到租金可能一次性支付就是 3 个月或 6 个月的金额，还有押金，会占用更多的流动资金。

⑤保险：企业一开始运转，就需要投保并支付所有的保险费，这也需要流动资金。在前面的学习中已了解保险有关内容。

⑥税金及政府其他收费：税金及政府其他收费是一定要按时足额缴清的，否则，轻则影响商誉，重则会受处罚乃至触犯法律。

⑦其他费用：在企业起步阶段，你还要支付一些其他费用，如设计费、电费、办公用品费、交通费等。

注意：有的企业需要足够的流动资金来支付 6 个月甚至更长时间的全部费用，也有的企业只需要资金来支付 3 个月的费用。

1.2.2 技能要点

撰写创业计划书，首先要了解计划书是什么，计划书的作用及其框架，然后才能按照步骤完成创业计划书。

1. 创业计划书的定义

创业计划书是用以描述与拟创办企业相关的内外部环境条件和要素特点，为业务的发展提供指示图和衡量业务进展情况的文档。通常，创业计划书是结合了市场营销、财务、生产、人力资源等职能计划的综合文档。

2. 创业计划书的作用

一份好的创业计划书，不仅能够使你在各类创业比赛中脱颖而出，为你成功吸引到投资人、合作伙伴以及其他资源，还能使创业者厘清企业初期的发展思路，为事业少走弯路、快速腾飞打下坚实基础。由此可见，写好一份创业计划书尤其重要。

3. 创业计划书的框架

一般来说，创业计划书中应该包括创业的种类、资金规划及基金来源、资金总额的分配比例、阶段目标、财务预估、营销策略、可能风险评估、创业的动机、股东名册、预计员工人数等，其主要内容包括以下方面：

（1）封面。封面的设计要美观和有艺术性，一个好的封面会使阅读者产生最初的好感，形成良好的第一印象。

（2）摘要。摘要浓缩了创业计划书的精华。摘要涵盖了创业计划的要点，要求简明、生动。特别要说明自身企业的不同之处，以便使读者能在最短的时间内对计划作出基本判断。

摘要一般包括以下内容：公司介绍、组织及管理者、主要产品和业务范围、市场概貌、营销策略、销售计划、生产管理计划、财务计划、资金需求状况等。

（3）企业介绍。这部分不是描述整个计划，也不是提供另外一个概要，而是对公司作出介绍，重点是公司理念和如何制定公司的战略目标。

（4）行业分析。在行业分析中，应该正确评价所选行业的基本特点、竞争状况以及未来的发展趋势等内容。在此应回答以下几个常见的问题：

该行业发展程度如何？现在的发展动态如何？

创新和技术进步在该行业扮演着一个怎样的角色？

该行业的总销售额有多少？总收入为多少？发展趋势怎样？

价格走向如何？

经济发展对该行业的影响程度如何？政府是如何影响该行业的？

是什么因素决定着它的发展？

竞争的本质是什么？你将采取什么样的战略？

进入该行业的障碍是什么？你将如何克服？该行业典型的回报率有多少？

（5）企业产品 / 服务介绍。企业产品 / 服务介绍包括以下内容：产品的概念、性能及特性，主要产品介绍，产品的市场竞争力，产品的研究和开发过程，发展新产品的计划和成本分析，产品的市场前景预测，产品的品牌和专利等。

在产品 / 服务介绍部分，企业家要对产品 / 服务作出详细的说明，说明要准确，也要通俗易懂，使不是专业的投资者也能明白。一般来说，产品介绍都要附上产品原型、照片或其他介绍。

（6）人员及组织结构。在企业的生产活动中，存在人力资源管理、技术管理、财务管理、作业管理、产品管理等活动。而人力资源管理是其中很重要的一个环节。社会发展到今天，人已经成为最宝贵的资源，这是由人的主动性和创造性决定的。企业要管理好这种资源，更要遵循科学的原则和方法。

在创业计划书中，必须要对主要管理人员加以阐明，介绍他们所具有的能力，他们在本企业中的职务和责任，他们过去的详细经历及背景。此外，在这部分创业计划书中，还应对公司结构做简要介绍，包括公司的组织机构图，各部门的功能与责任，各部门的负责人及主要成员，公司的报酬体系，公司的股东名单，认股权、比例和特权，公司的董事会成员，各位董事的背景资料。

（7）市场预测。市场预测应包括以下内容：需求进行预测、市场预测市场现状综述、竞争厂商概览、目标顾客和目标市场、本企业产品的市场地位等。

（8）营销策略。在创业计划书中，营销策略应包括以下内容：市场机构和营销渠道的选择、营销队伍的管理、促销计划和广告策略、价格决策。

（9）生产制造计划（结合具体情况，不是所有创业计划都写此部分）。创业计划书中的生产制造计划应包括以下内容：产品制造和技术设备现状、新产品投产计划、技术提升和设备更新的要求、质量控制和质量改进计划。

（10）财务预测。财务预测一般要包括以下内容：一年 12 个月的销售收入预测，一年的销售与成本计划预测，一年 12 个月的现金流量计划表、资产负债表以及损益表的制备。

流动资金是企业的生命线，企业在初创或扩张时，对流动资金需要预先有周详的计划和进行过程中的严格控制。

损益表反映的是企业的盈利状况，它是企业运作一段时间后的经营结果；资产负债表则反映在某一时刻的企业状况，投资者可以用资产负债表中的数据得到的比率指标来衡量企业的经营状况以及可能的投资回报率。

（11）风险与风险管理。这里要阐述：公司在市场、竞争和技术方面都有哪些基本风险；准备怎样应对这些风险；你的公司还有什么样的附加机会；在你的资本基础上如何进行扩展；在最好的和最坏的情形下，你的三年计划表现如何。如果你的估计不那么准确，应该估计出你的误差范围到底有多大。如果可能的话，对你的关键性参数做最好和最坏的设定。

4. 创业计划书的编写步骤

准备创业方案是一个展望项目的未来前景、细致探索其中的合理思路、确认实施项目所需的各种必要资源、再寻求所需支持的过程。

需要注意的是，并非任何创业方案都要包括上述大纲中的全部内容。创业内容不同，相互之间差异也就很大。

第一步：创业学习。创业计划书撰写对于很多人是比较陌生的，其中涉及很多创业理论、企业管理方面的基本知识，撰写者应当对此基本掌握。如果不甚了解，最好组成撰写团队，分工负责。

第二步：企业构思。创办一家企业是一件不容易的事，选择好的创业方向和创业项目尤为重要。在撰写时，团队成员可采用头脑风暴法产生企业构思。

第三步：市场调研。市场调研不仅要调研客户，也必须调研竞争对手。在撰写时调研的一手资料或具有权威性的数据应当直接引用并标明出处，这样具有说服力。

第四步：方案起草。团队成员分工起草，财务预测部分最好请专业人员帮助起草，财务数据要符合实际，切忌胡编乱造。先将整个创业要点抽出来写成提要，然后按顺序将全套创业方案排列组合或按照给定的格式起草。

第五步：修饰阶段。首先，根据你的报告，把最主要的东西做成 1—2 页的摘要，不要超过 1 000 字，放在前面。其次，检查一下，千万不要有错别字之类的错误，否则别人会对你做事是否严谨产生怀疑。最后，设计一个漂亮的封面，编写目录与页码，然后打印、装订成册。

第六步：检查。在创业计划书写完之后，创业者最好再对计划书检查一遍，看一下该计划书是否能准确解答投资者的疑问，争取投资者对本企业的信心。项目策划通常可以从以下几个方面对计划书加以检查：

创业计划书是否显示出你具有管理公司的经验。如果你自己缺乏管理公司的能力，那么一定要明确地说明，你已经雇了一位经营大师来管理你的公司。

创业计划书是否显示了你有能力偿还借款。要保证给预期的投资者提供一份完整的比率分析。

创业计划书是否显示出你已进行过完整的市场分析。项目策划要让投资者坚信你在计划书中阐明的产品需求量是确定的。

创业计划书是否容易被投资者所领会。创业计划书应该备有索引和目录，以便投资者可以较容易地查阅各个章节。此外，还应保证目录中的信息流是有逻辑的和现实存在的。

创业计划书中是否有计划摘要并放在了最前面，计划摘要相当于公司创业计划书的封面，投资者首先会看它。为了保持投资者的兴趣，计划摘要应写得引人入胜。

创业计划书是否在文法上全部正确。如果你不能保证，那么最好请人帮你检查一下。创业策划计划书的拼写错误和排印错误会很快使企业家丧失机会。

创业计划书能否打消投资者对产品 / 服务的疑虑。如果需要，你可以准备一件产品模型。创业计划书中的各个方面都会对筹资的成功与否产生影响。因此，如果你对你的创业计划书缺乏成功的信心，那么最好去查阅一下计划书编写指南或向专门的顾问请教。

为了完成网创计划方案，本教材直接给出了网创计划书模板，希望大家使用它进行同步训练。

5.“互联网 +”创业计划书模板

创业计划书

一、创业构思方案

企业名称：______________________________

你及你的团队具备的知识、技能和经验：

____

____

____

具备的资源：______________________________

____

____

选择创业的导向及依据：______________________________

____

企业基本构思：______________________________

企业产品和服务：____
向谁销售产品或服务：______________________________________
由谁销售产品或服务：______________________________________
在哪里销售产品或服务：_____________________________________
如何销售产品或服务：______________________________________
商业模式：____

二、市场评估

目标顾客形象描述：______________________________________

市场容量的变化趋势：_____________________________________

市场占有率：____

三、竞争对手分析

竞争对手的主要优势：

1.
2.
3.

竞争对手的主要劣势：

1.
2.
3.

你相较于竞争对手的主要优势：

1.
2.
3.

你相较于竞争对手的主要劣势：

1.
2.
3.

四、市场营销计划

1. 产品

产品或服务	主要特征

2. 价格

产品或服务	成本价	销售价	竞争对手的价格
折扣或其他销售政策			

3. 平台选择

（1）选址细节：

商家	平台核心价值	选择成本

（2）选择该平台的主要原因：____

（3）销售方式：____

（4）选择该销售方式的原因：____

4. 促销

方式	具体计划	每月成本预测（元）
广告		
人员促销		
公共关系		
营业促销		

五、创业组织结构

拟议的创业组织名称：____________________

员工（请附企业组织结构图和员工工作描述书）：____________________

________职务____________ 月薪______________

经理____________

员工____________________

创业组织的法律责任（保险、员工的薪酬）：____________________

________种类____________ 预计费用______________

合伙（合作）人与合伙（合作）协议：

内容	合伙人			
出资方式				
出资数额与期限				
利润分配与亏损分摊				
经营分工、权限和责任				
合伙人个人负债的责任				
协议变更和终止				
其他条款				

六、固定资产

1. 工具和设备

根据预测的销售量，假设达到100%的销售能力，需要购买以下设备：

名称	数量	单价	总费用（元）

2. 交通工具

根据交通及营销活动的需要，拟购置以下交通工具：

名称	数量	单价	总费用（元）

主要工具和设备供应商名称（1、2）	地址	联系方式

3. 办公家具和设备

办公室需要以下设备：

名称	数量	单价	总费用（元）

4. 固定资产和折旧概要

项目	价值（元）	年折旧（元）
工具和设备		
交通工具		
办公家具和设备		
办公装潢		
合计		

七、流动资金（月）

1. 商品和包装

名称	数量	单价	总费用（元）

备注：如启用供应商平台，本项费用已计入了平台供货价格。

2. 其他经营费用（不包括折旧费和贷款利息）

项目	费用（元）	备注
经理的工资		
雇员工资		
租金		
营销费用		
保险费		
其他		
合计		

八、销售收入预测（12个月）

销售的产品/服务		月份												合计
		1	2	3	4	5	6	7	8	9	10	11	12	
产品/服务1	客单量（个）													
	客单价（元）													
	转换率													
	销售收入（元）													
产品/服务2	客单量（个）													
	客单价（元）													
	转换率													
	销售收入（元）													

续表

销售的产品 / 服务		月份												合计
		1	2	3	4	5	6	7	8	9	10	11	12	
产品 / 服务 3	客单量（个）													
	客单价（元）													
	转换率													
	销售收入（元）													
产品 / 服务 4	客单量（个）													
	客单价（元）													
	转换率													
	销售收入（元）													
产品 / 服务 5	客单量（个）													
	客单价（元）													
	转换率													
	销售收入（元）													
产品 / 服务 6	客单量（个）													
	客单价（元）													
	转换率													
	销售收入（元）													
总计	销售总收入（元）													

九、销售和成本计划

金额（元）		月份												合计
		1	2	3	4	5	6	7	8	9	10	11	12	
销售	含流转税销售收入													
	流转税（增值税等）													
	销售净收入													

续表

金额（元）		月份												合计
		1	2	3	4	5	6	7	8	9	10	11	12	
成本	经理工资													
	员工工资													
	租金													
	营销费用													
	维修费													
	折旧费													
	贷款利息													
	保险费													
	登记注册费													
	产品供货价													
	（1）													
	（2）													
	（3）													
	（4）													
	（5）													
	（6）													
	总成本													
利润														

十、现金流量计划

金额（元）		月份												合计
		1	2	3	4	5	6	7	8	9	10	11	12	
现金流入	月初现金													
	现金销售收入													
	赊销收入													
	贷款													
	其他现金流入													
	可支配现金（A）													

续表

金额（元）		月份 1	2	3	4	5	6	7	8	9	10	11	12	合计
现金流出	现金采购支出（列出项目）													
	（1）													
	（2）													
	（3）													
	赊购支出													
	业主工资													
	员工工资													
	租金													
	营销费用													
	公用事业费													
	维修费													
	贷款利息													
	偿还贷款本金													
	保险费													
	登记注册费													
	设备													
	其他（列出项目）													
	税金													
	现金总支出（B）													
月底现金（A–B）														

备注：初创做六个月计划即可，待第四个月后再做后六个月的现金流量计划。

1.3　同步训练

1.3.1　任务描述

1. 任务名称

编写“连衣裙”项目网创计划书

2. 任务导图

编写“连衣裙”项目网创计划书任务导图见图 7-1-1。

汇总前六个学习单同步训练任务 → 按照本主单元的计划书模板编写

图 7-1-1　编写“连衣裙”项目网创计划书任务导图

3. 任务要求

按照本任务 1.3.2 实施步骤，逐步汇总前六个学习单元的同步训练任务中“具体实现”内容，按照网创计划书模板内的要求将汇总结果编写为“连衣裙”项目网创计划书。

1.3.2　实施步骤

自主学习

第一步：汇总前六个学习单元的同步训练任务中“具体实现”内容。

第二步：按照网创计划书模板的要求将汇总结果编写为“连衣裙”项目网创计划书。

第三步：具体实现详见网创计划书模板内容要求。

任务 2　创业计划书评估

2.1　引导任务

请大家讨论创业计划书与商业计划书有何不同。

分析：商业计划书一般包括概要、构思、市场评估、创业组织、财务、附件等。

2.2　支撑知识与技能

为了完成网创计划方案，本教材给出了分析、完善网创计划书的一些补充要求以及对计划书评审的建议，参照执行能帮助你更好地实践同步训练任务。

2.2.1　知识要点

1. 创业计划书评估步骤

创业计划书撰写好后，还不能立即创业，还应对该计划书进行评估，一般评估步骤如下：

（1）尽可能详细列出愿意为你的产品付款的客户特征概貌。(对个体客户如年龄、性别、居住地、兴趣爱好、年收入情况、生活方式等；对公客户的所属行业、客户类型、公司建立时间、员工总数、年收入、哪些部门对你的产品感兴趣、他们的客户情况等）

（2）列出并描述你的产品和服务的特点及可以为客户带来的好处。（即找到卖点）

（3）列出第一年你希望在哪些地区销售。（这将决定你的专注点，可能需要的投入、有多少潜在的客户等）

（4）列出哪些竞争对手也正在这些地区销售。

（5）这些竞争对手销售的价格是多少。（即找到竞争对手的产品的卖点和价格，并尽量找到批发和零售价格信息）

（6）评估一下在保持竞争力的情况下，你希望收取的费用。（这是判断你创业思路可行性的重要一点）

（7）评估为什么客户愿意从您那里买，而不是从竞争对手那里买。（即是什么吸引顾客，是产品？价格？服务好？营业时间？产品质量？还是员工技能等？）

（8）列出并简述在你所创业的市场和行业的趋势。（知道了趋势将帮助你决定该往哪里去，有哪些趋势可以利用，这些信息可以从最近的行业杂志中获取）

（9）市场的成长潜力怎样。

（10）你有什么方法让你的客户知道你的存在。（用广告、黄页、直邮等）

（11）结合市场情况、竞争水平、促销政策和行业趋势评估一下第一年的销售预测。

（12）列出哪些政府许可或批文是实施你的创业思路的必备条件。

2. 创业计划书评估方法

创业企业比较难以评估的是市场，市场评估方法如下：

（1）市场定位：一个好的创业机会，必然具有特定市场定位，专注于满足顾客需求，同时能为顾客带来增值的效果。因此，评估创业机会的时候，可由市场定位是否明确、顾客需求分析是否清晰、顾客接触通道是否流畅、产品是否持续衍生等来判断创业机会可能创造的市场价值。创业带给顾客的价值越高，创业成功的机会也会越大。

（2）市场结构：针对创业机会的市场结构进行准入障碍、供货商、顾客、经销商的谈判力量、替代性竞争产品的威胁，以及市场内部竞争的激烈程度分析，由市场结构分析可以得知新企业未来在市场中的地位以及可能遭遇竞争对手反击的程度。

（3）市场规模：市场规模大小与成长速度也是影响新企业成败的重要因素。一般而言，市场规模大者进入障碍相对较低，市场竞争激烈程度也会略微下降。如果要进入的是一个十分成熟的市场，那么纵然市场规模很大，由于成长率趋于平缓，利润空间必然很小，此时新企业恐怕就不值得再投入。反之，一个正在成长中的市场，通常也会是一个充满商机的市场，所谓水涨船高，只要进入时机正确，必须会有获利的空间。

（4）市场渗透力：对于一个具有巨大市场潜力的创业机会，市场渗透力（市场机会实现的过程）评估将会是一项非常重要的影响因素。选择在最佳时机进入市场，也就是市场需求正要大幅增长之际，你已经做好准备，等着接单。

（5）市场占有率：从创业机会预期可取得的市场占有率目标，可以显示新创公司未来的市场竞争力。一般而言，要成为市场的领导者，最少需要拥有 20% 以上的市场占有率。如果你的企业的市场占有率低于 5%，即使这个新企业的市场竞争力很强，也会影响企业未来上市的价值。在具有赢家通吃特点的高科技产业，新企业必须拥有成为市场前几名的能力，才比较具有投资价值。

（6）产品的成本结构：产品的成本结构也可以反映新企业的前景如何。例如，从物料与人工成本所占比重之高低、变动成本与固定成本的比重以及经济规模产量大小，可以判断企业创造附加价值的幅度及未来可能的获利空间。

2.2.2 技能要点

1. 信息综合分析及补充要求

网创需要收集和利用大量的信息。虽然你已将这些信息用于网创计划书的编写，但现在你还要对所有信息进行综合分析，完成并充实原有的创业计划书。

创业计划书一定要写得很详尽，具体应该包括以下几个部分：

（1）概要。概要高度概括创业计划内容的要点，勾画出轮廓。内容要全面，条理要清晰，它是创业给人的第一印象。这部分虽是在最后写成，却要放在计划的首页。

（2）构思。创业构思的重点是说明将要推出的产品或提供的服务，以及目标顾客群体。

（3）市场评估。创业通过满足客户需求实现获利增长。对于市场的规模及发展趋势，以及核心顾客群体、竞争对手都要进行详尽的调查和了解。市场营销计划阐述创业针对特定顾客群体的需求来确定产品的市场定位以及在顾客心目中的地位，详细阐述产品或服务的特征、价格、平台（或渠道）和促销方式。

（4）创业团队。创业团队的法律形态、组织结构、员工合理的职责与义务。

（5）创业财务。创业的目的是盈利。创业计划的数据化（定量）就是要通过测算销售额、成本和利润来反映创业的效益和启动资金的需求量。

（6）附件。这部分提供的信息越详尽，获取帮助的机会就越大。所以，产品或服务目录、价格表、岗位责任和工作定额等均应附在计划书后面。

2. 自我评估

创业的决心和能力。创业者一定要问自己以下问题：你自己有足够的时间和精力承担管理工作吗？你有足够的资金吗？你有责任心和能力吗？这个泛产品项目能获取到计划利润吗？这些问题你必须实事求是地回答，之后必有结论。

3. 创业能否盈利

销售和成本计划表的核心是如下公式：利润 = 收入 − 成本。销量能否增加，用什么办法？成本能降低吗？用什么办法？能获得客户的支持吗？回答出这些问题，能帮你找到获利的措施。

4. 请人帮你评估

今天，能帮你审核计划的人很多，如教创业的老师、企业家、银行家、律师、政府人员等。只要你诚心诚意请教，就会得到别人的支持。计划书评分标准见表 7-2-1。

表 7-2-1　计划书评分标准

计划书项目	计划书内容	分值	要点评分标准（80 分）	分值	商业价值点评分标准（20 分）	汇总得分
一、企业概况	1. 主要经营范围	1	经营范围明确、清晰得 1 分，否则不得分	1	选择创业项目的理由、企业愿景	
	2. 企业类型	1	企业类型选择正确得 1 分，否则不得分			
二、团队情况	1. 相关经验（包括时间）	2	有创业或相关工作经历得 1 分，否则不得分	1	培养提高自己创业能力的途径、方法及计划安排	
	2. 教育背景	1	有相关专业技术技能教育或培训经历得 1 分，否则不得分			
三、市场评估	1. 目标顾客特征	2	产品核心功能、特征与目标顾客需求匹配度高得 2 分，基本匹配得 1 分，否则不得分	2	我与竞争对手的运作方式、方法等的比较	
	2. 本企业预计市场占有率	2	科学客观得 2 分，一般比较得 1 分，否则不得分			
	3. 市场容量的变化趋势	2	行业数据可靠，市场容量变化趋势分析客观得 2 分，一般分析得 1 分，否则不得分			
	4. 优劣势比较	4	每条分析完整、内容恰得 1 分，分析比较完整、内容比较恰当得 0.5 分，否则不得分			
四、市场营销计划	1. 产品特征	3	经营产品明确、特征描述适当得 3 分，经营产品明确、特征描述比较适当得 2 分，否则不得分	2	产品特色、价格竞争力、线上平台及渠道、全渠道（新媒体）促销方式	
	2. 价格决策	3	具有竞争力和盈利能力得 3 分，价格与市场比较基本相符得 2 分，否则不得分			
	3. 地点或渠道决策	4	地点或渠道决策明确得 1 分，否则不得分；决策恰当得 2 分，比较恰当得 1 分，否则不得分；分销方式确定得 1 分，否则不得分			
	4. 促销决策	2	促销计划与企业经营规模相适合得 2 分，比较适合得 1 分，否则不得分			

续表

计划书项目	计划书内容	分值	要点评分标准（80 分）	分值	商业价值点评分标准（20 分）	汇总得分
五、企业的组织机构	1. 法律形态	1	明确得 1 分，否则不得分	2	员工岗位职责明确、组织结构中部门和岗位及之间关系设置合理	
	2. 企业名称	1	企业名称与企业类型匹配度好、时代特征明显得 1 分，否则不得分			
	3. 企业员工	1	企业员工岗位设置合理且工资设置不违反《中华人民共和国劳动合同法》规定得 1 分，否则不得分			
	4. 营业执照、许可证	1	费用预计合理得 1 分，否则不得分			
	5. 法律责任、股份合作协议	1	员工薪酬、保险、纳税等事项符合法律法规规定得 1 分，否则不得分			
六、固定资产	1. 生产设备及配套设施投入（制造）	1	工具和设备与企业经营规模相符得 1 分，否则不得分	2	无形资产投入附有知识产权或合同、开办费附有商业价值说明	
	2. 交通工具、办公家具和设备	1	该项内容符合企业经营需要得 1 分，否则不得分			
	3. 无形资产、开办费	2	与企业经营规模及发展愿景相符得 2 分，比较相符得 1 分，否则不得分			
	4. 投资概要（固定资产折旧）	2	固定资产折旧项目完整且数据正确得 2 分，数据有漏项但表格数据正确得 1 分，未填写不得分			
七、流动资金	1. 原材料和包装	2	与企业经营产品类型、产量相符得 2 分，比较相符得 1 分，否则不得分	2	供应商在行业中的竞争力及诚信度	
	2. 其他经营费用	2	经营费用分别与计划书（4）、（5）、（6）部分内容相符得 2 分，否则不得分			
八、销售收入预测	销售收入预测表	8	销售数量及定价符合企业发展及市场发展且数据计算正确得 8 分，基本相符且数据计算正确得 6 分，不相符且数据计算错误得 4 分，相违背且数据计算错误不得分	2	销售量预测客观、定价具有竞争力	

续表

计划书项目	计划书内容	分值	要点评分标准（80 分）	分值	商业价值点评分标准（20 分）	汇总得分
九、销售和成本计划	销售和成本计划表	15	数据来源全部正确得 10 分，数据来源有 1 处错误扣 1 分即得 9 分，依次类推，直至不得分；数据计算全部正确得 5 分，计算有 1 处错误扣 1 分即得 4 分，依次类推，直至不得分	3	盈亏平衡节点与盈利空间，12 个月内销售量、价格提高的余地，成本合理性及降低的可能，原材料价格变动的呈现与数据变动	
十、现金流量计划	现金流量计划表	15	数据（不含税金）来源全部正确得 10 分，数据来源有 1 处错误扣 1 分即得 9 分，依次类推，直至不得分；数据（不含税金）计算正确得 5 分，数据计算有 1 处错误扣 1 分即得 4 分，依次类推，直至不得分	3	运营保障可靠性、企业政策（资金回笼期）匹配度、风险把控能力	
评分汇总	计划要点得分	80	—	20	商业价值点得分	20
创业培训教师指导意见：						
特别说明： 1. 销售收入预测表、销售和成本计划表、现金流量计划表三表中只要有一表未填写，计划书即为不合格。 2. 现金流量表中月底现金出现负值则计划书为不合格。 3. 总评分小于 60 分则计划书为不合格。						

2.3　同步训练

2.3.1　任务描述

1. 任务名称

“连衣裙”项目创业计划书评估

2. 任务导图

《“连衣裙”项目创业计划书》评估任务导图如图 7-2-1 所示。

图 7-2-1 《"连衣裙"项目创业计划书》评估任务导图

3. 任务要求

按照本任务 2.3.2 实施步骤，以你初步完成的网创计划书及支撑信息先进行自评，然后多请各方面专家帮助评估。收集并记录各方的评估意见，最后再一次完善你的网创计划书。

2.3.2 实施步骤

第一步：汇编创业计划书及支撑信息资料。

第二步：使用利润计划公式进行自评。

第三步：请专家评估。

第四步：依据各方的评估意见，修改你的网创计划书。

第五步：制订你的创业行动计划方案。

第六步：为你创业准备点个赞。

自主学习

思维导图

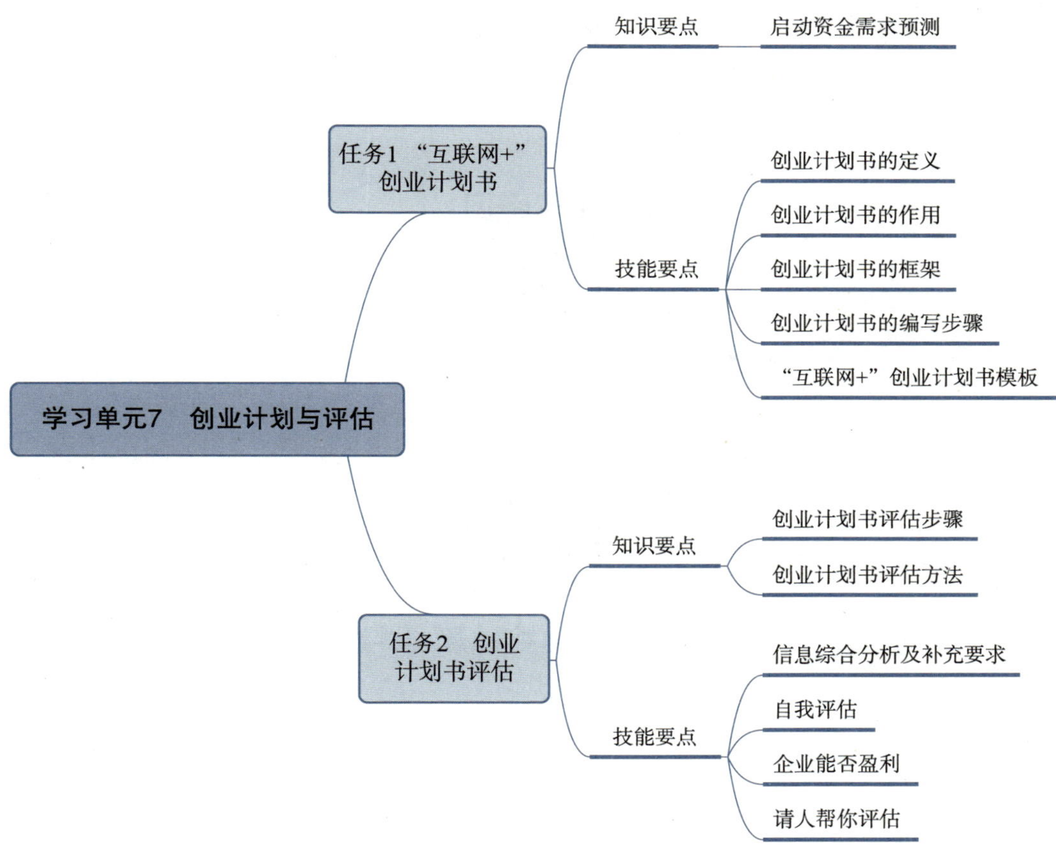
学习单元7 创业计划与评估
任务1 “互联网+”创业计划书
知识要点
启动资金需求预测
技能要点
创业计划书的定义
创业计划书的作用
创业计划书的框架
创业计划书的编写步骤
“互联网+”创业计划书模板
任务2 创业计划书评估
知识要点
创业计划书评估步骤
创业计划书评估方法
技能要点
信息综合分析及补充要求
自我评估
企业能否盈利
请人帮你评估

“互联网+”大学生创新创业大赛项目计划书模板

第八届中国国际“互联网+”大学生创新创业大赛评审规则

“南京市青年大学生创业计划书大赛”创业计划书模板

参考文献

[1] 唐四薪，谭晓兰，屈瑜君 . 电子商务网站开发与管理 [M]. 北京：人民邮电出版社，2012.

[2] 塔菲克·杰拉希，艾布里特·恩德斯 . 电子商务战略：通过电子商务和移动电子商务创造价值：概念与案例 [M]. 李洪心，译 .2 版 . 大连：东北财经大学出版社，2012.

[3] 程大为 . 电子商务概论 [M]. 北京：中国财政经济出版社，2010.

[4] 菲利普·科特勒 . 营销管理 [M]. 梅清豪，译 .11 版 . 上海：上海人民出版社，2011.

[5] 罗岚 . 网店运营专才 [M].2 版 . 南京：南京大学出版社，2014.

[6] 金海燕，白巍 . 引爆网创 [M]. 杭州：浙江大学出版社，2013.

[7] 李志刚 . 网上创业 [M]. 成都：西南财经大学出版社，2008.

[8] 顾明 . 网上创业实务 [M]. 北京：机械工业出版社，2013.

[9] 淘宝大学 . 电商精英系列教程：网店视觉营销 [M]. 北京：电子工业出版社，2013.

[10] 淘宝大学 . 网店推广：店铺内功 [M]. 北京：电子工业出版社，2012.

[11] 皮骏 . 客户关系管理教程 [M]. 上海：复旦大学出版社，2011.

[12] 国际劳工组织 . 创办你的企业：创业计划培训册 [M]. 北京：中国劳动社会保障出版社，2003.

[13] 国际劳工组织 . 创办你的企业：创业计划书 [M]. 北京：中国劳动社会保障出版社，2003.

[14] 国际劳工组织 . 扩大你的企业 [M]. 北京：中国劳动社会保障出版社，2007.

[15] 罗伯特·卡普兰，大卫·诺顿 . 平衡计分卡：化战略为行动 [M]. 刘俊勇，孙薇，译 .2 版 . 广州：广东经济出版社，2013.

[16] 罗伯特·卡普兰，大卫·诺顿 . 战略中心型组织 [M]. 北京：中国人民大学出版社，2008.

[17] 菲利普·科特勒 . 市场营销原理 [M]. 北京：中国人民大学出版社，2010.

[18] 丁豪梁 . 管理会计基础 [M]. 北京：中国财政经济出版社，1994.

[19] 亚历山大·奥斯特瓦德，伊夫·皮尼厄 . 商业模式新生代 [M]. 黄涛，郁婧，

译.经典重译版.北京：机械工业出版社，2016.

［20］杰费里·蒂蒙斯，小斯蒂芬·斯皮内利.创业学［M］.周伟民，吕长春，译.6版.北京：人民邮电出版社，2014.

［21］人力资源和社会保障部职业能力建设司，中国就业培训技术指导中心.产生你的企业想法［M］.2版.北京：中国劳动社会保障出版社，2017.